唐翰林学士传论

（上）

傅璇琮◎著

辽海出版社

前 言

　　1984年冬，我撰成《唐代科举与文学》一书（陕西人民出版社，1986年），在自序中曾说及，我想从不同的角度探讨有唐一代知识分子的生活方式和心理状态，并由此研究唐代社会特有的文化风貌，于是就先选择科举制度，想从科举入手，掌握科举与文学的关系，以便从较为广阔的社会背景来认识这一时期的文学。序言中还写道："如果可能，还可以从事这样两个专题的研究：一是唐代士人是怎样在地方节镇内做幕僚的；二是唐代的翰林院和翰林学士。这两项专题的内容，其重点也是知识分子的生活。"在这之后，华南师范大学文学院戴伟华教授于20世纪90年代前期执教于扬州师范学院时，曾撰有《唐方镇文职僚佐考》《唐代使府与文学研究》两部专著。我于1993年应邀为《唐方镇文职僚佐考》作序，序言中再次提及唐代的翰林学士与方镇幕僚。对前者，我较《唐代科举与文学》自序多说了几句，谓："翰林学士，那是接近于朝政核心的一部分，他们宠荣有加，但随之而来的则是险境丛生，不时有降职、贬谪，甚至丧生的遭遇。他们的人数虽然不多，但看看这一类知识分子，几经奋斗，历尽艰辛，得以升高位，享

唐翰林学士传论

殊荣,而一旦败亡,则丧身破家。这是虽以文采名世而实为政治型的知识分子。"

唐代士人参加地方节镇幕僚,人数很多,其在幕府的仕历对文人的生活道路与文学创作也很有影响。不少翰林学士在其早期,也曾做过方镇的文职僚佐。但翰林学士的社会地位与政治作用,是大大高于方镇幕僚的。唐朝翰林学士是文士参预政治的最高层次。在盛唐设置的这一颇有文采声誉的职位,一直延续到清朝末世,也就是20世纪初。作为社会政治文化的一种重要现象,作为封建时代文人的必然就仕之途,科举制与翰林院,进士与翰林学士,是研究唐至清一千二三百年历史文化所不可回避的。

但自20世纪80年代以来,唐翰林学士研究却不如方镇幕府研究成果多,工夫扎实。已有的论著,则大多属于史学研究,有些则偏向于宏观角度,对唐代翰林学士的政治作用作过高失实的估价。这当然还可另作专题探讨。问题是,很长时期,还没有像研究唐代科举与文学、唐代幕府与文学那样,把重点放在当时文士即知识分子的生活境遇与心理状态,并以此为中介环节,把它与文学沟通起来,以便进一步研究唐代文学进展的文化环境。

正因如此,现在我们对唐代翰林学士确有深入研究的必要。从我个人的治学思路着眼,我现在研究唐代翰林学士,则注意这样两点:一是把重点放在当时文人参预政治的方式及其心态,从而以较广的社会角度来探讨唐代的文人生活及文学创作;二是着重于个案研究,避免笼统而又不适当的所谓宏观概括。就第二点而言,我想按不同的时段,来探索翰林学士群体在不同时期所处的政治环境与文化世态,并对有代表性的人物作某种典型性的剖析,然后可以作出总体性的、有学术价值的结论。

前 言

　　从以上的考虑出发，近几年来我就计划作"唐翰林学士传论"的专题项目，为有唐一代二百几十个翰林学士一一立传，这可能更有助于提供全面情况，也可为整个中国古代翰林学士研究提供一个文史结合的实例。我在具体操作中，尽可能扩大史料的辑集面，除两《唐书》及《全唐诗》《全唐文》等基本材料外，还较广泛地涉及诗文别集、杂史笔记、石刻文献等。这样做，既可纠正史书中的某些误载，又可从这二百余位翰林学士经历中获取值得思考的历史文化现象。

　　这里所说的"纠正史书中的某些误载"，其主要内容为纠正《旧唐书》《新唐书》的错失。应当说，两《唐书》是研究唐翰林学士的基本史料，但大约由于编纂、传刻中的客观原因，两《唐书》在记叙翰林学士事迹时多有舛失，特别是中晚唐，两《唐书》中纪、志、表、传，经常出现误记、漏载现象。遗憾的是，中华书局出版的点校本，几乎都未有校正。本书上编《唐翰林学士记事辨误》一文，对两《唐书》之讹误曾有所纠正，但限于篇幅，只能例举。现在通过这二百几十位翰林学士传记的撰写，就可对其差错作全面的梳理指正。我想，这对以后两《唐书》的重新整理校点，会有所佐助。

　　给唐代二百几十位翰林学士一一立传，应当说有较为充分的史料意义。唐代记述翰林学士的史书，主要是中晚唐时期韦执谊的《翰林院故事》、丁居晦的《重修承旨学士壁记》。这两部书提供了学士们任职期间的原始材料，很有史料价值。有些翰林学士，两《唐书》无传，其他书上也无记；有些虽两《唐书》有传，但未记其曾任翰林学士，如此，则如无韦、丁二书，就不能提供翰林学士实际姓名。但韦、丁二书，所记过于简略（间有疏误），只记学士入院、出院时间（有时记有年月），及在院期间所带的官衔。这对研究翰林学士的政治职能及社会作用是极不够的。现代学者、史学界前辈岑仲勉先生曾

唐翰林学士传论

对丁居晦《壁记》作有注补,但也仅对任期的年月、官阶的迁转作简括的考证。而我们现在则需要全面了解这些学士的生平行迹、参政方式、生活心态、社会交流,这样才能对这一较高层次的文化群体有一个总体把握。本书尽可能扩大史料的辑集面,并对韦、丁二书及中唐时另一专著,即元稹的《承旨学士院记》加以补正,作此传论。希望这样做,既可纠正过去史书中的某些误载,又可从这二百余位翰林学士经历中获取值得思考的历史文化现象。

本书为翰林学士撰传,并不全面记述其一生事迹,因为这些学士大部分于两《唐书》中有传,不必重复。本书所撰,重点有二:一是其任职期间的表现,包括参预政治、草拟诏诰,以及任职时的生活状况、心态,及与其他文士的文学交往;二是入院前的仕历。因为过去史书所记,其早期仕迹甚为简略,有些则根本无记,实则其早期经历,尤其是早期的文学交游,对其入院很有影响,有必要加以考述。至于出院以后的仕历,一般都做大官,与翰林学士关系不是太大,就略加概述,不作细考。

书分上下两编。上编为九篇论文,虽各为专题论文,现辑集在一起,可以提供唐翰林学士史料基础、政治职能、文学活动等整体研究情况,其涵盖面则为盛唐到唐末,可谓有唐一代。下编则为自玄宗至敬宗朝共七十多位翰林学士的传记。最后附《唐翰林学士年表(玄宗—敬宗朝)》,则根据传中所考,按年编排,逐年记载学士入院、出院年月,及官阶迁转(有年龄可考者,于姓名下用括号、阿拉伯数字标明其年龄)。这虽为各传所考的结语,实则可从时间进度观察翰林学士任职及变迁的整体情况,类似于编年史的体裁,有为单篇传记所未及的长处。

近几年我从事唐代翰林学士与文学的研究,发表若干篇论

前 言

文,已引起学术界的注意,并得到首肯。《文学评论》2005年第4期刊有陶文鹏、张剑两位学者一篇书评(《评傅璇琮〈唐宋文史论丛及其他〉》),就特别提及我的这方面研究,认为我的研究"鲜明地体现出著者善于文史结合、从人生状况和心理状态角度把握问题的功夫","使我们感到可从唐代的翰林学士这一角度,研究唐代士人的从政心理及其所遭致的不同境遇,拓展和深化唐代文学的研究"。受到学术界的鼓励,我确实更有信心来做此事,同时我更想起司马迁在其《太史公自序》(《史记》卷一三〇)中所引孔子的话:"我欲载之空言,不如见之于行事之深切著明也。"这也促使我以主要精力来作有唐一代二百几十位翰林学士传。两《唐书》除"儒学"专传外,又各列有"文苑""文艺"传,我希望也为当前唐史研究补一"翰学"传,以使唐翰林学士自玄宗开元二十六年(738)建置起,至唐末哀帝天祐四年(907),有一个完整的列传全书。这也算是新世纪所补作的一种唐代史书,堪为自慰。

本书所列之传,可谓盛唐、中唐卷,即从玄宗朝起,至穆宗、敬宗朝,而一般习称,从文宗朝开始,即为晚唐。晚唐时期不仅时间长,约八十年,且翰林学士人数多,有一百五十余人,差不多为盛、中唐的一倍。不仅人数多,并且撰写难度大。因为这一时期,两《唐书》错失更多,而有关翰林学士的材料则少,如韦执谊《翰林院故事》、丁居晦《重修承旨学士壁记》那样的专书已未有。不过我已辑集材料,另可安排时间撰写。

我这里要特别感谢辽海出版社能豁然安排此书的出版,责任编辑还细心审阅,校正原稿中的错字。20世纪90年代,我与学界友人合作,撰有《唐五代文学编年史》,也承辽海出版社出版,后于1999年获国家图书奖。我的这部书,也可算是向辽海出版社的一个回报。

唐翰林学士传论

又,我于 2004 年被聘为郑州大学文学院兼任教授,关于唐翰林学士研究也得到郑州大学的科研资助,本书即为河南省普通高等学校人文社会科学重点研究基地"郑州大学中原文化资源与发展研究中心"课题成果。

2005 年 9 月初

目 录

上 编

唐翰林学士史料研究劄记 …………………………………… 3
唐代翰林与文学 …………………………………………… 36
李白任翰林学士辨 ………………………………………… 78
从白居易研究中的一个误点谈起 ………………………… 92
唐翰林侍讲侍读学士考论 ………………………………… 108
唐翰林学士记事辨误 ……………………………………… 127
《蒙求》流传与作者新考 ………………………………… 143
岑仲勉《补僖昭哀三朝翰林学士记》正补 ……………… 154
《翰学三书》编纂小记 …………………………………… 175

下 编

玄宗朝翰林学士传
  吕　向 ……………………………………………………… 183

唐翰林学士传论

　　尹 愔 ………………………………………… 192
　　刘光谦 ………………………………………… 196
　　张 垍 ………………………………………… 199
　　张 㙋 ………………………………………… 205
　　张 渐 ………………………………………… 207
　　窦 华 ………………………………………… 212
　　裴士淹 ………………………………………… 216

肃宗朝翰林学士传

　　董 晋 ………………………………………… 223
　　于可封 ………………………………………… 229
　　苏源明 ………………………………………… 233
　　赵 昂 ………………………………………… 242
　　潘 炎 ………………………………………… 244

代宗朝翰林学士传

　　常 衮 ………………………………………… 248
　　柳 伉 ………………………………………… 259
　　张 涉 ………………………………………… 263
　　李 翰 ………………………………………… 268
　　于 益、于 肃 ……………………………… 274

德宗、顺宗朝翰林学士传

　　张 周 ………………………………………… 278
　　姜公辅 ………………………………………… 281
　　赵宗儒 ………………………………………… 287
　　归崇敬 ………………………………………… 293
　　陆 贽 ………………………………………… 296
　　吴通微 ………………………………………… 313
　　吴通玄 ………………………………………… 318
　　顾少连 ………………………………………… 322

- 奚陟 …… 327
- 吉中孚 …… 331
- 韦执谊 …… 338
- 梁肃 …… 347
- 韦绶 …… 355
- 郑䋧 …… 357
- 郑馀庆 …… 363
- 卫次公 …… 367
- 李程 …… 371
- 张聿 …… 376
- 王涯 …… 380
- 李建 …… 384
- 凌准 …… 393
- 王叔文 …… 398
- 王伾 …… 405

宪宗朝翰林学士传

- 李吉甫 …… 409
- 裴垍 …… 418
- 李绛 …… 423
- 崔群 …… 429
- 白居易 …… 437
- 卫次公 …… 450
- 钱徽 …… 454
- 韦弘景 …… 463
- 独孤郁 …… 466
- 萧俛 …… 471
- 刘从周 …… 475
- 徐晦 …… 477

令狐楚 …… 480
郭　求 …… 491
王　涯 …… 495
张仲素 …… 503
段文昌 …… 511
沈传师 …… 517
杜元颖 …… 526
李　肇 …… 533

穆宗、敬宗朝翰林学士传

李德裕 …… 543
李　绅 …… 550
庾敬林 …… 559
韦处厚 …… 565
路　随 …… 575
柳公权 …… 581
元　稹 …… 586
高　钅予 …… 595
蒋　防 …… 599
韦表微 …… 604
庞　严 …… 607
崔　郾 …… 612
高　重 …… 617

唐翰林学士年表（玄宗—敬宗朝） …… 620

上编

唐翰林学士史料研究劄记

一

近数年来我较为集中时间研究唐代翰林学士,曾撰有数篇论文。不过我的研究视角与一般史学家稍有不同,我是想以社会—历史的文化背景来研究唐代这一部分士人的生活道路、思维方式和心理状态,从另一侧面来探索当时的时代风貌和社会习俗。正因如此,我所采用的史料,就不限于正史和职官典制之类,如我在有关李白、白居易及其他几篇论文中,就大量采录诗文别集、笔记小说及金石著录等资料。我感到,我们研究文史,不管是文学史,或哲学史、史学史,其治学结构,或云研究格局,一为史观,二为史料;史观是主体指导,史料是客体基础,二者不能缺一。对史料的认识、掌握和利用,实际上还可以是对史观的推动与整合。

近几年来我在研究实践中,日益感到史料的重要性和工作的艰巨性。唐代翰林学士研究史料,面相当广,内涵价值也很高,但问题也相当多。我们在使用中若不加辨析,就会在评议

唐翰林学士传论

中出现不应有的偏失。如对翰林学士职能与地位的评价，一般多举中唐时陆贽为例，认为可以与宰相分庭抗礼，被目为"内相"[1]。陆贽与内相相联，虽已见于两《唐书·陆贽传》，但最早提及内相的，是稍后于陆贽不过二三十年的李肇，他在任职翰林学士期间于元和十四年（819）作有《翰林志》，曾特别叙及陆贽上疏。时陆贽为翰林学士，却在疏议中提议应将制诏起草归于中书舍人，不应由翰林学士专掌，认为此乃"事关国体，不合不言"。李肇谓："疏奏不纳，虽徵据错谬，然识者以为知言。"接云："贞元末，其任益重，时人谓之内相，而上多疑忌，动必拘防。"这里李肇并不把内相归之于陆贽。因陆贽已早于贞元十一年（795）被德宗贬为忠州别驾，直至贞元末，顺宗接位，才于贞元二十一年即永贞元年（805）要陆贽返回京师，但陆贽已卒于贬所。陆贽在翰林学士任期内自作的奏议、文诰中从未自许为内相，当时的史料也未有人称其为内相（如权德舆《陆宣公翰苑集序》还称其"逢时而不尽其道"）。而且他之罢官与贬出，正出于当时宰相赵憬与户部侍郎裴延龄的串谋。李肇虽曰贞元末翰林学士被人目为内相，但接云："上多疑忌，动必拘防。"德宗后期有几位翰林学士也因此而辞职出院的，史书中也未有记当时翰林学士与宰相分庭抗礼之事。当然，关于此事，还可以专文另论，这里概述，就是想说明史料如实掌握与辨析的必要性。

正因为如此，我想根据这几年来的研索所得与认识，就翰林学士史料方面作若干叙说，以供学界对唐代翰林学士作进一步研究之参考。前已提及，翰林学士史料，面广量多，作为专题论文，限于篇幅，不可能全面论述，故本文即以劄记的形式，就一些有代表性的史料酌予记叙和辨析。应当说，《旧唐书》和《新唐书》是这方面的最基本史料，此为众所周知，故这里不予专论。但可提醒一下，两《唐书》的有关记述，有不少错失。老一辈学者严耕望,就撰有长文《旧唐书本纪拾误》,共举出一百五十四条,其中有好几处曾引及唐丁居晦《重修承旨学士壁记》以纠《旧纪》之误。[2] 当代青年学者武秀成有《〈旧唐书〉辨证》专著[3],也有涉及翰林学士事迹者。拙作《唐翰林学士记事辨误》曾谓,两《唐书》无论纪、志、表、传,在记叙翰林学士事迹时,多有舛失,特别是晚唐部分。[4] 从严格的整理要求来说,对两《唐书》,就不能只停留在版本对校上;如我们将整理与研究相结合,对原书所记史事加以疏证、辨析,这就会有高质量的点校本,对唐史(包括翰林学士)研究就极为有利。

关于唐人有关翰林学士的专著,《新唐书》卷六〇《艺文志》二,史部职官类,载有三种:《翰林志》一卷,李肇著;《翰林内志》一卷,未注著者;《翰林学士院旧规》一卷,杨钜著。李肇与杨钜两种,今存。《翰林内志》《玉海》卷一六七引《中兴书目》有记,云:"集韦执谊《翰林故事》,李肇《志》,韦处厚、丁居晦、杜元颖《壁记》,元稹《记》,韦表微《学士新楼记》为一书。"亦云著者不知名。南宋时《郡斋读书志》《直斋书录解题》皆未有著录,则此书于南宋前中期已佚,但所辑诸书,今仍存。北宋初所修之《文苑英华》,于卷七九七"厅壁记"类,载有韦处厚《翰林院厅壁记》、元稹《翰林承旨学士厅壁记》、丁居晦《重修承旨学士壁记》、杜元颖《翰林院使壁记》。[5] 南宋前期洪遵编有《翰苑群书》三卷,唐代部分有李肇、元稹、韦处厚、韦执谊、杨钜、丁居晦六种,另还有宋人所作记北宋时翰林学士者。由此可见宋人对翰林学士史料的重视。又晁公武《郡斋读书志》卷七职官类,又著录有《翰林杂志》一卷,不题撰人,所辑除韦执谊、元稹、韦表微、杜元颖所著外,唐人还有郑璘《视草亭记》并序。[6] 按:郑璘,两《唐书》无传,就《文苑英华》卷四四五"翰林制诏"类所载其《皇帝第八男祕第九男祚第十男祺封王制》，于文末署"乾宁四年九月"，当为唐末昭宗时翰林学士。其《视草亭记》既与韦执谊、元稹等所著编于《翰林杂志》，当亦为同类著作，惜未传存。

上述唐人所著有关翰林学士之著，大致可分两类：一是李肇《翰林志》、杜元颖《翰林院使壁记》、韦处厚《翰林学士记》、韦表微《翰林学士院新楼记》、杨钜《翰林学士院旧规》，主要记述翰林学士院之建置、职能；二是韦执谊《翰林院故事》、元稹《承旨学士院记》、丁居晦《重修承旨学士壁记》，虽有前记亦述及建置、职能等，但重点是以壁记的形式记叙唐玄宗至懿宗朝翰林学士名次。[7]这三种壁记提供不少史料，多可补证两《唐书》。但也仍有疏误，前辈学者岑仲勉有所正补，即其《翰林学士壁记注补》[8]。本文拟参酌岑著，重点考论韦执谊《翰林院故事》、元稹《承旨学士院记》、丁居晦《重修承旨学士壁记》，并再就金石、制文、诗文、类书等，记叙其史料价值及某些不足之处。

二

唐代官署，自中央至地方，从唐前期起就有一种风习，即于官厅壁上记叙历届官员姓名，有些并注明任职年月。著于中唐大历、贞元间的封演《封氏闻见记》，卷五有《壁记》一条，特记此事，首云："朝廷百司诸厅，皆有壁记，叙官秩创置及迁授始末。"后引韦述《两京记》："郎官盛写壁记，以记当时前后迁除出入，寖以成俗。"因此下结语云："然则壁记之出，当是国朝已来，始自台省，遂流郡邑耳。"[9]

《两京记》所说的"郎官盛写壁记"，可以唐玄宗时陈九言所撰的《尚书省郎官石记序》作证，文中盛赞尚书省郎官为

"上应星纬,中比神仙",于是入仕后,"顷朝荣初拜,或省美中迁,升降年名,各书厅壁"。[10]据此,清人劳格《唐尚书省郎官石柱题名考》卷首例言,有更明确的说明:"唐尚书省左右司郎中、员外郎,及六部二十四郎中、员外郎,皆有厅壁记,以记其迁任罢斥之年月。"[11]《文苑英华》卷七九八"厅壁记"类,于尚书省,就录有孙逖《吏部尚书壁记》、杜颁《兵部尚书壁记》、独孤及《吏部郎中厅壁记》、权德舆《吏部员外郎南曹厅壁记》及《司门员外郎壁记》等。其他如御史台、九卿、国子监、秘书省等,均有。

至于地方节镇、州府、县曹,则厅壁之记更多,可以说是有唐一代甚有特色的文体,颇有史学、文学研究价值。马总《郓州刺史厅壁记》谓:"夫州郡厅事之有壁记,虽非古制,而行之已久。"[12]有些地方州县厅壁记,有起自初唐贞观,直至中唐大历;连续记叙的,如作于德宗贞元五年(789)的顾况《宋州刺史厅壁记》,有记云:"自贞观以来,列名氏者,而房梁公为首,存乎东壁;大历之后,继声躅者,宜司徒公为首,遂刊于座右。"[13]有些则过去所记有所缺佚,又连续有所补记,如权德舆《京兆少尹西厅壁记》云:"以旧记湮落,虑失其传,今断自太极元年而下,列其名氏岁月。"[14]又元结《道州刺史厅壁记》:"故为此记,与刺史作戒,自置州以来,诸公改授、迁黜年月,则旧记存焉。"[15]白居易于德宗贞元十九年(803)所作《许昌县令新厅壁记》,则更提出新编题名记列于厅壁,云:"先是邑居不修,屋壁无纪,前贤姓氏,湮没无闻,而今而后,请居厥位者编其年月、名氏。"[16]这可以说是中唐时地方文献的一大进展,不少地方,如县令、县丞、县尉等官署,都有厅壁记,今存者大多为中唐及晚唐前期所作(参《文苑英华》卷八〇四—八〇六"厅壁记"八、九、十)。

中唐时连续撰成的三种翰林学士厅壁记(即韦执谊、元

唐翰林学士传论

积、丁居晦所作），以及虽非题名却记叙翰林学士院建置之文（如李肇、杜元颖、韦处厚等），当与唐代这一厅壁文献撰作氛围有一定文化内涵的联系。

比较起来，韦执谊等这三种壁记有一定的优势与特色。这就是，上述的这些中央与地方官署壁记，其记文虽存，但所述任职者姓名却都湮没无闻；尚书省郎官石柱，于清代初期也已佚失一半，且所记仅为姓名，未有任职时间。现存的这三种翰林学士壁记，自唐玄宗开元后期起，至晚唐懿宗末，一百三十余年间，所记姓名基本齐全，且详叙官阶迁转年月，不仅为研究这一时期翰林学士提供基本史料，还可补正唐代两部正式史书（《旧唐书》《新唐书》）记事的疏失。兹分别考述。

韦执谊，两《唐书》有传，见《旧唐书》卷一三五、《新唐书》卷一六八。《旧传》谓："执谊幼聪俊有才，进士擢第，应制策高等，拜右拾遗。"进士登第年不可知，其制举登科，据《唐会要》卷七六《制科举》，在德宗贞元元年（785），且列于首位（见《全唐文》卷五一德宗《授韦执谊等官诏》）。丁居晦《重修承旨学士壁记》记贞元后十二人，第一个为韦执谊："贞元元年，自左拾遗充。"此云左拾遗，与两《唐书》本传所记之右拾遗有异，此是小事，可注意的是，韦执谊于贞元元年九月制举登科入仕，旋即于本年内又召入为翰林学士，这是前所未有的。又，《旧唐书》本传在记"拜右拾遗，召入翰林为学士"后，云"年才二十余"，《新唐书》本传也谓"年逾冠，入翰林学士"，这是唐朝士人入为翰林学士最为年轻的，这当与他"幼聪俊有才"有关。且此人有识，在入院后第二年，即撰首创之作《翰林院故事》（文中署为贞元二年十月）。清修《四库全书总目》卷七九史部职官类，于李肇《翰林志》提要中称："今以言翰林者，莫古于是书。"实则李肇《翰林志》撰于宪宗元和十四年（819），后于《翰林院故事》三十余年。

　　《翰林院故事》大致分为两部分，前一部分为概述唐翰林院、学士院之设置，及翰林学士之职能，可为前记；第二部分具体记述唐玄宗开元以来翰林学士姓名及官阶迁转。前记列叙唐自太宗起，即重视将"当时才彦"召入宫中，"内参谋猷，延引讲习，出侍舆辇，入陪侍宴"。至玄宗朝，又明确"选朝官有词艺学识者，入居翰林，供奉别旨"。而"至（开元）二十六年，始以翰林供奉改称学士，由是遂建学士，俾专内命"。关于我国古代建置翰林学士，并于玄宗开元二十六年（738）自翰林院分出另设置学士院，《翰林院故事》是首记之作。唐代两部大型典章制度之书，一为《唐六典》，也撰成于开元二十六年，一为《通典》，著者杜佑于德宗贞元十七年（801）上奏，使人奇怪的是这两部书都未有一字提及翰林学士。关于开元二十六年建置翰林学士院，《旧唐书·职官志》《新唐书·百官志》，及修撰于宋初的《唐会要》，都有所记，但就其文字记叙来看，都本于韦执谊《翰林院故事》及稍后的李肇《翰林志》。

　　《翰林院故事》前记有云："屋壁之间，寂无其文，遗草简略于枂编，求名时得于邦老，温故之义，于斯阙如。"则在贞元初，翰林学士院内文献极少保存，开元以来之学士姓名，就只能向老一辈学人探询。按：唐之京都长安，玄、肃两朝历经安史之乱，德宗初期又有泾州兵变，屡经兵燹，宫廷迭遭破坏，简牍当散佚极多。贞元初，朝政稍为稳定，故前记谓："群公以执谊入院之时最为后进，记叙前辈，便于列词，收遗补亡，敢有多让。"韦执谊就担此重任。当然，由于遗籍多有散佚，"其先后岁月，访而未详，独以官秩名氏之次，述于故事"。这里应予说明的是，唐时翰林学士是一种差遣之职，其初入院，及在院期间，须另带有正式官衔，如《新唐书·百官志》一谓："自诸曹尚书下至校书郎，皆得与选。"清人钱大昕

唐翰林学士传论

也指出，唐翰林学士"亦系差遣，无品秩，故常假以他官，官有迁转，而供职如故也"（《廿二史考异》卷五八）。韦执谊即谓，因"访而未详"，年月未能有记，但可以将其所带之官衔记于姓名之后。《翰林院故事》所记官秩迁转，有些颇详，如肃宗朝潘炎，记为："自左骁卫兵曹充，累改驾中，又充，中人又充，出守本官。"这就是说，潘炎以左骁卫兵曹参军的官衔（正八品下）入为翰林学士，后连续升迁为驾部郎中（从五品上）、中书舍人（正五品上），都在任职期间，后又以中书舍人出院。按：潘炎，附见于两《唐书》其子潘孟阳传。《旧唐书》卷一六二《潘孟阳传》记潘炎，仅一句："礼部侍郎炎之子也。"即潘炎曾任礼部侍郎，仅此一记。《新唐书》卷一六〇《潘孟阳传》记潘炎事稍详，但仅起自代宗大历后期，未记肃宗时事。韦执谊所记潘炎于肃宗时在翰林学士任期内所历官阶，正可补两《唐书》之缺。于此也可见《翰林院故事》之史料价值。

除潘炎外，有些名人虽《唐书》等均有所记，但如无《翰林院故事》，则后人皆未能知其曾为翰林学士。如苏源明，是玄、肃两朝的诗文名家，韩愈于《送孟东野序》中，就将苏源明与陈子昂、元结、李白、杜甫等并提，云："唐之有天下，陈子昂、苏源明、元结、李白、杜甫、李观，皆以其所能鸣。"[17]苏源明，《新唐书》卷二〇二《文艺传》中有传，与杜甫交友甚切，杜甫有好几首诗怀念他，如《怀旧》《八哀诗·故秘书少监武功苏公源明》《哭台州郑司户苏少监》;[18]另梁肃为独孤及所作行状，[19]颜真卿为元结所作墓碑，[20]以及李华《三贤论》,[21]都曾提及苏源明。但不管是《新唐书》本传，以及上述杜甫、梁肃、颜真卿、李华等诗文，都未记苏源明曾任翰林学士。韦执谊《翰林院故事》则明确记苏源明于肃宗至德（756）后以中书舍人入为翰林学士。如无韦执谊所记，则肃宗朝翰林学士就未有这一诗文名家。

当然，从史料的角度来看，韦执谊《翰林院故事》也有不足之处。总的来说，如韦执谊于前记中所说，由于材料散佚，其所能辑集到的学士，仅能记其名氏、官衔，"其先后岁月，访而未详"，不如以后元稹、丁居晦能记有年月日。又，韦执谊于贞元二年作此题名录，而现存的这一《故事》，尚有贞元后所记，计有德宗、顺宗、宪宗三朝学士名录，当为后继者续辑，这也是韦执谊于前记文末所说的"庶后至者，编继有伦"。应当说在贞元二年之后所记的三十余位学士名录，也颇可参考，不过比较起来，这后一部分与元稹、丁居晦两记相较，确有明显的不足：一是丁居晦自德宗朝起，就记有年月，元稹于元和朝的承旨学士，所记年月日更详，韦执谊《故事》则均未记有时间；二是现存《翰林院故事》后一部分，有些记事有缺，有些记事有误。限于篇幅，这里略举数例。如宪宗初期的李吉甫、裴垍，为当时名人，并由翰林学士擢迁为宰相的，史料极多，两《唐书》也均有传，但《翰林院故事》记此二人，仅列姓名，无一字叙其官秩迁转。又如宪宗时萧俛，《翰林院故事》记为："驾中充，又加知制诰，出守本官。"而据丁居晦《重修承旨学士壁记》，萧俛乃于"元和六年四月十二日自右补阙充"，后历经迁转，至元和九年十一月二十四日加驾部郎中，同年十二月十日加知制诰。丁氏所记有据。《旧唐书》卷一七二本传记其"元和六年，召充翰林学士"。又《旧唐书》卷一四《宪宗纪》，元和六年正月丙申，萧俛时为右补阙。据《旧唐书·职官志》，左右补阙为从七品上，驾部郎中为从五品上，由此知萧俛当先自右补阙入，后才迁为驾部郎中。《旧唐书·萧俛传》也记其于元和七年转司封员外郎（从六品上），九年改驾部郎中，并知制诰。《翰林院故事》此处所记乃又简又误。

类似情况，如亦为宪宗朝的张仲素，《翰林院故事》记自礼部员外郎充，丁居晦所记为元和十一年（816）八月十五日自礼部郎中充。按：清劳格《唐尚书省郎官石柱题名考》曾有考，谓石柱题名于礼部员外郎无张仲素名，礼部郎中则有。又杨巨源有《张郎中段员外初直翰林报寄长句》（《全唐诗》卷三三三）。按：段文昌于元和十一年八月十五日与张仲素同时人，时为祠部员外郎，则杨巨源此诗诗题中"张郎中""段员外"，即为张仲素、段文昌。诗题云"初直翰林"，而称张为郎中，可见丁居晦所记为确。由此可见，今存的《翰林院故事》，其后期为他人续作，其史料确切性不如韦执谊所作的前期。我们在研索贞元、永贞、元和时翰林学士在职期间的仕历，当应参据元稹、丁居晦所记及唐时其他史料，作综合的考辨。

三

关于元稹《承旨学士院记》。[22]

元稹，《旧唐书》卷一六六、《新唐书》卷一七四有传，其生平事迹又见白居易《河南元公墓志铭》[23]。他于德宗贞元九年（793）明经及第，年仅十五；后于宪宗元和元年（806）与白居易同应制举登科，元稹仕为左拾遗，白居易任京兆盩厔县尉。元稹于宪宗朝备受朝中宦官的排挤、打击，外贬近十年，至元和末入朝。穆宗因赏识其文才，于即位初，即元和十五年（820）五月，便任其为祠部郎中、知制诰，也就是相当于中书舍人，可以入中书省起草政府诏令。长庆元年（821）二月，又入为翰林学士，同时并任其为承旨学士。

元稹在任职期间，有两点值得注意：一是与当时在宫中供职的文友多有文学交往，如与同为翰林学士的李德裕、李绅交友，时称"三俊"；与白居易关系更为密切，白居易于《余思未尽加为六韵重寄微之》诗自注云："予除中书舍人，微之撰制词；微之除翰林学士，予撰制词。"[24]白居易与元稹都注意于制诰文体的革新，白居易特赞许其为"制从长庆辞高古"[25]。二是元稹任学士承旨只半年后，即于长庆元年八月作此《承旨学士院记》。关于翰林承旨学士，唐时最先提出的是作于元和十四年（819）的李肇《翰林志》，但李肇仅云"元和已后，院长一人，别敕承旨，或密受顾问，独召对"。所述既略，且亦不确。[26]元稹所作此记，是唐时记述翰林承旨学士建置、职能最为齐备的，后即为《唐会要》、两《唐书》等所承袭。尤其较韦执谊《翰林院故事》是一个很大的突破，即自首任郑絪起，至元稹前任杜元颖，对这十一位承旨学士，都——记叙其官衔迁转的年月日，这是《翰林院故事》所未有的。如卫次公，《翰林院故事》仅列于德宗朝，只记为"补阙内供奉充"一句。而元稹所记为："元和三年六月二十五日，以兵部侍郎入院充。七月二十三日，加知制诰。四年三月，改太子宾客出院，后拜淮南节度使。"两《唐书》本传也未有如此确切的记载。《翰林院故事》于李吉甫、裴垍都只列姓名，未记其事，元稹所记则如上述卫次公那样，都有具体的年月日记载。这样做，应当说对后来文宗时的丁居晦有很大的启示（详后）。

又，元稹自署为"长庆元年八月十日记"，并称所记为"十七年之间，由郑至杜"，即永贞元年（805）至长庆元年（821），由郑絪至杜元颖，共十一人。杜元颖于长庆元年二月十五日出院，任相，元稹接任为承旨学士，而元稹后又于同年十月十九日改为工部侍郎出院，则此《承旨学士院记》所记元稹，非其本人所记。又，现存的《承旨学士院记》，于元稹后，又有李德裕、李绅、韦处厚三人。这三人任承旨之职，都在元稹之后，则正如《直斋书录解题》所说，"盖后人所益"（卷六，职官类）。韦处厚出院在宝历二年（821）十二月十七日，则续记此三人当在文宗即位后不久，可能在大和元年（827）

或稍后。由于距长庆时间较近，故虽非出自元稹之笔，但其史料可靠性还是较强的。如韦处厚《承旨学士院记》有云："长庆四年二月二十三日，以侍讲学士权知兵部侍郎，知制诰，赐紫金鱼袋为翰林学士充。"即韦处厚原为翰林侍讲学士。按唐惯例，侍讲学士是不能直接任翰林承旨学士的，因韦处厚得到敬宗信重，故敬宗于长庆四年（824）正月即位不久，即于该年二月，使韦处厚由侍讲学士改为学士，并任承旨。[27] 而后丁居晦《重修承旨学士壁记》，记韦处厚于长庆三年十月二十三日为兵部侍郎、知制诰时，仍"依前侍讲学士"，后则又记为"四年十月二十三日，加承旨"。这就是说，韦处厚仍为侍讲学士，而于长庆四年十月接为承旨。这一方面与侍讲学士不能任承旨之通例不合，另一方面，又与《旧唐书》有关记载不合。《旧唐书》卷一七上《敬宗纪》，于长庆四年三月记韦处厚奏议，已称为翰林学士。由此则此《承旨学士院记》可订正丁居晦之误。又如李绅，丁居晦《重修承旨学士壁记》记为长庆二年二月十九日以中书舍人为承旨，而后接云："三月二十七日，改中丞出院。"即任承旨只月余。而《承旨学士院记》则记其出院为长庆三年三月二十七日。按：李绅有诗《忆春日太液池亭候对》[28]，题下自注："长庆三年。"即长庆三年春李绅尚在宫中值班。由此可证《承旨学士院记》为是，丁居晦《重修承旨学士壁记》所记"三月二十七日，改中丞出院"，"三月"前当漏记"三年"二字。

不过元稹所记也有误，如记第一位承旨学士郑絪，谓"贞元二十一年二月，自司勋员外郎、翰林学士拜中书舍人，赐紫金鱼袋充"。按：据《旧唐书》卷一四《顺宗纪》，德宗于贞元二十一年（805）正月癸巳卒，顺宗即位，同年八月，顺宗又因病传位于太子李纯，即宪宗接位，并改贞元二十一年为永贞元年。郑絪乃于宪宗接位后首任其为承旨学士的，元稹于前记中也明确记为:"宪宗章武孝皇帝以永贞元年即大位,始命郑公絪为承旨学士,位在诸学士上。"不知何以出现前后矛盾。元稹自己当不会出此错误,可能原作为"贞元二十一年八月",后传抄、传刻中将"八"字讹为"二"字。

四

关于丁居晦《重修承旨学士壁记》[29]。

丁居晦,两《唐书》无传。清徐松《登科记考》卷一九据《文苑英华》,谓长庆二年(822)进士试题为《琢玉诗》,而《全唐诗》卷七八〇于丁居晦名下有《琢玉》一诗,因系于长庆二年进士及第。又据《旧唐书》卷一七下《文宗纪》及卷一六七《宋申锡传》,丁居晦于大和五年(831)二月,在拾遗任。其早期仕迹,其他皆不详。此后,即据其《重修承旨学士壁记》(按:下文简称为丁《记》),于大和九年(835)至开成五年(840)曾先后两次任翰林学士之职。可以说,如无此丁《记》,则唐代翰林学士就无丁居晦之名。

据丁《记》,丁居晦于大和九年(835)五月三日自起居舍人、集贤院直学士充,同年十月十九日又为司勋员外郎。按:前据《旧唐书·宋申锡传》,丁居晦大和五年时任拾遗,拾遗官阶为从八品上,起居舍人、司勋员外郎为从六品上,则丁《记》所记当与其仕历合。[30]丁《记》又载其后于开成三年(838)十一月十六日以御史中丞出院,而第二年(即开成四年,839)闰正月又以御史中丞入为翰林学士,五年(840)三月十三日迁为户部侍郎、知制诰,不料于同月二十三日卒,赠吏部侍郎。按:《全唐诗》卷五四五有刘得仁《哭翰林丁侍郎》诗,有云:"应是随先帝,依前作近臣。"据《旧唐书》卷一八上《武宗纪》,文宗于开成五年正月四日卒,武宗立,丁居晦

唐翰林学士传论

既于开成五年三月卒,此前好几年在宫中任翰林学士之职,故刘得仁在悼诗中称"应是随先帝,依前作近臣"。又,丁居晦在任职期间,刘得仁又献有好几首诗,如《山中舒怀寄上丁学士》《奉和翰林丁侍郎禁署早春晴望》《上翰林丁学士》(均见《全唐诗》卷五四五),其《上翰林丁学士》有"官自文华重""儒流此最荣"句,可见当时文士对翰林学士极高的赞誉。按:刘得仁多次应举,皆未能及第,其与丁居晦诗,多寄望其为之荐举。又李商隐有《为濮阳公与丁学士状》,乃李商隐于开成四年春代王茂元作。时王茂元为泾原节度使,因久驻边镇,颇想入京任职,故由李商隐代笔,致书与丁居晦,亦请为其助援。[31]由此可见翰林学士当时在社会上的声望,颇值得注意。

丁《记》之史料价值,一为时段长,二为记事确,兹分别概述。

元稹的《承旨学士院记》,虽所记官秩迁转较具体,但仅为宪、穆两朝(805—824),且只限于承旨,只十五人;韦执谊《翰林院故事》也只到宪宗元和末。丁《记》则自玄宗开元后期翰林学士建置开始,至懿宗咸通末,历时一百三十七年;所记学士虽有缺漏(详后),但有唐一代所记翰林学士,丁《记》是最多的,约一百八十人。又如文宗大和时袁郁,开成时敬晦,宣宗时严祁,懿宗时张道符、侯备、裴璩、卢深等,他书均未有记,而丁《记》则都记有其入院、出院及官秩之迁转。如无丁《记》,则唐翰林学士皆无其名。丁居晦自谓作此壁记在开成二年(837)五月十四日,则文宗后期及武、宣、懿三朝均为后人于壁上续补,即承袭丁氏之例,故仍有齐全、确切的特点。丁《记》史料的确切性,可述者甚多,今略举数例,供参阅。

沈传师,宪宗朝翰林学士,丁《记》所记为:元和十二年(817)二月十三日,自左补阙、史馆修撰充;十三年(818)

正月十三日,迁司门员外郎;十五年(820)正月二十三日,加司勋郎中;闰正月二十一日,加兵部郎中、知制诰;长庆元年(821)二月二十四日,迁中书舍人。按:沈传师,杜牧曾为其作有行状,即《唐故尚书吏部侍郎赠吏部尚书沈公行状》[32],文中叙其制科登第后,"授太子校书,鄠县尉,直史馆,左拾遗,左补阙,史馆修撰,翰林学士。历尚书司门员外郎,司勋、兵部郎中,中书舍人。"丁《记》所记官秩迁转,与杜牧所作《行状》相合。杜牧与沈传师相交甚深,其记事亦当确切,但杜牧于此处所记,皆未系年月,丁《记》又可补正《行状》。又《旧唐书》卷一四九《沈传师传》,于此段仕历,则记为:"授太子校书郎,鄠县尉,直史馆,转左拾遗,左补阙,并兼史职。迁司门员外郎、知制诰,召充翰林学士。"将翰林学士列于最后,而据丁《记》与杜之《行状》,沈传师自左补阙、史馆修撰即召入为翰林学士,司门员外郎、知制诰乃在职期间所迁之官秩。由此可见,丁《记》既能与同时人所作之《行状》相印证,又可补正《旧唐书·沈传师传》之差讹。

另一种情况是丁《记》与当时的制文相合。如裴谂,丁《记》有云:"会昌六年六月二日,自考功员外郎充,八月十九日,加司封郎中。"于此,崔嘏有《授裴谂司封郎中依前充职制》(《全唐文》卷七二六),称"翰林学士、考功员外郎裴谂",也就是裴谂在任翰林学士期间,由考功员外郎升迁为司封郎中,与丁《记》所叙完全相合。据《旧唐书》卷一八〇《李德裕传》,崔嘏于武宗会昌时即任中书舍人,也与丁《记》所记之会昌六年(846)合。又如宇文临,附见于《旧唐书》卷一六〇其父宇文籍传,仅一句:"大中初登进士第。"未记其为翰林学士事。[33]据丁《记》,宇文临曾两次入院,第一次为:"大中元年闰三月七日,自礼部员外郎充;其年四月,守本官出院。"第二次为:"大中元年十二月八日,自礼部郎中充。"

唐翰林学士传论

对此，崔嘏也有制文，即《授宇文临礼部员外郎制》《授宇文临翰林学士制二首》(《全唐文》卷七二六)。其第二首制文明确称为"礼部郎中宇文临"，即第一次以礼部员外郎入，第二次以礼部郎中入。又如萧寘，两《唐书》无专传。《旧唐书》卷一七九《萧遘传》《新唐书》卷一〇一《萧复传》仅叙及一二句，而均未提及其曾为翰林学士。丁《记》记其"大中四年七月二十四日，自兵部员外郎充"，这又与崔瑶《授萧寘充翰林学士制》(《全唐文》卷七五七)合，此制即称其为"朝议郎、行尚书兵部员外郎萧寘"。制文是当时的官方文书，也可以说是国史实录，由此也可见丁《记》史料性之确切。

又一种情况是丁《记》所记与金石类著作合。如柳公权，于穆宗即位初曾被召入为翰林侍书学士，这是唐朝唯一以书法擅长而被召入，并以翰林侍书学士命名的。据丁《记》，他曾三次入院、出院。第三次是文宗大和八年（834）十月十五日入，仍为侍书学士，所带官衔为兵部郎中、弘文馆学士；后大和九年（835）九月十二日，由侍书再加翰林学士之名。之后又累有迁转，至开成二年（837）四月为谏议大夫、知制诰；三年（838）九月十八日又迁工部侍郎、知制诰。今查宋欧阳棐所辑《集古录目》卷一〇，有《柳尊师墓志》，署为"翰林学士、谏议大夫柳公权撰并书。……碑以开成二年立，在华原县"；又有《赠兵部尚书李有裕碑》，署为"中书舍人李景让撰，工部侍郎、知制诰柳公权书。……碑以开成四年立"。[34] 其结衔与年份，均与丁《记》相符。金石录也是实录性著作，具有文物考古性质，由此也正可佐证丁《记》之史料价值。

丁《记》所记，大多记有年、月及日，此又可以从史书中得到印证。如文宗时郑覃，丁《记》记其于大和"七年六月十六日，改御史大夫出院"。今查《旧唐书》卷一七下《文宗纪》，大和七年（833）六月壬申，"以工部尚书、翰林侍讲学士郑覃为御史大夫"。按：据《旧纪》，该年六月丁巳朔，壬申恰为十六日。又如懿宗时翰林学士路岩，丁《记》记其于咸通五年"十一月十九日，以本官同中书门下平章事"。按：《新唐书》卷六三《宰相表》，咸通五年"十一月壬寅，翰林学士承旨、兵部侍郎路岩本官同中书门下平章事"。据陈垣《二十史朔闰表》[35]，咸通五年（864）十一月甲申朔，壬寅即十九日。

丁《记》也有缺漏。首先是受当时政事的影响，有意未列几个翰林学士之名。按：丁居晦于开成二年（837）作此记，而在此之前，大和九年（835）十一月发生甘露事变，当时任相的王涯、李训，凤翔节度使郑注，及时任翰林学士的顾师邕，均为宦官所杀。按：王涯于德宗、宪宗两朝曾任翰林学士，李训、郑注则于文宗大和后期为翰林侍讲学士。开成年间，正如《通鉴》卷二四六开成三年正月所云："承甘露之乱，人情危惧，宦官恣横。"丁居晦当因忌讳，未列王涯、李训、郑注、顾师邕，这也是史料因受政治事件之牵累而削弱其真实性之一例。

其次可能因一些客观原因，在记叙中有所缺漏。如李绛，于宪宗元和二年（807）四月八日入，其间官秩有所迁转，元和五年（810）五月五日加司勋郎中，依前知制诰，而后却记谓："十二日，迁中书舍人。"即仅隔数日，又由司勋郎中迁为中书舍人。而丁《记》之前，元稹《承旨学士院记》已有记，为："（元和）五年五月五日迁司勋郎中、知制诰，十二月正除。"正除即由知制诰正式转为中书舍人。又《通鉴》卷二三八元和五年十二月，亦记李绛因受宪宗的信重，"己丑，以（李）绛为中书舍人，学士如故"。由元稹《壁记》及《通鉴》，可确证李绛转授中书舍人在十二月，丁《记》此处之"十二日"应作"十二月"。又如杜元颖，丁《记》："元和十二年□月十三日自太常博士充。二十日，改右补阙。□月十八日，赐

唐翰林学士传论

绯。"有两处空缺。特别是丁居晦于开成二年五月作此记，在此之后则缺漏更多，如武宗朝之韦琮、魏扶，有记其入院及迁转，但未记其何时出院；懿宗朝刘承雍，仅云"咸通十四年十月贬涪州司户"，但未记其何时入院。懿宗朝后期，如崔瑑、李溥、豆卢瑑，则仅记其姓名，未有记事。可能懿宗之后僖宗时，黄巢起兵，后长安被占，宫中焚毁，翰林学士院中文献当亦有散佚。实则按现有史料，对上述诸人事迹，仍可补辑。现举魏扶为例。

按：魏扶为武宗朝翰林学士，丁《记》记其于会昌二年（842）八月八日自起居郎充，后历经迁转，记云："（四年）九月四日，拜中书舍人，依前充。"未记出院。岑仲勉《翰林学士壁记注补》也指出："此未言何时出院，漏也。"但岑氏未有考补。今按：《旧唐书》卷一八下《宣宗纪》大中元年（847）有云："三月丁酉，礼部侍郎魏扶奏：'臣今年所放进士三十三人……'"《唐会要》卷七六《贡举》中亦载："大中元年正月，礼部侍郎魏扶放及第二十三人。"[36]又宋钱易《南部新书》戊卷："大中元年，魏扶知礼闱。入贡院，题诗云：'梧桐叶落满庭阴，锁避朱门试院深。曾是昔年辛苦地，不将今日负前心。'"[37]徐松《登科记考》卷二二乃据《唐诗纪事》系魏扶于此年知贡举。按唐科举惯例，知举者多于前一年秋冬，任为礼部侍郎或相应官职，第二年初主持考试。[38]而翰林学士不能知举，须先出院，任新职，乃可于明年春初知贡举。如此，则魏扶当于会昌六年（846）秋冬由中书舍人改任礼部侍郎出院，于明年即大中元年知举。又李商隐弟羲叟亦为大中元年进士及第（见《登科记考》卷二二），李商隐特为作诗上献魏扶，题为《喜舍弟羲叟及第上礼部魏公》（《全唐诗》卷五四〇），中云："国以斯文重，公仍内署来。"内署即翰林学士院。李商隐又有《献侍郎钜鹿公启》[39]，亦有云："窃计前时，承荣内署。"李商隐明确提出魏扶在此次知举前为在翰林学士院供职。由上述诸种材料,可补丁《记》之不足。

五

以下拟分叙石刻、制文等史料。

石刻的史料价值,宋欧阳修在其《集古录目序》中,认为"可与史传正其阙谬者,以传后学,庶益于多闻"[40]。后赵明诚在其《金石录》自序中更进一步提出,过去史书所载君臣行迹,"若夫岁月、地理、官爵、世次,以金石考之,其牴牾者十常三四。盖史牒出于后人之手不能无失,而刻词当时所立,可信不疑"[41]。我们现在考析唐翰林学士生平事迹,除两《唐书》等史书外,自宋至清的石刻书目及近数十年来出土的文献材料,很值得使用。这方面的事例很多,前面在论述丁《记》时已有述及,今再略举数例。

吕向与尹愔是玄宗开元二十六年(738)建置的最早两位翰林学士,韦执谊《故事》与丁《记》虽都有记,但均甚简。如吕向,皆云自中书舍人充,后出院为工部侍郎,但何年出院,都未有记。《新唐书》卷二〇二本传也仅云"再迁中书舍人,改工部侍郎,卒,赠华阴太守"。今查宋佚名《宝刻类编》(粤雅堂丛书本)卷三,录有吕向所作碑目五件,其中《龙兴寺法现禅师碑》,天宝元年(742)九月立;《长安令韦坚德政颂》,天宝元年;《寿春太守卢公德政碑》,天宝二年(743)建。又《隋唐五代墓志汇编》(陕西卷)第一册有《大唐故银青光禄大夫太仆卿驸马都尉中山郡开国公豆卢公(建)墓志铭并序》[42],署为"正议大夫、行中书舍人、侍皇太子及诸王文章、集贤院学士吕向撰"。据文中所记,豆卢建卒于天宝三载(744)三月二十四日,同年八月葬,则此时吕向既带有中书舍

唐翰林学士传论

人官衔,则尚在翰林学士任。其出为工部侍郎,当在天宝三载或稍后。又尹愔,韦、丁所记仅一句,即自谏议大夫入。《新唐书》卷二〇〇《儒学传·赵冬曦传》后附载其事,也仅云:"开元末卒,赠散骑常侍。"今查宋佚名《宝刻类编》卷三,于唐韩择木所书诸项,有《左散骑常侍尹愔碑》,下云:"吴巩撰,八分书,开元二十八年,京兆。"其左散骑常侍,即《新唐书》所记卒后赠官,可以互证,由此并可确定其卒当在开元二十八年(740),任翰林学士约两年。由此两例,可见石刻著录是可证实吕向与尹愔确为唐开元时最早的翰林学士。

又如肃宗时翰林学士赵昂,两《唐书》无传,《翰林院故事》记为肃宗至德以后第四人,云:"自太博充,祠外又充,卒于驾外。"丁《记》无,当为缺漏。《全唐文》卷六二二载其文两篇:《浮萍赋》《攻玉赋》,也看不出时间。清陆增祥《八琼室金石补正》卷五九则录有《故朝议郎行内侍省内侍伯小柱国刘府君(奉芝)墓志铭并序》,下署"宣义郎、行左金吾卫仓曹参军、翰林院学士赐绯鱼袋赵昂撰"。据文中所述,刘奉芝卒于上元元年(760)十二月十九日,葬于上元二年(761)正月十一日。此时赵昂已为翰林学士,则其入院当在此之前。又据《旧唐书·职官志》,仓曹参军官阶为正八品下,而太常博士为从七品上,如此,则赵昂当先由仓曹参军入,再迁为太常博士,后又迁为祠部员外郎(从六品上)。此又可纠正《翰林院故事》记赵昂"自太(常)博(士)充"之误。按:赵昂所撰刘奉芝墓志,《全唐文》未收。又如同为肃宗朝翰林学士的潘炎,《全唐文》卷四四二载其文十七篇,绝大部分为赋。今查三秦出版社于2000年出版的《全唐文补遗》(第七辑)收有潘炎所作高力士墓志,对高力士一生及唐玄、肃两朝政事均有研究价值,而《全唐文》亦未收。此文署"尚书驾部员外郎、知制诰潘炎奉敕撰",文中称高力士卒于宝应元年(762)八月八日，二年（763）四月十二日葬。则此时潘炎所带官衔与《翰林院故事》所谓"自左骁卫兵曹充，累改驾中，又充，中人又充，出守本官"不合，可进一步考证。[43]

又如代宗时于益，《翰林院故事》记为："自驾部员外充，大谏又充，卒。"丁《记》则仅列姓名，未记其事。清王昶《金石萃编》卷九三著录有《大唐故左武卫大将军赠太子宾客白公神道碑铭并序》，下署："朝议郎、行尚书礼部员外郎、翰林学士、赐绯鱼袋于益奉敕撰。"并记为"永泰元年三月廿四日建"。永泰元年为公元765年，为代宗即位后之第四年。按：此文亦载于《全唐文》卷三七一，但未有如《金石萃编》所署撰者姓名及官衔。而据《金石萃编》，则可确知于益于永泰元年三月已为翰林学士，所带官衔为礼部员外郎，此又可补正《翰林院故事》。

另如懿宗时李鹭，还可将出土资料与书面文献结合，作综合的考察。正如陈寅恪总结王国维的治学成就，概括为三点，其中之一即"取地下之实物与纸上之遗文互相释证"[44]。李鹭，两《唐书》无传，如无丁氏所记，则不知懿宗朝有这一翰林学士。丁《记》记李鹭于咸通七年（866）三月自太常少卿入，同年七月迁中书舍人，九年（868）五月十六日出为浙西观察使。按：《千唐志》载有《亡室姑臧李氏墓志铭并序》，署"进士清河崔晔撰并书"，中云："亡室姓李氏，讳道因，其先陇西成纪人。曾王父侨，官终相州成安令，娶清河崔庭曜女；王父应，官终岳州巴陵长，累赠户部尚书，娶清河崔少通女；显考鹭，自中书舍人、翰林学士出拜江西观察使，薨于位，赠工部尚书。"由此可考见李鹭望籍与家世。值得注意的是，志文记李鹭出院，为任江西观察使，异于丁《记》之浙西观察使。按：《全唐文》卷七二四载有李鹭《题惠山寺诗序》，文末署为："咸通十年二月一日，江南西道都团练观察处置等使、

唐翰林学士传论

中散大夫、检校左散骑常侍、使持节都督洪州诸军事兼洪州刺史、御史中丞、上柱国、赐紫金鱼袋李骘题记。"此云咸通十年二月一日，正与丁《记》咸通九年五月出院合，而自署则记为在江西任。又唐末昭宗时黄璞，所作《王郎中传》(《全唐文》卷八一七)，记王粲于咸通三年(862)进士及第，后历仕中外，"李公骘时擅重名，自内翰出为江西观察使，辟为团练判官"。晚唐五代时王定保《唐摭言》卷一〇"海叙不遇"条，记有："胡玢，不知何许人，尝隐庐山，苦心于五七言。玢与李骘旧交，骘廉问江西，弓旌不至。"[45]直至宋王谠《唐语林》卷四记崔铉事，也提及"江西李侍郎骘"[46]。《全唐文》及笔记《唐摭言》《唐语林》等所载，与《千唐志》所录参证，可见丁《记》之"浙西观察使"应为"江西观察使"。

当然，过去的金石文献，也并非全部可信，我们今天作研究，应当说有必要也有条件作综合的考核。如岑仲勉《翰林学士壁记注补》，于柳公权大和二年至五年间任翰林侍书学士时段，曾引《集古录目》："《唐王播碑》……翰林学士承旨柳公权书……碑以大和四年正月立。"《金石录》卷九亦著录，建立年月同。岑氏考谓，此时柳公权尚为侍书学士，侍书学士与翰林学士有异，不能出任承旨，且此时任承旨可确定者为王源中。岑说是。又宋陈思《宝刻丛编》卷七引《集古录目》，有《唐左威卫将军李藏用碑》，云"唐礼部侍郎翰林学士王源中撰"，"碑以大和四年立"。《新唐书》卷一六四《王源中传》，其仕历从未有礼部侍郎，而在翰林学士任期，则为"累转户部郎中、侍郎"。又据丁《记》，大和二年(828)十一月迁为户部侍郎、知制诰，八年(834)四月出院。另，宋叶梦得《石林燕语》卷三，有云："唐制，翰林学士本职在官下。"清叶廷琯曾援引宋李心传《旧闻证误》，谓唐时翰林学士职务有在官上，有在官下，未有定制，其中曾引及王源中所撰《李藏用碑》，称"中散大夫、守尚书户部侍郎、知制诰、翰林学士王源中"[47]。这较《集古录目》所载为详，当为南宋时尚存世的原件。又《全唐文》卷六九三有李虞仲《授学士王源中户部侍郎制》，中称"可尚书户部侍郎、知制诰，依前充翰林学士"，也为一明证。由此可见，书面资料也可订正金石文献。

关于制文，明徐师曾《文体明辨序说》引颜师古云，制书乃"天子之言"[48]，就是以皇帝的名义所发的公文。李肇《翰林志》称"凡王言之制有七"：即一曰册书，二曰制书，三曰慰劳制书，四曰发曰敕，五曰敕旨，六曰谕事敕书，七曰敕牒。唐时这些制文，不一定全由翰林学士撰写，不论是开元前期或开元二十六年建立翰林学士后，有很大一部分还是由中书舍人或他官兼知制诰撰写的。这些制文，以皇帝名义发布，又受当时朝政各种事故、纷争的影响，其内容不一定符合实际，但今天仍可从较广的角度加以研察。宋初编纂大型诗文总集《文苑英华》，对制诰这一文体甚为重视，书中于卷三八〇至四一九，编有"中书制诰"四十卷；卷四二〇至四七二，编有"翰林制诏"五十三卷，可见其含量之重。此外又如《唐大诏令集》《全唐文》及唐人别集中，还有《文苑英华》所未收的。当然，《文苑英华》关于"中书制诰""翰林制诏"的分类也有不确切处，如"翰林制诏"中，有南朝时沈约、徐陵，唐前期有苏颋、孙逖、张九龄等，都不是翰林学士。但其中某些分类，对我们研究翰林学士与中书舍人之职能分工，仍提供有用的史料。如卷三八四，"中书制诰"五，专列授翰林学士制文，其中薛廷珪《授起居郎李昌远监察陆扆并守本官充翰林学士制》，是证实李昌远于昭宗时为翰林学士之唯一材料。按：李昌远，两《唐书》无传，《新唐书》卷七二上《宰相世系表》二上，虽亦有李昌远名，但时代不合，非同一人。据《旧唐书》卷一七九《陆扆传》，陆扆于昭宗大顺二年（891）三月以

唐翰林学士传论

监察御史召充翰林学士,与薛廷珪制文所记"监察陆扆"合,李昌远既与陆扆同制,则当亦于同时入院,此前已任起居郎。

又,《文苑英华》此卷所载授翰林学士制文,不仅为上述薛廷珪所作李昌远制提供具体事迹的史料,我们还能就其对翰林学士职能的评论,见出中晚唐时对翰林学士社会作用的看法。如崔嘏《授萧邺翰林学士制》,前云"吾内有宰辅重德,作为股肱,外有侯伯众才,用寄藩翰",后云"至于参我密命,立于内庭,必取其器识宏深,文翰遒丽",于是认为"此所以选翰林学士之意也"。把翰林学士的作用、地位与朝中的宰相、外藩的节镇并提。杜牧《庾道蔚守起居舍人李文儒守礼部员外郎充翰林学士制》,认为之所以"拔出流辈,超侍帷幄",并不仅是"以文学止于代言,亦乃密参机要,得执所见";这才是"禁署之内,用才尤难"(李虞中《授学士路随等中书舍人制》)。正像崔嘏特别提出的那样,翰林学士乃"参宥密之命,处侍从之地"(《授沈询翰林学士制》),"以备顾问,以参周旋"(《授宇文临翰林学士制》)。这也正如杜黄裳为顾少连所作神道碑[49],称顾于德宗时为翰林学士,乃"赞丝纶之密命,参帷幄之谋献"。我们研究翰林学士的职能与作用,确可将制文与碑传、行状等结合起来,加以阐释。另外还可注意的是,《文苑英华》此卷所载白居易《授元稹中书舍人翰林学士制》,文中特别提及元稹在任祠部员外郎、知制诰时,即注意制诰文体的改革,"使吾文章语言,与三代同风,引之而成纶绋,垂之而为典训"。这也如同卷元稹《授学士沈传师加舍人制》所提出的,草制时要使"语言与三代同风"。这也可与白居易为元稹所作的墓志参看:"制诰,王言也,近代相沿,多失于巧俗。自公下笔,俗一变至于雅,三变至于典谟,时谓得人。"[50] 白居易在《余思未尽加为六韵重寄微之》诗中有云:"制从长庆辞高古,诗到元和体变新。"[51] 将长庆时制文的演变与元和诗作的革新并提，这可结合元稹《制诰自序》[52]，作进一步研究。

现存制文还有值得注意的，如宣宗时翰林学士沈询，据丁《记》，大中元年（847）五月入，二年（848）十月二日，以起居郎、知制诰出院，后迁为中书舍人。《全唐文》七六七载有其几篇册授宰相的制文，参照《新唐书》卷六三《宰相表》，其《崔铉魏扶拜相制》，当在大中三年（849）四月；《魏謩拜相制》，当在大中五年（851）；《授裴休中书门下平章事依前判盐铁制》，当在大中六年（852）八月。按：李肇《翰林志》及两《唐书》职官、百官志，授相制文应由翰林学士而不应由中书舍人撰作，而沈询连续作此三制，都在出院后中书舍人任上。可与此对照的，是昭宗时翰林学士李磎，《全唐文》卷八〇三载其文一卷，中有制文二十五篇，是唐末僖、昭两朝翰林学士所撰制文存世最多的。这二十五篇，除《授吏部侍郎徐彦若御史中丞制》官阶较高外，其他多为中下阶官，如外地中下州刺史、节度判官，甚至县令、县尉等。由翰林学士草撰这些制文，似也不合通则。又如李肇《翰林志》所论"王言之制有七"，一为"立后建嫡"。立后即册封皇后。《文苑英华》卷四四六"翰林制诰"二十七"皇后册文"，载杨钜《册淑妃何氏为皇后文》。《旧唐书·昭宗纪》载光化元年（898）"四月庚子，制淑妃何氏宜册为皇后"。杨钜此时在翰林学士任。[53]而《文苑英华》同卷又载有钱珝《册淑妃为皇后文》，钱珝时则为中书舍人。[54]如此，则册后制文也可由中书舍人撰作。这里提及的几项例子，对研究翰林学士与中书舍人的职能分工与历史变化，很有价值。

六

我们从较广的社会历史背景来研究唐代翰林学士,则可利用的文献史料就更为丰富。尤其是过去往往为人忽视的材料,用新的视角加以探索,更能做出合乎历史实际的评析。如唐五代的笔记,过去往往将其与小说合称,称笔记小说。有些就从单纯的历史角度加以判断,认为不足为据。如岑仲勉《翰林学士壁记注补》白敏中条,曾引及《剧谈录》《唐语林》的有关记载,评为"说部多误,往往类此,不可轻信"。当然,唐五代时一些杂史、笔记,出于传闻,确有不实之处。如宣宗时有翰林学士韦澳,两《唐书》本传、《通鉴》《唐诗纪事》(卷五〇)、《登科记考》(卷二一),及笔记《幽闲鼓吹》《唐语林》《东观奏记》等多有所记,可资参证。但《唐摭言》有一处云:"韦澳、孙宏,大中时同在翰林。"(卷一五)后并详记宣宗"在太液池中宣二学士"。实则遍核材料,宣宗时并无孙宏为翰林学士者。又如作于僖宗中和年间的孙棨《北里志》,其郑举举条有记当时翰林学士郑畋与一些文士在长安平康里夜宴欢聚之事,岑仲勉《补僖昭哀三朝翰林学士记》则以郑畋为郑毂,定为僖宗时翰林学士。实则无论郑畋或郑毂,都未记有翰林学士的材料。且按唐时规矩,翰林学士不可能到歌妓所居地。《北里志》此处所记只是一种趣闻。但笔记小说中确也有他处未见的材料,极可注意。如《太平广记》卷一九九"刘瑑"条,记刘瑑于大中时为翰林学士,深受宣宗信重,且录有宣宗所颁的制文,文末注云:"出郑处诲所撰刘瑑碑。"经查《全唐文》,无郑处诲此文,他处也未见。按:《全唐文》卷八〇有宣宗《授刘瑑平章事制》《授萧邺监修国史刘瑑集贤殿大学士制》,与《太平广记》所载均不同,则郑处诲所作碑文之宣宗制词，还可补唐时诏令。又如僖宗、昭宗朝翰林学士李磎，五代末北宋初孙光宪所著《北梦琐言》，其书卷六谓司空图撰有李磎行状，并录有李磎著作，云："其平生著文，有《百家著诸心要文集》三十卷，《品流志》五卷，《易之心要》三卷，注《论语》一部，《明无为》上下二篇，《义说》一篇。仓卒之后，焚于贼火，时人无所闻也，惜哉。"按：《新唐书》卷六〇《艺文志》四，集部别集类，载有李磎《制集》四卷，《表疏》一卷，仅此两种。《旧唐书》卷一五七《李廓传》附记其事，亦有云："所撰文章及注解书传之阙疑，仅百余卷，经乱悉亡。"但未有如司空图所作行状一一胪列其书名。《李磎行状》现存司空图文集中未有，如无《北梦琐言》所记，则李磎著述及治学趋向，历史上就一无陈迹。

现有唐人诗文中，有关翰林学士资料则更为繁富，举不胜举，限于篇幅，这里略举一二。唐人所作文中记有翰林学士者，主要为行状、碑传、墓志、书启；唐诗中堪可注意的是学士在院中值班时所作及相互酬唱，另有其他人赠诗，从中可以看出翰林学士的文学活动及交往。如韦处厚于宪宗元和十一年（816）曾出任开州刺史，在开州作有《盛山十二诗》（见《唐诗纪事》卷三一，《全唐诗》卷四七九），为五绝十二首，颇有地方特色（按：开州所治即今重庆开县）。他返朝后，于穆宗长庆元年（821）任翰林侍讲学士，曾将此诗转交京中友人，由此而和作者多人。韩愈于长庆二年（822）作有《韦侍讲〈盛山十二诗〉序》一文（《韩昌黎文集校注》卷四），谓"于时应而和者凡十人"，有元稹、白居易等。韩愈特为提及："于是《盛山十二诗》与其和者，大行于时，联为大卷，家有之焉。"可见当时翰林学士文学交往的社会影响。又如宣宗时翰林学士李淳儒，曾有和于兴宗在绵州所作诗《夏杪登越王楼临涪江望雪山寄朝中诸友》，据《唐诗纪事》卷五三所载，当时

唐翰林学士传论

和者有十余人。至于翰林学士在院中任职期间唱和之作,则更多,这里可提一下《元和三舍人集》。《唐诗纪事》卷四二录有王涯、令狐楚、张仲素若干首诗,后云:"右王涯、令狐楚、张仲素五言、七言绝句共作一集,号《三舍人集》,今尽录于此。"据丁《记》,此三人于宪宗元和中期曾同时任翰林学士,《唐诗纪事》所录,即在院中唱和之作。《唐诗纪事》云"尽录于此",所录为八十八首,数量不少,但实际上并不全。复旦大学图书馆藏有明抄本《唐人诗集八种》,其中即有《元和三舍人集》,其书目录完整,正编有残缺。据目录,全书共收诗一百六十九首,其中王涯六十一首,令狐楚五十首,张仲素五十八首,今所存则各有缺佚,但仍存有一百十九首,较《唐诗纪事》多出三十余首。[55]唐代翰林学士在院中唱和之作,有一百六十余首,且编有成集,传于后世,这是稀例,很值得作进一步研究。

其他如宋代类书,在史料方面也颇可参考。如宋王应麟《玉海》卷二〇一"辞学指南"门,引《中兴馆阁书目》,有陆贽《备举文言》三十卷,"摘经史为偶对类事,共四百五十二门"。此当陆贽在翰林学士任职期间所作,类似于工具书,以供撰制参鉴。这还可以元稹诗佐证:元稹有《酬乐天余思不尽加为六韵之作》,其中有"白朴流传用转新"句,自注云:"乐天于翰林中,专取书诏批答词等,撰为程式,禁中号曰《白朴》。每有新入学士求访,宝重过于《六典》也。"[56]可见《白朴》一书,当时已有流传。宋王楙《野客丛书》卷三〇《白朴》条记云:"仆读元微之诗,有曰(按:见上引,略)。检《唐·艺文志》及《崇文总目》,无闻,每访此书,不获。适有以一编求售,号曰《制朴》,开帙览之,即微之所谓《白朴》者是也。为卷上、中、下三,上卷文武勋阶等,中卷制头、制肩、制腹、制腰、制尾,下卷将、相、刺史、节度之类。此盖乐天取当时制文编类,以规后学者。"由此,则《白朴》一书至南宋尚存,可与《玉海》所记陆贽《备举文言》共参。《玉海》卷二〇二、二〇三"辞学指南"门,又备列"制""诰""诏""表""檄"等文体,有据唐翰林学士所撰文体作例的。另外,宋代类书,如《古今源流至论》《古今合璧事类备要》及明人《山堂肆考》,均有记翰林学士、中书舍人事例者,可备查检。

(原载《文史》2004 年第 3 辑,中华书局,2004 年 8 月)

注释

〔1〕这一论点过去相当普遍,近些年来较有代表性的如史念海主编《中国通史》第六卷,上海人民出版社,1997 年,第 950 页。

〔2〕此文初刊于《新亚学报》第二卷第一期,后经增订,载于所著《唐史研究丛稿》,香港新亚研究所出版,1969 年。

〔3〕上海古籍出版社,2003 年。

〔4〕文载《燕京学报》新第十六期,2004 年 5 月。

〔5〕《文苑英华》,中华书局影印本,1966 年。

〔6〕见孙猛《郡斋读书志校证》,上海古籍出版社,1990 年,第 310 页。

〔7〕以上两类书,已收入我与施纯德合编的《翰学三书》,辽宁教育出版社,2003 年。

〔8〕原载于《历史语言研究所集刊》第十五本,1948 年,今附载于岑仲勉著《郎官石柱题名新考订》,上海古籍出版社,1984 年。

〔9〕中华书局,1958 年,赵贞信校注本。按:所引《两京记》之"以记当时前后迁除出入",《唐语林》卷八所引此

条,"当时"作"当厅",见中华书局1987年出版之周勋初校证本。

〔10〕《全唐文》卷三六三。又中华书局1992年之点校本《唐尚书省郎官石柱题名考》所载此序,文末署"开元廿九年岁次辛巳十月戊寅朔二日己卯建"。

〔11〕见上中华书局点校本《唐尚书省郎官石柱题名考》。

〔12〕《全唐文》卷四八一,中华书局影印本,1983年。

〔13〕《全唐文》卷五二九。按:《全唐文》所载,此文后尚有顾况另一文《湖州刺史厅壁记》。

〔14〕见《权德舆文集》卷二一,霍旭东校点本,甘肃人民出版社,1999年。

〔15〕《全唐文》卷三八二。

〔16〕见朱金城《白居易集笺校》卷四三,上海古籍出版社,1988年,第2742页。

〔17〕见马其昶《韩昌黎文集校注》卷四,上海古籍出版社,1986年,第232页。

〔18〕分别见清仇兆鳌《杜诗详注》卷一四、一六、一四,中华书局点校本,1979年。

〔19〕梁肃《独孤及行状》,《全唐文》卷五二二。

〔20〕颜真卿《元君表墓碑铭并序》,《全唐文》卷三四四。

〔21〕李华《三贤论》,《全唐文》卷三一七。

〔22〕按:《文苑英华》卷七九七、《全唐文》卷六五四,题作《翰林承旨学士厅壁记》,据前所述唐中央及地方官署之厅壁记文体,当以《文苑英华》《全唐文》为是。宋洪遵《翰苑群书》所收,题为《承旨学士院记》,因《翰苑群书》传刊较广,多为人援引,为方便起见,姑仍作《承旨学士院记》。

〔23〕见《白居易集笺校》卷七〇。

〔24〕见《白居易集笺校》卷二三。

〔25〕见前所引《余思未尽加为六韵重寄微之》，及为元稹所作墓志，又见元稹《制诰自序》，《全唐文》卷六五三。

〔26〕首任承旨为郑絪，系于永贞元年（805）八月宪宗即位后授予的，为元和元年（806）之前一年，李肇云"元和已后"，即不确。

〔27〕详参拙作《唐翰林侍讲侍读学士考论》，载《清华大学学报》2004年第5期。

〔28〕见《全唐诗》卷四八〇

〔29〕按：此题名本宋洪遵《翰苑群书》。陈振孙《直斋书录解题》卷六职官类著录题作《重修翰林壁记》，无"承旨"字，当是，因所载学士，不限于承旨，大部分为翰林学士（及翰林侍讲、侍读、侍书学士等），故岑仲勉评为"名实不符，直应云《重修学士院壁记》也"，见其《翰林学士壁记注补》（见前引述《郎官石柱题名新考订》）。因洪遵《翰苑群书》传刻较广，多为人援引，为方便起见，姑仍沿其名。

〔30〕按：《全唐文》卷七五七小传称："大和中官起居舍人、集贤院直学士，擢拾遗，改司勋员外郎。"与官品迁转不合，误。

〔31〕参见刘学锴、余恕诚《李商隐文编年校注》，中华书局，2002年，第331页。

〔32〕《樊川文集》卷一四，上海古籍出版社，1978年，第212页。

〔33〕按：《旧唐书》此一句亦不确，"大中"应作"大和"，见孟二冬《登科记考补正》卷二〇大和元年条引胡可先说，北京燕山出版社，2003年，第829页。

〔34〕据清缪荃孙辑《云自在龛丛书》第一集。此二文缪辑皆据宋《宝刻丛编》。

〔35〕陈垣《二十史朔闰表》，中华书局，1962年。

〔36〕《旧唐书·宣宗纪》谓及第者三十三人，此云二十三人。据《登科记考》引《册府元龟》，当从《唐会要》，以二十三人为是。

〔37〕此据《学津丛书》本。按：《唐诗纪事》卷五一亦载此事，当承袭《南部新书》。

〔38〕参傅璇琮著《唐代科举与文学》第九章《知贡举》，陕西人民出版社，1986年。

〔39〕《全唐文》卷七七八。侍郎钜鹿公，即指魏扶，参刘学锴、余恕诚《李商隐文编年校注》，第1189页。

〔40〕见《欧阳修全集》卷四二，中华书局点校本，2001年。

〔41〕见《宋本金石录》卷首，中华书局影印本，1991年。

〔42〕天津古籍出版社，1991年。

〔43〕按：宝应二年四月，潘炎既奉敕作高力士墓志，当在院中任职，其所带官衔既为驾部员外部、知制诰，则其入院及迁转当可另考，对韦、丁所记均能补正。

〔44〕见《王静安先生遗书序》，载《金明馆丛稿二编》，上海古籍出版社，1980年，第219页。

〔45〕《唐摭言》，上海古籍出版社点校本，1959年，第112页。

〔46〕见周勋初《唐语林校证》，第381页。按：《唐语林》此处记："崔魏公铉与江西李侍郎同在李相石襄阳幕中。"此云襄阳，误，当为荆南（江陵）。《新唐书》卷一六〇《崔铉传》："擢进士第，从李石荆南宾佐。"《全唐文》卷七二四小传亦记李鹭"开成为荆南节度判官"。

〔47〕中华书局点校本，1984年，第39页。

〔48〕罗根泽点校《文体明辨序说》，人民文学出版社，1962年，第114页。

〔49〕《全唐文》卷四七八《东都留守顾公神道碑》。

〔50〕《河南元公墓志铭并序》,《白居易集笺校》卷七〇。

〔51〕《白居易集笺校》卷二三。

〔52〕《全唐文》卷六五三。

〔53〕见《旧唐书》卷一七七《杨收传》,又参见岑仲勉《补僖昭哀三朝翰林学士记》,载见《郎官石柱题名新考订》。

〔54〕见《全唐文》卷八三六钱珝《舟中录序》,《新唐书》卷一七七《钱徽传》附。

〔55〕我于20世纪90年代前期曾计划重编唐人选唐诗,约请复旦大学中文系陈尚君教授参与,陈教授即提供此本,并写有前记。后于1996年在陕西人民教育出版社出版《唐人选唐诗新编》,此本未及收入。今据陈教授所录之本及前记,于此略作介绍。

〔56〕见杨军《元稹集编年笺注(诗歌卷)》,三秦出版社,2002年,第890页。按:此本及其他各本,自注中"乐天于翰林中专取书诏批答词等","专"字作"书"字,则连上为"翰林中书",白居易元和前期任翰林学士时未曾任中书舍人,此处不应称"中书"。宋王楙《野客丛书》卷三〇《白朴》条曾有引及,引文中"书"作"专",当是,今据改。

唐代翰林与文学
——以文史结合作历史—文化的探索

我从事中国古代文学研究,除作家作品专题考证、论析外,总有一种意趣,就是想从不同的角度探讨一个时代知识分子的状况,由此进一步探讨某一历史时期社会特有的文化面貌。古代士子,也就是知识分子,往往是诗文、戏曲、小说描写的对象,而我们现在,也可以并应该将其作为学术研究的对象。正因如此,我于20世纪80年代前期,就想以唐代科举作为中介环节,把它与文学沟通起来,试图文史结合,选辑有关历史记载与文学描述的材料,来研究唐代士子的生活道路、思维方式和心理状态,想由此重现当时部分的时代风貌和社会习俗,这就是后于1986年出版的《唐代科举与文学》(陕西人民出版社)。我想,研究中国社会及其文化形态,我们如能打通文、史、哲等相关学科,着重于探讨知识分子的生活道路及社会处境,这将有利于对文学发展作全面的把握与历史的考察。中国大陆自20世纪90年代以来,在这方面已有一定成果,较早如南开大学罗宗强教授的《玄学与魏晋士人心态》(浙江人民出版社,1991年),今年我所看到的,如有《晚明士人心态及文学个案》(周明初著,东方出版社)、《市民、士人与故事:

中国近古社会文化中的叙事》(高小康著,人民出版社)。这一研究动态,确也值得注意。

唐代翰林学士,应该说是当时士人参预政治的最高层次。翰林学士院与翰林学士,设置于盛唐,即唐玄宗开元后期。其与科举制度一样,从唐代开始,一直延续到清代。作为社会政治文化的一种重要现象与封建时代文人的必然求仕之途,翰林学士与翰林院,以及以进士为核心的科举制,是研究唐至清一千二三百年间历史文化所不能回避的。翰林学士与翰林院,可以从史学与文学不同角度进行研究。从史学角度研究,则侧重于制度的建置、人员的构成,以及职能作用、参政方式等等;从文学角度研究,则可以把重点放在当时文人参预政治的方式及其心态,从而以较广的社会角度来探讨这一特殊文学群体的生活方式及文学创作。这样做,其涉及面可能较为广阔,而探索到的东西则可能更有新鲜感。

就研究课题而言,唐代翰林与文学,其容量是相当大的。先是文献的整理,唐代虽有韦执谊《翰林院故事》、元稹《承旨学士院记》、丁居晦《重修承旨学士壁记》,记有一百七十余位翰林学士任职年月与官衔,但所记仍有漏误,且只至懿宗咸通年间,唐末僖宗、昭宗、哀帝三朝,因时已动乱,即未有记。近代前辈学者岑仲勉先生对韦、元、丁三书均有所订补,并对僖、昭、哀三朝翰林学士重加补辑。[1]但岑氏所著都在20世纪40年代,由于当时条件所限,不免尚有疏失,我们现在还应加以订补。另外,唐代翰林学士中有不少诗文名家,从盛唐至晚唐,历朝都有,如苏源明、陆贽、梁肃、王涯、白居易、令狐楚、李绅、李德裕、元稹、柳公权、吴融、韩偓,等等。在他们一生中,任翰林学士时间并不长,一般只不过几年,但翰林学士的政治经历,对其人生态度与创作思想还是有特殊影响的,而这方面,我们过去往往未加注意。如白居易撰

唐翰林学士传论

写《新乐府》，一般均将其归属于立足现实，反映民间疾苦的创作观念，实际上这是白居易于翰林学士任内，从翰林学士的职能出发，立意于"时闻得至尊"，将其创作视为反映民情国政的奏议性诗篇。也正因此，他在离职后，因已无此政治职能，即辍笔不写。又如韩偓，我们也可从其生平的前后经历，以及身处于唐末乱世，来研究其任翰林学士对其人生态度与诗风的影响。

这样看来，唐代翰林与文学，是可以写成一本专著的。我现在这一单篇论文，当然不可能对此作全面铺叙。本文拟重点论述当时社会及一般文士对翰林学士特殊地位及身份的看法，由此即从几个方面探索翰林学士的社会处境与文学交往，并就其任职期间与职能有关的文化活动，择要介绍，以为学术界进一步作历史—文化考索提供有关的线索。

一

唐朝有好几位诗文名家，是将翰林学士赞誉为"天上人"的。有唐一朝第一首赠翰林学士诗，是杜甫的《赠翰林张四学士垍》[2]。张垍本为玄宗开元时驸马，天宝前期入为翰林学士。[3]杜甫于天宝五载（746）入长安，[4]不久即写有此诗。此诗前四句云："翰林逼华盖，鲸力破沧溟。天上张公子，宫中汉客星。"学士院在皇宫内，身为学士的张公子，就犹如天上客星。又如王涯于德宗贞元二十年（804）由京畿蓝田县尉入为翰林学士，[5]诗人刘禹锡特地写了一首《逢王十二学士入翰林因以诗赠》，[6]有句云："厩马翩翩禁外逢，星槎上汉杳难从。"按：此时刘禹锡任监察御史，秩正八品上，而蓝田县尉仅九品下，刘之官秩要比王涯高好几阶，但因王涯乃以蓝田尉入翰林学士，故刘禹锡则特喻为天上人，自谦为难于随从。另如蒋防于穆宗长庆元年（821）十一月十六日入院，同月二十八日赐绯。[7]这时诗人王建亦在京师长安，写有《和蒋学士新授章服》诗，云："瑞草唯承天上露，红鸾不受世间尘。翰林同贺文章出，惊动茫茫下界人。"[8]这里也把蒋防与王建自己比喻为天上与下界。

又如张仲素、段文昌同于宪宗元和十一年（816）八月十五日入为翰林学士，杨巨源作诗《张郎中段员外初直翰林报寄长句》[9]贺之，首二句即云："秋空如练瑞月明，天上人间莫问程。"此时杨巨源在京师任太常博士，后以虞部员外郎出任凤翔少尹[10]，张籍作诗送行，盛赞其诗："诗名往日动长安，首首人家卷里看。"[11]元稹在《授杨巨源郭同玄河中兴元少尹制》中也有赞誉之辞："诗律铿金，词锋切玉；相如有凌云之势，陶潜多把菊之情。"[12]元人吴师道《吴礼部诗话》亦称其诗"清新严明，有元、白所不能至者"。有如此声誉的诗家，竟特称自己与这两位友人相比，乃"天上人间莫问程"。

唐朝翰林学士受到如此清高称誉，确为当时风气。但另一方面，翰林学士却另有一种社会处境，这里提供三例，似为一般人未曾注意的。

其一，韩愈《释言》：

> 元和元年六月十日，愈自江陵法曹诏拜国子博士，始进见今相国郑公。公赐之坐，且曰："吾见子某诗，吾时在翰林，职亲而地禁，不敢相闻。今为我写子诗书为一通以来。"愈再拜谢，退录诗书若干篇，择日时以献。[13]

按：韩愈于德宗贞元八年（792）进士登第，后历仕汴州、徐州幕府，贞元十七年（801）冬至长安调选，任国子监博士，贞元十九年（803）冬迁监察御史，因上书《论天旱人饥状》，

唐翰林学士传论

得罪权臣，被贬为连州阳山令。贞元二十一年即永贞元年（805）八月，宪宗即位，大赦，量移为江陵法曹参军。元和元年（806）六月，又召入京，任国子博士。[14]韩愈此篇《释言》作于元和二年（807），文中所称郑公为郑絪。郑絪于贞元八年（792）即任翰林学士。宪宗于永贞元年八月登帝位，于同年十二月迁其为中书侍郎、平章事，至元和四年（808）二月。[15]郑絪在德宗时任翰林学士有十三四年，地位应是相当稳定的，但他却对韩愈表示，他"时在翰林"，"不敢相闻"，连想索取一个文士的诗作都不敢，乃因"职亲而地禁"。真有如韩愈另一首诗中所谓"深闱密"那种自我拘束之感。[16]

另一例：柳宗元于顺宗时与刘禹锡等随王叔文参预永贞新政。终因得罪宦官，新政失败，柳宗元被贬为永州司马，直至元和十年（815）。他于元和四年（809）致书与李建，题为《与李翰林建书》[17]。按：李建于顺宗时在翰林学士任，元和元年（806）后出院，此文标题仍称其为翰林学士，当为后人编集时所加，所谓"追呼其前官"[18]。李建当时在长安朝中任殿中侍御史（《旧唐书》卷一五五本传）。柳宗元特上此书，中称"仆曩时所犯，足下适在禁中，备观本末，不复一一言之"，后即详叙贬所处境艰苦，"寸步劳倦"，因此"唯欲为量移官"，即使是"耕田艺麻，取老农女为妻"，也可承受，可以见出柳宗元当时的心情。值得注意的是，这封书信的末尾，述及京中几位友人，谓亦已致函，请"求取观之"，但特别提出："敦诗在近地，简人事，今不能致书，足下默以此书见之。"敦诗为崔群，崔群于元和二年（807）十一月入为翰林学士；所谓"近地"，即指学士院逼近于皇上内宫。按：柳宗元与崔群早期即颇有交往，德宗贞元中期，他与崔群同在朝中任秘书省校书郎，有一次崔群赴洛阳探亲，柳宗元与友人饯送，并特地为其作序，说他与崔群"忘言相视，默与道合"[19]。有如此交谊，柳宗元一旦处于贬谪之地，竟不敢直接致函，而在与其他友人信中，也只能委婉表示"默以此书见之"，可见当时对翰林学士禁忌之处境，是很看重的。

其三例：众所周知，白居易与张籍是诗风相近、早有交往的诗友，但白居易于元和二年（807）入为翰林学士后，时任太常寺主簿闲职的张籍就避而不见，只在病中寄一诗给他，中云："君为天子识，我方沉病缠；无因会同晤，悄悄中怀煎。"[20]后白居易有诗答之，并稍作解释，称："君病不来访，我忙难往寻。"[21]后白居易因母卒，丁忧外出，期满任太子左赞善大夫，此次也为闲职，张籍就常来访谈，白居易于《酬张十八访宿见赠》一诗中抒云："昔我为近臣，君常稀到门；今我官职冷，唯君往来频。"[22]这当然如白居易于诗中所称"况君秉高义，富贵视如云"，有张籍的个性，但由此也可见当时人对"步登龙尾上虚空，立去天颜无咫尺"[23]之近臣，有一种故意避开的心理。

当然以上三例也有其一定的特殊性，如郑絪于德宗时长期任翰林学士，而德宗对朝臣是十分猜忌的，如《资治通鉴》卷二三九元和十年（815）六月，记宰相武元衡被盗所杀，宪宗乃重用裴度，征讨淮西，此时记云："初，德宗多猜忌，朝士有相遇从者，金吾皆伺察以闻，宰相不敢私第见客。"外廷大臣如此，内廷翰林学士也有类似情况，如杜黄裳为翰林学士顾少连所作的神道碑《东都留守顾公神道碑》，就特称其在职时"周密自制""谨审见称"[24]；《新唐书》卷一六二本传也称其"阅十年，以谨密称"。又如韦绶于德宗贞元时任翰林学士九年有余，"然畏慎致伤，晚得心疾，故不极其用"，后即自辞出院（《旧唐书》卷一五八本传）。他还告诫其子，切勿任翰林学士。《新唐书》卷一六九其子韦温传，有记云："（韦）绶在禁廷，积忧畏病废，故诫温不得任近职。"宪宗时，气氛稍有缓和，

唐翰林学士传论

但柳宗元乃因政治原因贬出,不敢直接致函翰林学士,可以理解。而张籍则出于一种个人自重心愿,也可以理解。翰林学士与外界,主要是文字交往,尽量避开政治交结,这是唐朝廷所定的一种禁制,否则就要严加处分,如僖宗朝郑延昌,就因此而勒令出院,时为中书舍人的刘崇望,在其草制的《授翰林学士郑延昌守本官兼中书舍人制》[25]中就称:"亲近之地,慎密为先;尔既不能,何爽居外。"因此杜牧论及文宗时翰林学士周敬复时,即特称其"参密命于内庭,众推忠慎"[26]。

二

翰林学士建置于开元二十六年(738),但编撰于开元二十六年的官方政书《唐六典》却无一字提及;后修成于贞元中期的综合性典章制度专著《通典》,也未述有翰林院与翰林学士。两部正式史书《旧唐书》《新唐书》,有专节记述,但甚简略,且多不确,如《旧唐书·职官志》将翰林学士的设置延后于肃宗至德时期,而将翰林学士承旨又提前于德宗贞元时期。《新唐书·百官志》虽确切记为"开元二十六年,又改翰林供奉为学士,别置学士院,专掌内命",又谓"宪宗时又置学士承旨",纠正《旧唐书》之误,但仍有疏失,对翰林学士的职能,也未提及,只空泛地说"至号为内相",实则称翰林学士为内相,与唐朝实际情况不合。[27]

本文拟不限于官方史书,而从唐人所作诗文、笔记及后世金石著录中选辑有关史料,对翰林学士的职能及其对社会生活的影响,稍作具体的记述,并作适当的阐释。

前已提及的德宗前期翰林学士顾少连,他于贞元十九年(803)病逝,其友人杜黄裳曾为之作一碑文:《东都留守顾公神道碑》。碑中称其任翰林学士时,"赞丝纶之密命,参帷幄之谋猷",这可以说是对翰林学士职能的概括,即为皇帝起草事关大局的机密性公文,参预皇帝宫中筹划的政事。这也就如晚唐诗人杜牧所说的:"岂独唯以文学,止于代言,亦乃参密机要,得执所见。"[28] 又白居易于穆宗长庆年间任中书舍人时,在为中书省起草的制词中,对翰林学士的职能,称述为:"予有侍臣,咸士之秀者,或左右以书吾言动,前后以补吾阙遗。"[29] 这就是说,翰林学士除了起草重要诏令文书,值班内廷,还供皇帝咨询,谋议政事。这是唐代翰林学士的特点。后来从宋代开始,翰林学士就逐渐与政事疏离,至清代,则翰林学士完全不能过问政事,与政治完全脱离,只做些举子考试官,及为宫中写春联、书匾额等闲适事务。从翰林学士的角度,研究中国古代士人(即知识分子)参预政治的变迁及心灵波折,还是很有意义的。

宪宗元和时翰林学士杜元颖,在《翰林院使壁记》一文中,说君主"详择文学之士置于禁署,实掌诏命,且备顾问"[30],仍将翰林学士的职能概括为掌诏命、备顾问。中晚唐时,社会上对掌诏命、备顾问,是极为重视的。如宣宗时崔嘏《授萧邺翰林学士制》,中云:

> 吾内有宰辅重德,作为股肱;外有侯伯虎臣,用寄藩翰。至于参我密命,立于内庭,即必取其器识弘深,文翰遒丽,动能持正,静必居中,指温树而不言,付虚襟而无隐,此所以选翰林学士之意也。[31]

此处几乎将翰林学士的地位,与朝中宰相、朝外节镇并提。当然,崔嘏这一制文,文词甚美,立意亦高,但实际上并非将翰林学士提升为"内相",正如崔嘏另一制文《授宇文临翰林学士制》[32] 所述,主要是"发挥丝纶,参侍顾问","以备顾问,

唐翰林学士传论

以参周旋"。应当说,这是唐代文士参预政事的最高层次。正因如此,文宗时诗人刘得仁,在《上翰林丁学士》诗中,特别提出:

> 时辈何偏羡,儒流此最荣。[33]

中国古代士人多以入仕为人生首要目标,这也是影响士人心态的重要因素。韩愈就说,如果不从科举应试入手,顺序而上,有一定官位,则"虽有化俗之方,安边之画,不由是而稍进,万不有一得焉"[34]。就是说,在古代的社会环境,只有具备相应的官位,才能施展其"化俗""安边"的才略。由此看来,刘得仁认为翰林学士乃"儒流此最荣",确为当时社会之共识。

也正因此,当时不少诗文名家,多愿与翰林学士作诗文交往。如吴通玄、吴通微兄弟二人于德宗前期召入为翰林学士,"俱博学善属文,文采绮丽"(《旧唐书》卷一九〇《文苑传》下)。宋《宣和书谱》并特记云:"通玄不独以词章照映士林,而字画固自不凡。""故当时名臣碑刻,往往得其书则以为荣。"(卷九)吴通微也以书法著称,南宋陈思《书小史》卷十有记云:"通微工行草书,翰林习之,号院体。"当时以清雅婉丽擅名的诗人韦应物,特作诗与之唱和:《和吴舍人早春归沐西亭言志》[35]。诗中盛称其"一门双掌诰",并云虽"职密郊游稀",但仍能"清香肃朝衣"。诗末云:"名虽列仙爵,心已遗尘机。即事同岩隐,圣渥良难违。"希望其超脱世尘,但恐难于违拗君情("圣渥")。同时另有一诗人顾况,也有《和翰林吴舍人兄弟西斋》[36],诗中也盛赞吴氏兄弟"两斋何其高,上与星汉通",但仍期望能"永怀洞庭石,春色相玲珑"。按:顾况于贞元三年(787)由江南徵入为校书郎,后任著作佐郎,贞元五年（789）夏又出贬为饶州司户参军。[37] 则顾况此诗似与韦应物同时前后所作。他们写此二诗，并无个人求荐意愿，完全是一种文情交友之谊。

同样情况，完全出于缅怀友情与交流文思的，还有世外人士。如唐末诗僧贯休有《寄翰林陆学士》诗。[38] 此陆学士为陆扆，于昭宗大顺二年（891）入院，乾宁三年（896）七月因拜相出院。时贯休在荆南，此前曾与吴融有交往，吴融曾为其集作序，后吴融亦入朝为翰林学士。[39] 由此诗，可见贯休虽在南方，与长安文士也多有交往。此诗后四句，先称赞陆所处之高位："宝辇千官捧，宫花九色开。"但仍期望："何时重一见，为我话蓬莱。"即共叙旧情，爽抒心境。

可以注意的是，当时翰林学士确也多有主动作诗赠与友人。如元稹因得罪宦官，出贬为江陵士曹参军（元和五年），时白居易尚在翰林学士任，曾陆续寄与诗作，如《代书诗一百韵寄微之》《禁中九日对菊花酒忆元九》等。[40] 特别是刘禹锡有《翰林白二十二学士见寄诗一百篇因以答贶》[41]，诗云：

> 吟君遗我百篇诗，使我独坐形神驰。玉琴清夜人不语，琪树春朝风正吹。郢人斤斫无痕迹，仙人衣裳弃刀尺。世人方内欲相寻，行尽四维无处觅。

按：刘禹锡与柳宗元同时参预永贞新政，刘被贬为朗州司马，长达十年，以"久落魄，郁郁不自聊"（《新唐书》卷一六八本传），而却于孤僻的贬地接到翰林学士白居易寄以诗百篇，真使他"独坐形神驰"。由此可见，当时白居易还是能不避禁闱，与友人作文学交往的。

以下我们从一些诗题中，可以见出在院的翰林学士如何主动作诗寄赠其他文士。

唐翰林学士传论

　　如韩愈《和崔舍人咏月二十韵》[42]。此崔舍人即崔群。崔群于宪宗元和二年（807）十一月以左补阙入，七年（812）四月迁中书舍人，时仍在院。韩愈于七年二月因事由职方员外郎降为国子博士，[43]心情不好，崔群当于中秋作《咏月》诗，寄赠、慰勉之。韩愈又有《酬王二十舍人雪中见寄》[44]，此王二十舍人为王涯。王涯于元和九年（814）八月在翰林学士任内为中书舍人，韩愈时任考功郎中、知制诰，心情已较好转。由诗题，可见也是王涯在院中作诗寄与韩愈。

　　姚合也有好几首诗和答翰林学士友人，如《和李补阙曲江看莲花》[45]。李补阙为诗人李绅。李绅于元和十五年（820）闰正月十三日自右拾遗入为翰林学士，同月二十日迁升为右补阙，长庆元年（821）三月又加为司勋员外郎、知制诰。此当于元和十五年夏秋李绅游曲江观览莲花，特作诗赠与姚合，姚作和诗答之。姚合又有《和高谏议蒙兼宾客时入翰苑》[46]。此高谏议为高元裕。高元裕于文宗开成三年（838）自谏议大夫入为翰林侍讲学士，萧邺《渤海高公神道碑》[47]称其"兼充侍讲学士，寻兼太子宾客"。又姚合《和李十二舍人裴四二舍人两阁老酬白少傅见寄》[48]，此李十二舍人、裴四二舍人为裴素与李褒，二人于开成、会昌时在翰林学士任，裴于开成五年（840）六月迁中书舍人，会昌元年（841）卒官；李于会昌元年五月为中书舍人，则姚合此诗当作于会昌元年夏秋间。时白居易在洛阳任太子少傅闲职，裴、李二位学士当先有诗寄酬白居易，又寄赠姚合，姚合乃作诗和之。可惜的是，这里提及的姚合所和李绅、高元裕、裴素、李褒原诗，均未传存，而现在由姚合和作，可以得知李绅等翰林学士于任职期间与文士交往的信息。这又如同孟郊《奉报翰林张舍人见遗之诗》[49]，此"翰林张舍人"，现未有确考，但由此仍可得知这位翰林学士张舍人，对久处于贫困处境的孟郊，甚表同情，深致慰勉。另如

《全唐诗》未收而于童养年《全唐诗续补遗》卷五收辑的张碧《答张郎中与寄翰林贡余笔歌》[50]，据《唐才子传校笺》卷五张碧传笺，此张郎中为张仲素。张仲素于元和十一年（816）八月十五日自礼部郎中入为翰林学士，与张碧同时。由此诗，可知当时翰林学士还主动以贡余之笔书赠友人，张碧特作诗和答之。张碧当时也有诗名，孟郊《读张碧集》，称其"陈词备风骨"[51]。惜张仲素此诗，亦未见。

翰林学士的诗文唱酬，除上述个别交往外，有时还有类似群体活动。这里可举两个例子，一是翰林学士与其他文士唱和结集，一是学士在院内值班时唱酬，编纂成集。今简述如下：

韦处厚，两《唐书》有传，其生平又见刘禹锡所撰《唐故中书侍郎平章事韦公集纪》[52]。韦处厚于元和元年（805）进士登第，后历任礼部、考功员外郎，元和十一年（816）出任开州（今重庆开县）刺史。据刘禹锡《韦公集纪》，他在开州三年，后因其执友崔群（时居相位）之荐，入朝升迁为户部郎中、知制诰，再过一年，即元和十五年（820）二月，即召入为翰林侍讲学士。在开州期间，在京的张籍即有诗寄他，题为《答开州韦使君寄车前子》，诗云："开州午日车前子，作药人皆道有神。惭愧使君怜病眼，三千余里寄闲人。"按：张籍于元和中曾长期患眼病，其所作《患眼》诗有"三年患眼今年校"之句[53]。由此可见，韦处厚对一般文士是很关心的，选取开州特产土药车前子远寄张籍，张籍乃特以诗答谢。令人注意的是，韦处厚在开州作有《盛山十二诗》，为五绝十二首，分题为《隐月岫》《流杯渠》《竹岩》《绣衣石榻》《宿云亭》《梅溪》《桃坞》《胡卢沼》《茶岭》《盘石磴》《琵琶台》《上士瓶泉》，[54]所写颇有地方风采。他回京后，在任翰林侍讲学士时，遂将此诗转交京中友人，由此而和作者多人。韩愈于长庆二年（822）也就特为这次和作之集撰序，题为《韦侍讲〈盛

唐翰林学士传论

山十二诗〉序》[55]，谓"于时应而和作者凡十人"，文中具体提及的则为六人，即元稹（时任宰相）、许康佐（时任京兆尹）、白居易（时任中书舍人）、李景俭（时任谏议大夫）、严譔（时任秘书监）、温造（时任起居舍人）。实际上张籍也有和作，见《全唐诗》卷三八六。韩愈于文末特别提出：

> 于是《盛山十二诗》与其和者，大行于时，联为大卷，家有之焉；慕而和者将日益多，则分为别卷。

这就是说，韦处厚此诗及和作大行于时，几乎家家有之。《新唐书·艺文志》四，集部总集类著录有《盛山唱和诗》一卷，可见此集在北宋前期还传存。应当说，《盛山十二诗》在唐长庆时之所以能有名家和作，且能"大行于时"，与韦处厚作为翰林侍讲学士的特殊身份有关。

翰林学士于在职期间，值班或平时闲居，相互作诗唱和，从中唐至唐末，连续不断。如白居易于宪宗元和二年（807）十一月入院，六年（811）五月因丁忧外出，四五年间与在院友人多有唱酬，特别是与同时在院的钱徽，如《同钱员外禁中夜直》（"此时闲坐寂无语，药树影中唯两人"，《白居易集笺校》卷一四），《冬夜与钱员外同直禁中》（"夜深草诏罢，霜月凄凛凛；欲卧暖残杯，灯前相对饮"，同上，卷五），《立春日钱员外曲江同行见赠》（"下直过春日，垂鞭出禁闱；两人携手语，十里看山归"，同上，卷一四）以及《和钱员外禁中夙兴见示》（同上，卷五）、《和钱员外早春独游曲江见寄长句》（同上，卷一四）、《和钱员外早冬玩禁中新菊》（同上，卷一四）、《和钱员外青龙寺上方望旧山》（同上，卷一四），都对我们今天了解唐翰林学士生活提供极为亲切的资料。可惜钱徽这方面的有关诗作都已不存。

稍后，李德裕与李绅于穆宗初立时（即元和十五年，820）闰正月入任为翰林学士；第二年（即长庆元年，821）二月，元稹也由祠部郎中、知制诰入院。《旧唐书》卷一七四《李德裕传》："时德裕与李绅、元稹俱在翰林，以学识才名相类，情颇款密。"《旧唐书》卷一七三《李绅传》更记为"时称'三俊'"。他们三人任职共处时间并不长，不到一年，但他们相互间都有详细回忆之作。李德裕后在浙西观察使任上（宝历元年，825），作有《述梦诗四十韵》[56]，追忆翰林时情景，诗前自序特标为"忽梦赋诗怀禁掖旧游"。时元稹在浙东观察使任，就撰有和作，题为：《奉和浙西大夫李德裕述梦四十韵，大夫本题言曾于梦中赋诗以寄一二僚友，故今所和者亦止述翰苑旧游而已，次本韵》[57]。这两篇五言长诗，均详细记述翰林学士院所在地、院内布置及供职情况。使人奇怪的是，刘禹锡未曾任翰林学士，但他得到李德裕、元稹之作，也特地撰一和诗：《浙西大夫述梦四十韵，并浙东相公继有酬和，斐然继声，本韵次用》[58]。可见当时翰林学士的生活，颇受其他文士的关切。甚至还受宋人的注意，范仲淹也特地撰有《述梦诗序》[59]，提及："时元微之在浙东，刘梦得在历阳，并属和焉。"作为"三俊"之一的李绅，虽未有此和作，但也有满含深情的回忆诗篇，如《忆夜直金銮殿承旨》《忆春日太液池亭候对》[60]。元稹另有《寄浙西李大夫四首》，特抒共值翰林的难忘之情："禁林同值话交情，无夜无曾不到明。"[61]

又如唐末著名诗人韩偓、吴融等，于昭宗时同在学士院供职，也多有和作，如韩偓《与吴子华（融）侍郎同年玉堂同直怀恩叙恳因成长句兼呈诸同年》《和吴子华侍郎令狐昭化舍人（涣）叹白菊衰谢之绝次用本韵》[62]；吴融有《中秋陪熙用学士（薛贻矩）禁中玩月》《和诸学士秋夕禁直偶雪》《和韩致光侍郎（偓）无题三十首十四韵》《八月十五日夜禁直寄同僚》[63]。唐末处于乱世的境遇，翰林学士忧虑不安与愤慨之情，在这些唱和诗什中都有曲折的反映。

　　以上翰林学士在职期间唱和之作，多收于各人文集或总集（即清编《全唐诗》），未有当时编成合集的。可以注意的是唐宪宗元和时王涯、令狐楚、张仲素三人，在院中竟集中精力，作有唱和诗一百多首，这不仅是唐代，就是翰林学士更为增多的宋代，也未曾再有的。按：此唱和诗集，名为《三舍人集》，唐宋两代公私书目均未有著录，最早见于南宋计有功《唐诗纪事》[64]，其书卷四二于王涯、令狐楚、张仲素名下各录有《宫中乐》《圣神乐》《春游曲》等唱和诗，而最后于张仲素条记云："右王涯、令狐楚、张仲素五言、七言绝句共作一集，号《三舍人集》，今尽录于此。"据丁居晦《重修承旨学士壁记》及岑仲勉《翰林学士壁记注补》，令狐楚于元和九年（814）十一月自职方员外郎、知制诰入，十二年（817）三月迁中书舍人，八月四日出守本官；王涯于元和十一年（816）正月十八日自中书舍人入为翰林学士承旨，同年十二月十六日出院任相；张仲素于元和十一年（816）八月十五日自礼部郎中入，十四年（819）三月二十八日迁中书舍人，后不久卒官。据此，则三人实未曾同时任中书舍人，但三人是于元和十一年八月至十二月同在翰林学士院供职的。唐宋人对中书舍人很看重，因三人在职期间都曾带过中书舍人官衔，故将其唱和集加上"三舍人"之名。

　　按：《唐诗纪事》所记《三舍人集》，录有八十八首诗，云"尽录于此"，数量确已不少，但实际上《唐诗纪事》所载并不全。复旦大学图书馆藏有明抄本《唐人诗集八种》，其中即有《元和三舍人集》，其书目录完整，正编则有残缺。据目录，全书共收诗一百六十九首，其中王涯六十一首，令狐楚五十首，张仲素五十八首，今所存则多有缺佚，但仍存有一百十九首，较《唐诗纪事》多出三十余首。书中所收,以《宫中乐》《春游曲》《从军辞》《思君恩》等为题,共有二十六题,每题下各人所作篇数不一,如《春游曲》,王涯二首,令狐楚三首,张仲素为三首;《塞上曲》,王涯二首,张仲素一首,令狐楚无。唐代翰林学士在院中唱和之作,有一百六十余首,且编有成集,传于后世,这确为稀例,很值得作进一步研究。

三

翰林学士因其身处宫中,接近帝王,草诏令,备顾问,由于其特殊地位,故前所引刘得仁诗称为"儒流此最荣"。也正因此,社会人士与之交往,往往就有实际目的,也就是求荐的意愿。而对于翰林学士来说,这种对"求荐"的回应,也不仅是一般的个人交际,实含有识拔人才的社会意义。前曾提及的《奉和浙西大夫李德裕述梦四十韵……》诗,有云:"宾亲多谢绝,延荐必英豪。"即一般的宾客亲友,多谢绝,但英豪之才,当荐引。这也可以说是唐朝翰林学士所发挥的社会文化作用,尤其是在科举考试中,提拔和交结人才,更为明显(详后)。

较早期间,可举两例。一为苏源明。苏源明于玄宗、肃宗两朝就文名甚高,与杜甫也交谊甚深。韩愈于德宗贞元年间在《送孟东野序》中提出"物不得其平则鸣"的文学主张,就在这一名篇中,他将苏源明与陈子昂、元结、李白、杜甫并提,云:"唐之有天下,陈子昂、苏源明、元结、李白、杜甫、李观,皆以其所能鸣。"[65]苏源明就在翰林学士任期内,一次面见肃宗,肃宗"问天下士",苏乃"荐(元)结可用";肃宗遂召见元结,"问所欲言",并即擢元结为右金吾兵曹参军、摄监察御史。[66]元结就因此由一普通文士而迈入仕途,由此也可见翰林学士在举荐人才中所起的实际作用。

唐翰林学士传论

二为吉中孚。吉中孚为"大历十才子"之一，他于德宗兴元元年（784）自司封郎中、知制诰入为翰林学士，至贞元二年（786）正月擢迁为户部侍郎，后即出院。而任职时，就曾"荐（卢）纶于朝"（《旧唐书》卷一六三《卢简辞传》）。卢纶也是"大历十才子"之一，与吉中孚早有交往。他于兴元元年朱泚之乱后，即出于河中节镇浑瑊幕中，未有仕进，故吉中孚特为推荐，后卢纶即入朝。[67]

正因如此，故韩愈自贬所返回途中，特向朝中三位翰林学士献诗，也就可以理解，这就是韩诗中少见的一篇五言古诗：《赴江陵途中寄赠王二十补阙李十一拾遗李二十六员外翰林三学士》[68]。前曾述及，韩愈于贞元十九年（803）十二月因上疏言事被贬为连州阳山县令，后贞元二十一年（805）二月大赦，八月宪宗即位，任其为江陵府法曹参军。韩愈本以为政局变更，可以直接返朝，却不料仍留于湖北，所谓"坎坷只得移荆蛮"（《八月十五日夜赠张功曹》）[69]，心理极不平衡，故特向王涯、李建、李程三位翰林学士献上此诗，称颂"三贤推侍从，卓荦倾枚邹；高议参造化，清文焕皇猷"，从而表达自己的心愿与期盼："殷勤谢吾友，明月非暗投。"

与韩愈这种向翰林学士求援类似者，中晚唐时还有李翱《与翰林李舍人书》[70]、薛逢《上翰林韦学士启》[71]，顾云《投翰林刘学士启》[72]等，都希望"垂一顾之恩，出陆沈之所；平生进退，决在指纵"（见顾云另一文《上翰林刘侍郎启》），可见当时文士的心情。类似的情况还有不少，见于诗作者，有卢肇《喜杨舍人入翰林》、曹邺《将赴天平职书怀寄翰林从兄》、李山甫《谒翰林刘学士不遇》、张蠙《投翰林张侍郎》、徐夤《献内翰杨侍郎》等。[73]

值得注意的是，晚唐两位诗文大家杜牧、李商隐，也有向翰林学士求荐之事。按：杜牧于宣宗大中二年（848）由睦州刺史内迁为司勋员外郎、史馆修撰；大中四年（850）又由司勋员外郎改为吏部员外郎。唐代尚书省郎官，声望是很高的，"尚书郎皆是妙选"（《唐会要》卷五八载开元五年四月九日勅），"郎官最为清选"（《旧唐书》卷一六八《韦温传》）。但京官俸禄不如外地州官，且杜牧此时病弟孀妹又寄居地方，家庭负担过重，因此曾有《上宰相求杭州启》[74]，随后即又特地写一首诗致时为翰林学士的毕諴（字存之）、郑处诲（字庭美），及京兆尹郑涓（字道一）：《道一大尹、存之学士、庭美学士，简于圣明，自致霄汉，皆与舍弟昔年往还。牧支离穷悴，窃于一麾，书美歌诗，兼自言志，因成长句四韵，呈上三君子》[75]。诗题很长，婉抒自己穷悴处境，而于诗中则明确表示："若念西河旧交友，鱼符应许出函关。"果然不久即出守湖州。[76]

李商隐于武宗会昌二年（842）中书判拔萃科，选为秘书省正字，但不久丧母丁忧；后期满服阕，于会昌五年（845）入京师，待起复。这时孙毂正任为翰林学士，李商隐就有《上孙学士状》[77]，先赞誉孙学士"奋词笔""钧雅音"，"载观扫荡之勋，密见发挥之力"，后即"窃期光价，微借疏芜"，希望依靠孙学士之荣耀身价，予以汲引。不久李商隐即重任秘书省正字。后孙毂于会昌六年（846）二月由起居郎迁为兵部员外郎，仍在翰林学士任内，李商隐又特为此写上《贺翰林孙舍人启》[78]，中有"某厚承恩顾"之语，则其返任秘书省正字，是有孙学士举荐之力的。

值得一提的是，李商隐不仅为自己，还代笔为他人求汲引。如《为濮阳公与丁学士状》[79]，此丁学士为丁居晦。丁居晦于开成三年（838）十一月入为翰林学士，开成四年（839）正月又自御史中丞改中书舍人。此时李商隐正在王茂元泾州幕府，就代王茂元上书给丁学士，表示不想再驻边地，希望入居京职，文末云："仰望音徽，不胜丹赤。"另还有《为度支卢侍郎贺毕学士启》[80]，为李商隐在徐州武宁节度支使卢弘止幕府时所作。毕学士为毕诚，于宣宗大中四年（850）二月十三日自职方郎中兼侍御史入为翰林学士。卢弘止过去曾受知于毕诚，故毕诚刚充任学士，即特为祝贺，并又表示，他（卢弘止）现在仍"坎坷藩维，淹留气律"，甚不得意，故于文末郑重表示："抃贺之余，兼有倚望。"可见当时地方节镇，也是很看重翰林学士在朝中"击水抟风，一举千里"之作用。[81]

四

识拔、荐举文士，翰林学士所起的作用，在科举考试方面更为明显。大家知道，科举制的建置与发展，对唐代社会，包括政治、经济、文化，都有极大的促进。科举制采取一整套考试的办法，订立一定的文化标准，打破门阀等级限制，面向社会，招徕人才。柳宗元《送辛殆庶下第游南郑序》中曾说：

> 朝廷用文字求士，每岁布衣束带，偕计吏而造有司者，仅半孔徒之数。[82]

这就是说，每年集合于长安的举子，总有一千六百人左右。又唐代科举考试，大体分常科与制科。常科主要为进士与明经，一般每年举行，录取人数约为进士二三十人，明经百人左右。如此，则每年各地保送的举子，总体来说，录取者不过十分之一，这样，人才的竞争就很激烈。唐代科试又采取公开的方式，应试的举子可以先向公卿名人投献诗文，公卿名人可向知举者推荐。这当然会出现种种弊病，但总的来说，唐代科举考试确实扩大了当时士人的行踪，开阔了他们的视野，促进了社会各方面的交流，对当时的文人生活与文学创作，都有积极作用。[83]

唐代翰林学士在科举考试中所起的作用，大致有三个方面：一是出院后主持考试即知贡举，以及在职时协助知举者举荐人才，任通榜；二为覆试；三为制举试草拟策问。今分述如下。

唐初知贡举者为考功员外郎，开元二十四年（736）后，改由礼部主管，一般由礼部侍郎主持，后来也常由他官代替，称权知贡举。据清徐松《登科记考》所载，中唐以后，知贡举者多由中书舍人担任。《文献通考》卷三〇《选举考》三，有云："开元时以礼部侍郎专知贡举，其后或以他官领，多用中书舍人及诸司四品清资官。"这就是说，不论是属于尚书省的礼部、兵部、户部等侍郎，或属于中书省的中书舍人，都是朝廷官，而翰林学士则是官内"文学侍从之臣"，虽带有外廷官衔，如中书舍人、侍郎、郎中、员外郎及拾遗、补阙等，但如清钱大昕《廿二史考异》所说："学士亦差遣，非正官也。"（卷四四）"亦系差遣，无品秩，故常假以他官，有官则有品，官有迁转，而供职如故也。"（同上，卷五八）正因如此，唐代翰林学士与宋代不同，不能以翰林学士身份知贡举。不过唐时翰林学士还是可以在选拔人才中起作用的，这就是他们往往在考试前一年出院，任礼部侍郎、中书舍人或相关官职，已作好知贡举的安排，第二年年初即知举。

如陆贽于德宗贞元七年（791）八月以兵部侍郎出院，贞元八年（792）初知举，该年为有名的"龙虎榜"（详后）。顾少连于贞元八年四月由中书舍人改户部侍郎出院，贞元九年、十年（793、794）即以权礼部侍郎连续两年知举，于十四年（798）又知举。这几年进士、明经登第者有柳宗元、刘禹锡、元稹、李建、独孤郁、吕温等，后均为中唐时诗文名家。卫次

唐翰林学士传论

公于宪宗元和三年（808）秋以中书舍人出院，元和四年（809）知举，《旧唐书》卷一五九本传称其"斥浮华，进贞实，不为时力所摇"。崔群于元和九年（814）六月出院为礼部侍郎，十年（815）知举，《旧唐书》卷一五九本传称其"选拔才行，咸为公当"。郑澣于文宗大和二年（828）六月以礼部侍郎出院，后于大和三年、四年（829、830）知举，《旧唐书》卷一五八本传："典贡举二年，选拔造秀，时号得人。"其他还有，不列举。由此可见，他们知举时虽已为外朝官，实际则仍显示翰林学士在当时社会文化生活中的影响。

唐代知举者一般仅为一人，但另有佐助者，推荐人才，称为公荐或通榜。宋洪迈《容斋随笔·四笔》卷五《韩文公荐士》条："唐世科举之柄，专付之主司，仍不糊名，又有交朋之厚者为之助，谓之通榜。"[84]当时翰林学士可以不出院，在任职期间作公荐或通榜。在当时举子录取中，有时通榜所起的作用更为实际，社会影响更大。如梁肃于元和七年（812）由左补阙入为翰林学士，陆贽于元和八年（813）初知举，即邀在院的梁肃为通榜。《唐会要》卷七六《缘举杂录》："时崔元翰、梁肃文艺冠时，（陆）贽输心于肃与元翰，推荐艺实之士。"据徐松《登科记考》卷一三，此年录取进士二十三人。[85]宋洪兴祖《韩子年谱》引《科名记》，称"是年一榜多天下孤隽伟杰之士，号龙虎榜"，后人又称为"有唐第一榜"。[86]中唐时古文名家如韩愈、欧阳詹、李观等即此年登第。韩愈后于《与祠部陆员外书》中还特别提出，此年"所与及第者皆赫然有声，原其所以，亦由梁补阙肃、王郎中础佐之，梁举八人，无有失者"[87]。李翱于贞元九年（793）所作的《感知己赋》，称"是时梁君之誉塞天下，属词求进之士，奉文章造梁君门下者，盖无虚日"[88]。可见梁肃当时的影响。李观于本年登第后，又特地向梁肃推荐孟郊，其《上梁补阙荐孟郊崔宏礼书》先称未登第时，已蒙梁肃揄扬，故"远迩之人，以观为执事门生"，虽自谦为不敢当，实为自我赞誉，后即向梁肃举荐孟郊、崔宏礼，称"孟之诗，五言高处，在古无二"[89]。孟郊也特地献上一诗：《古意赠梁肃补阙》[90]。梁肃为中唐前期的古文革新名家，前承李华、独孤及，后启韩愈、柳宗元等。《旧唐书》卷一六〇《韩愈传》："大历、贞元间，文士多尚古学，而独孤及、梁肃最称渊奥。愈从其徒游，锐意钻仰，欲自振于一代。"可见梁肃于贞元八年佐助陆贽主持举试，录取贤才，有助于推动当时的古文运动。

关于翰林学士参预覆试，也有数例。如元和三年（808）制举试贤良方正能直言极谏科，当时应试者皇甫湜、牛僧孺、李宗闵等在策文中对时政多有指责，特别是皇甫湜更将抨击的矛头指向宦官，认为这些宦官"岂可使之掌王命，握兵柄，内膺腹心之寄，外当耳目之任乎"。当时试官吏部侍郎杨於陵、吏部员外郎韦贯之将其列为上策，但为"权幸者"即宦官所诬，于是皇帝又命翰林学士王涯、裴垍覆试，[91]王涯、裴垍倒也是赞同皇甫湜之说的，却又受宦官诬害，被贬出院。虽结局不佳，但也可见翰林学士虽在院内，必要时可出来参预覆试，并力持正见。

以上是制举覆试，常科进士试也有覆试的，如武宗会昌五年（845），据《旧唐书》卷一八上《武宗纪》，是年由谏议大夫陈商权知礼部贡举，选进士及第者三十七人，但"物论以为请托"，于是就由翰林学士白敏中覆试，落张渎等七人。徐松《登科记考》卷二二亦载此，并引《册府元龟》云："敏中覆试落下，议者以为公。"曾为杜牧因欣赏其"长笛一声人倚楼"而称为"赵倚楼"的赵嘏，[92]先有诗贺张渎及第（《喜张渎及第》，《全唐诗》卷五五〇），后因其覆试下榜，又赠诗加以安慰：《赠张渎榜头被落》[93]，称"莫向花前泣酒杯，谪仙依旧

唐翰林学士传论

是仙才"。这也是唐代科试的一段佳话。隔一年,又有一次覆试事件,即魏扶于会昌六年(846)十月由翰林学士任礼部侍郎出院,随即主持第二年(大中元年,847)贡举,其初选进士及第者三十三人,但魏扶特上奏,中云:"其封彦卿、崔琢、郑延休,皆以父兄见居重位,不得令中选。"魏扶这里是较为慎重的,以此三人之父兄正居重位,为避嫌疑,建议不加录选。据《旧唐书》卷一八下《宣宗纪》,"诏令翰林学士承旨、户部侍郎韦琮重考覆"。经覆试,下敕:"彦卿等所试文字,并合程度,可放及第。"结果与会昌五年不同,即维持原选。由此亦可见翰林学士在覆试中确有独立见解。

　　翰林学士参预科举考试的另一种情况,是为制举试草拟策问。按:制举与常科不同,非每年定期举行,而据实际政局需要,确定具体时间,并名义上由皇帝主持。《通典》卷一五《选举》三,记为:"试之日或在殿廷,天子亲临观之。"[94]不过制举试名义上由天子亲试,实际上还是委派官员考阅策文,而因制举的策问乃以天子名义发之,故有时即由在宫中任职的翰林学士起草,如同草拟制诰。如陆贽于德宗贞元元年(785)在翰林学士任,是年九月制举试,就由他撰拟《策问贤良方正能直言极谏科》《策问博通坟典达于教化科》《策问识词韬略堪任将帅科》。[95]这里值得一提的是长庆元年(821)十一月制举试,当时考试官为外廷中书舍人白居易、膳部郎中陈岵、考功员外郎贾𩣭,而为天子穆宗起草策问的,则为时任翰林学士的李德裕。北宋时宋敏求所编之《唐大诏令集》卷一〇六,载有长庆元年试制科举人敕,题下署为李德裕。[96]此篇策问一开始即提出:"古人有言,当引一代之人,以理一代之务。虽隽贤茂彦,不乏于时,然亦敷纳以言,精核其实。"后又云:"当体予衷,不惧后害。"就是劝勉应试者讲实话,不要有顾虑。这样的策问是颇有气度的,正因如此,此年应试者庞严就严责现实:"今朝廷用人不以仁,而悯默低柔;进人不以义,而因循持疑。言有不符于行,才有不足于用矣。"[97]沈亚之对策,其质直更有过于庞严,认为"今仕进之风益坏",所谓天灾之祸,实际上"皆由尚书六曹之本坏而致乎然也"[98]。应当说,如此激发的议论,实受李德裕所谓"当引一代之人,以理一代之务"之启示。由此亦可见翰林学士在参预科举考试中甄别人才的作用。

据上所述,可见唐时翰林学士在科试中的作用与影响,也正因此,应试的举子请其推荐、举引就很多,如前引李翱《感知己赋》所云,当时"属词求进之士,奉文章造梁君门下者,盖无虚日",确实如此。如韩愈、李观、李绛、崔群同于贞元八年(792)登第,而据《唐摭言》卷七《知己》所载,在此之前,他们就已"共游梁补阙之门",竟"居三岁"。同是中唐时期的符载,在其《送袁校书归秘书省序》中,特别提出:

> 国朝以进士擢第,为入官者千仞之梯。[99]

这可以说是唐代知识分子对生活道路认识的共识,尤其是中晚唐时更为突出。正因如此,中晚唐,特别是晚唐,向翰林学士进献诗文,以求举荐,就极为繁多。这里仅略举数例,以供研究。

以绝句"洞房昨夜停红烛,待晓堂前拜舅姑。妆罢低声问夫婿,画眉深浅入时无"而为人赞赏一时的朱庆馀,曾长期应试不第,他写此诗,也题为《近试上张籍水部》[100],献给时任水部员外郎的张籍,希望张籍能向主考官推荐。而同时前后,他又连续上诗给翰林学士蒋防、李绅,其《上翰林蒋防舍人》[101],称赞蒋防"清重可过知内制",又经常与皇帝游宴:"看花在处多随驾,召宴无时不及旬。"朱庆馀自己却长期处于

唐翰林学士传论

困境，故诗末云："应怜独在文场久，十有余年浪过春。"十余年连续应试不第，真是"浪过春"。又《上翰林李舍人》诗[102]，首云："记得早年曾拜识，便怜孤进赏文章。"按：朱庆馀为越州（今浙江绍兴）人，李绅于贞元末、元和初也在东南吴越一带，故云"早年曾拜识"。李绅于元和十五年（820）闰正月自右拾遗内供奉入为翰林学士，后历迁转，于长庆二年（822）二月改为中书舍人，三年（823）二月任御史中丞出院。蒋防于长庆元年（821）十一月自右补阙充，三年（823）三月迁为司封员外郎、知制诰，四年（824）二月出院。此二诗均称为舍人，当作于长庆二三年间。[103]这样过了几年，朱庆馀终于在宝历二年（826）登进士第，张籍还特作一诗《送朱庆馀及第归越》[104]，以浙东特有的山水美景庆贺之："有寺山皆遍，无家水不通；湖声莲叶雨，野气稻花香。"

  晚唐时期，政治腐败，社会动乱，科举考试弊病更多。宣宗大中七年（853），崔瑶主举，"以贵要自恃，不畏物议；榜出，率皆权豪子弟"。[105]又大中十四年（860），裴坦主举，"中第皆衣冠士子，是岁有郑义则故户部尚书澣之孙，裴弘故相休之子，魏当故相扶之子，令狐滈故相绹之子，余不能遍举"。[106]这种情况就使贫寒士人屡次应试不第。同为宣宗时诗人李频，多次不第，困居长安，在《长安书怀投知己》一诗中就感叹"徒随众人后，拟老一生中"[107]。懿宗时诗人邵谒，宋人诗话曾誉其诗句"不知天上月，曾照几多人"，以为较李白之"今人不见古时月，今月曾经照古人"，为"造语尤省力"[108]。他有《下第有感》一诗，中云："古人有遗言，天地如掌阔。我行三十载，青云路未达。"[109]应举考试竟已有三十年，由此可见晚唐士人蹭蹬失时之境。

  正因如此，贫寒士人就多寄望于翰林学士。晚唐寒士群体"咸通十哲"之一张蠙有《投翰林张侍郎》诗[110]，自叹"举家贫拾海边樵",至此已"十载身辞故国遥"。按:此"翰林张侍郎"既与张蠙同时,当为张祎。张祎于咸通九年(868)六月自刑部员外郎入为翰林学士,在职期间历迁工部、户部、兵部侍郎,十三年(827)五月受宰相韦保衡之谮,出贬为封州司马。而张蠙则于咸通十一年(670)十一月经京兆府试,解送举试,即"咸通十哲"之一。[111]张蠙此诗当于京兆府试后,上于翰林学士张祎,希望"愿与吾君作霖雨,且应平地活枯苗"。值得注意的是,此诗中已云"十载身辞故国遥",则咸通十一年之前已辞故乡十年,奔波求试,而其正式登第则在昭宗乾宁二年(895),[112]自咸通十一年至乾宁二年,也已为二十五年,如再加前十年,更可见张蠙应试之苦。

与张蠙同于乾宁二年进士登第的黄滔,也有类似情况。黄滔于唐末五代初与韦庄、罗隐、杜荀鹤齐名,交游颇广,后中原战乱,他就与韩偓共至闽中,为闽国文坛宗主。但他生平前期,也甚坎坷。他于咸通十三年(872)春第一次应试,随即落第。自咸通十三年至乾宁二年,有二十几年,多次落第,也多次向公卿名人行卷求荐,如僖宗乾符三年(876)九月向刑部郎中郑诚上书乞援(《全唐文》卷八二三《刑部郑郎中启》);乾符四年(877)落第东归前,上书尚书右丞崔沆,倾述食贫计尽,难寓长安(《全唐文》卷八二四《崔右丞启》);昭宗大顺二年(891)冬,上书将主贡举之裴贽,请其"曲赐悯伤,直加赏禄"(《全唐文》卷八二四),但均未如愿。如此,则他于乾宁元年冬、二年初,连续上诗文献翰林学士薛贻矩、赵光逢。薛、赵二人此时均在院内。[113]《全唐文》卷八二四载黄滔《翰林薛舍人启》《薛舍人启》二文,称颂薛贻矩"标表士林,梯航陆海"。赵光逢于乾宁元年(894)以户部侍郎为翰林学士承旨,黄滔也特上一诗《投翰林赵侍郎》[114],呼吁:"愿向明朝荐幽滞,免教号泣触登庸。"

唐翰林学士传论

可能黄滔此次向两位翰林学士求荐,终于在乾宁二年(895)登第,而此次举试,又由翰林学士在覆试中起关键作用。据四部丛刊本《黄御史集》附录《昭宗实录》,乾宁二年主举者为崔凝,初试后,"宣翰林学士承旨、户部侍郎、知制诰陆扆,秘书监冯渥,于云韶殿考所试诗赋";结果原所取张贻宪等五人,"所试诗赋,不副题目,兼句稍次,且令落下"。又据《唐摭言》卷七"好放孤寒"条,此次录取者"孤寒中唯程晏、黄滔"。黄滔于《成名后呈同年》诗中感叹"二纪如鸿历九衢"[115]。应当说,经二十余年的波折,此次总算得以如愿,与这几位翰林学士极有关系。由此亦可见,即使在唐末混乱世态中,翰林学士在选拔、举荐中还是能有清醒意识,起积极作用的。

五

翰林学士就其职务本身与文学较有直接关系的,是为皇帝撰写制诰(或称诏文)。元和时翰林学士李肇所撰《翰林志》,曾把翰林学士所担任撰写的"王言之制",分列七类,主要则为:赦书、德音、立后(皇后)、建储(太子)、大诛讨、拜免三公将相,等等。研究者一般认为唐代诏文是一种骈体文,而骈文的特点是讲究对偶与声律,注重用典与辞藻。清《四库全书总目提要》即讥刺"唐代王言率崇缛丽,骈四骊六,累牍连篇"(卷四六《新唐书》提要)。而其内容则又纯为官方政令,与文学距离较远,故一般文学史著作也就多不列入研究的范围。

不过我们现在还是可以拓展视野,从文史结合的角度来看待诏文的价值与意义。北宋时欧阳修根据他在翰林院任职期间草制诏文的体验,认为这些诏文"其上自朝廷、内廷宫禁,下暨蛮夷海外,事无不载",而一般时政记、日历,则"有略而不记"[116]。清代学者顾炎武也提出:"夫史以记事,诏、疏俱国事之大,反不如碑、颂乎?"[117]这就是说,这些诏文事涉国政大事,均为第一手材料,较后来重新编修的史书,更有原始史料的意义。宋初编修的《文苑英华》,列于"翰林制诏"的共有五十三卷(卷四二〇—四七二),其中除皇帝登位赦书,以及册封后妃、任命宰相大臣外,还涉及赈贷灾害、处理税役、改制法令、诫励风俗,以及同国内少数民族政权及周边国家交往的文书,等等,范围极广。至于诏文采用骈体,也有当时的实用性,如前引欧阳修《内制集序》即提及:"而制诏取便于宣读,常拘以世俗所谓四六之文。"后宋人谢伋在《四六谈麈》中也谓骈体"施于制、诰、表、奏、文檄,本以便于宣读,多以四字六字为句"。正因为唐代诏文的影响,两宋时期四六文体即甚盛,南宋时洪迈《容斋随笔·三笔》卷八《四六名对》条,称四六骈俪,"上自朝廷命令诏册,下而搢绅之间,笺、书、祝、疏,无所不用"。《直斋书录解题》卷一八于南宋时翰林学士汪藻《浮溪集》处称"四六偶俪之文,起于齐、梁,历隋、唐之世,表章诏诰多用之",而北宋绍圣后,"习者益众,格律精严,一字不苟措"[118]。这是可以从文体学的角度作进一步研究的。

唐朝翰林学士所撰制诰,最具代表性的是德宗时期陆贽,以及穆宗时期元稹,他们都在创作实践与理论阐释上有所改革、创新。这方面,近些年来已有论著探讨,限于篇幅,这里就不重述,现就其历史影响等作些补充。

昭宗乾宁三年(896)七月,陆扆由翰林学士承旨升迁为宰相。陆扆为陆贽后裔,故翰林学士杨钜起草的《授陆扆平章事制》特别提及陆贽,称"况尔伯祖贽,昔以才行,尝居禁林","书命谏章,流在人口"[119]。北宋时诗人黄庭坚也特将陆

唐翰林学士传论

贽与韩愈、杜甫并提，称："文章韩杜无遗恨，草诏陆贽倾诸公。"[120]至于与黄庭坚同时的苏轼，其《乞校正陆贽奏议进御劄子》，已多为人引用，不再举。值得一提的是，南宋时专录散文体的真德秀《文章正宗》，因陆贽制诏为骈体，谓"以其词尚偶俪"，故不选录，但于卷三所录两汉诏令后，特加"按"云："自汉及唐，唯兴元赦令，能兴起人心。"[121]可见即使古文理论家，对陆贽骈文体制诏，也评誉极高。

《新唐书·艺文志》三，类书类，著录有陆贽《备举文言》二十卷，未有说明。宋晁公武《郡斋读书志》卷一四亦著录为二十卷，谓"总四百五十余门，议者谓大类《六帖》而文辞过焉"[122]。而南宋末王应麟《玉海》所记较为具体，《玉海》卷二〇一据《中兴馆阁书目》，记云："陆贽《备举文言》三十卷，摘经史为偶对类事，共四百五十二门。"这当是在翰林学士任职期间，因骈文撰写注重对偶、用典，就特将经史等书，按类摘录，竟有四百五十二门。此书则南宋时尚存，后亡佚。由此也可见翰林学士对类书编纂的重视。

与此相类的有白居易所编的《白朴》，也是翰林学士撰写制诰的参考用书。元稹《酬乐天余思不尽加为六韵之作》，其中有"《白朴》流传用转新"句，自注云："乐天于翰林中书取书诏批答词等，撰为程式，禁中号曰《白朴》。每有新入学士求访，宝重过于《六典》也。"按：此处"翰林中书"，世所传《元氏长庆集》《全唐诗》及新近出版的《元稹集编年笺注（诗歌卷）》[123]，皆同。白居易于宪宗元和前期曾任翰林学士，穆宗长庆初任中书舍人，如此则"翰林中书"一词似与其经历相合。但元稹注文中又云"每有新入学士"，则为专指翰林学士院。今查宋王楙《野客丛书》卷三〇有《白朴》条，记云：

仆读元微之诗，有曰"《白朴》流传用转新"，注云：

"乐天于翰林中,专取书诏批答词,撰为程式,禁中号曰《白朴》。每新入学,求访,宝重过于《六典》。"检《唐·艺文志》及《崇文总目》,无闻,每访此书不获。适有以一编求售,号曰《制朴》,开帙览之,即微之所谓《白朴》者是也。为卷上中下三,上卷文武勋阶等,中卷制头、制肩、制腹、制腰、制尾,下卷将相、刺史、节度之类。此盖乐天取当时制文编类,以规后学者。[124]

此段文字提供的材料,首先可订正原元稹注中"翰林中书"之误,"书"应作"专",即可确定《白朴》一书为白居易在翰林学士任期内所作;其次,可以使后人了解此书编撰的具体内容。白居易此书虽已不存,但从王梾关于制头、制肩等所记,对研究唐代诏文撰写很有史料价值。

又,白居易《余思未尽加为六韵重寄微之》一诗,中有"制从长庆辞高古"句,自注云:"微之长庆初知制诰,文格高古,始变俗体,继者效之也。"[125] 按:元稹于穆宗即位初,元和十五年(820)五月任祠部郎中、知制诰;长庆元年(821)二月入为翰林学士、承旨,同年十月迁工部侍郎出院。他撰作制诰的时间并不长,仅一年余,但却极关心制诰文体改革。白居易在《元稹除中书舍人翰林学士赐紫金鱼袋制》中,即提到元稹自上年任祠部郎中、知制诰时,即"能芟繁词,划弊句,使吾文章言语,与三代同风"[126]。后为元稹所作墓志,更有具体记述:"制诰,王言也,近代相沿,多失于巧俗。自公下笔,俗一变至于雅,三变至于典谟,时谓得人。"[127] 据1956年文学古籍刊行社印行的影宋抄本《元氏长庆集》六十卷,元稹所作制诰就有十一卷(卷四〇至五〇),不仅数量不少,且文体多有革新。陈寅恪《元白诗笺证稿》第四章及朱金城《白居易集笺校》都有所论证,此不赘。我们今天可以从中晚唐制诰写作

唐翰林学士传论

实践及后世评论来探索元稹、白居易这次文风改革的影响。元稹力求语言质朴,文思清新,对中晚唐的确起有示范作用。据笔者比较核阅,中晚唐时,不论是翰林制诏、中书制诰,都出现骈散结合、文词流畅的新风,尤其如穆宗后期庞严,武宗时封敖,宣宗时杜牧,更为突出。这对宋代的制诰撰写也很有影响。如白居易于元稹制词中提出"使吾文章言语,与三代同风",欧阳修也特别提出"复诰命于三代之风"[128]。前所引范仲淹《述梦诗序》(《范文正公集》卷六),也认为元稹"书诏雅远,甚有补益之风"。据北宋前期《丁晋公谈录》所记,王禹偁认为"长庆中名贤所行诏诰,有胜于《尚书》者",特举元稹所行牛元翼制,谓"以此方之,《书》不如也",于是"众皆伏之"[129]。同是北宋时人田锡,也以元稹与韩愈、柳宗元、白居易并提:"锡以是观韩吏部之高深,柳宗元之精博;微之长于制诰,乐天善于歌谣。"[130]

　　唐翰林学士在职期间除撰草制诰外,还有多方面的文化活动。如早期即代宗时翰林学士常衮、柳伉,曾奉命参与佛经的翻译。释慧灵《仁王护国经道场念诵轨仪序》载:"乃大兴善寺大广智三藏不空与义学沙门良贲等一十四人,开府鱼朝恩、翰林学士常衮等,去岁夏四月,于南桃园再译斯经,至秋九月,诏资圣、西明两寺各五十人,百座敷阐,下紫微而千官作礼,经出内而万姓观瞻。"[131]据《旧唐书》卷一一一《代宗纪》,永泰元年(765)九月,吐蕃进军逼凤翔府、盩厔县,京师戒严:"时以星变,羌虏入寇,内出《仁王佛经》两舆付资圣、西明二佛寺,置百尺高座讲之。及奴虏逼京畿,方罢讲。"《资治通鉴》卷二二三永泰元年九月也载:"庚寅朔,置百尺高座于资圣、西明两寺,讲《仁王经》,内出经二宝舆,以人为菩萨、鬼神之状,导以音乐卤簿,百官迎于光顺门外,从寺至。"另《贞元续开元释教录》卷上也记有:"爰命……翰林学士常衮等于大明宫南桃园详译《仁王》……至（永泰元年）四月十五日译毕送上。"又《宋高僧传》卷三《唐大圣千福音飞锡传》记："代宗永泰元年四月十五日，奉诏于大明宫内道场同义学沙门良贲等十六人参译《仁王护国般若经》并《密严经》。先在多罗叶时，并是偈颂，今所译者多作散文。不空与（飞）锡等及翰林学士柳伉重更详定。"[132]这当与代宗崇信佛教有关，翰林学士作为近臣，不得不参与。

翰林学士应命撰写的，还有宫中宦官和地方节镇的碑传墓志。翰林学士为宦官撰写的这方面材料，据《全唐文》及石刻文献来看，相当多，有些是难得的史料。较早的如肃宗时翰林学士潘炎，曾为高力士作墓志铭：《大唐故开府仪同三司兼内侍监上柱国齐国公赠扬州大都督高公墓志铭并序》，三秦出版社据陕西出土文物编成的《全唐文补遗》第七辑（2000年5月）所载，此志署为"尚书驾部员外郎、知制诰潘炎奉敕撰"，所记有多为史书所未载的。中晚唐时更多，今所见者也多有见于石刻著录，如清《金石萃编》卷一一七录有懿宗时翰林学士刘瞻《刘遵礼墓志铭并序》，卷一一八录有昭宗时翰林学士裴廷裕《大唐故内枢密使吴公（承泌）墓志并序》等。这些墓志均署有撰写者官衔及年月，因此也为考索翰林学士任职时间提供可信史料，有些也为现代研究者所未及。[133]又中晚唐时藩镇势力更强，但他们仍看重翰林学士的声望，无论在世或去世，多请翰林学士为其撰写德政碑或墓志铭。据杜牧为崔郾所作行状（《礼部尚书崔公行状》，《樊川文集》卷一四），崔郾在敬宗时任翰林侍读学士，仅几个月内，就为郑滑节度使高承简撰德政碑，为魏博节度使田季安及陈许节度使王沛之父撰神道碑。杜牧文中称，"是三者，皆御劄命公，令刻其辞"，且因其出于"师臣之辞"，"恩礼亲重，无与为比"。可见当时翰林学士为地方节镇撰碑立传，社会极为看重。

唐翰林学士传论

又《白居易集笺校》卷一八载《太平乐词二首》，题下有白氏自注："已下七首在翰林时奉敕撰进。"即除此《太平乐词二首》外，尚有《小曲新词二首》《闺怨词》三首，均为五言绝句。有云："岁半仍节俭，时泰更销兵；圣念长如此，何忧不太平。"（《太平乐词》）"霁色鲜宫殿，秋声脆管弦；圣明千岁乐，岁岁似今年。"（《小曲新词》）可见是应君王之命，为宫中节日撰行乐之词。这在后世，也多有所见，如宋时所编《岁时杂咏》，其卷四"春贴子·皇帝阁"，即收有苏轼诗六首，中有云："翰林职在明光里，行乐诗成拜舞中。""皇太后阁"六首中有云："边庭无事羽书稀，闲遣词臣进小诗。"可见是苏轼在任翰林学士期内所作乐词。《岁时杂咏》此卷又有欧阳修所作（如"皇帝阁"六首、"皇后阁"六首、"夫人阁"六首、"温成皇后阁"四首），另又有宋祁、晏殊、夏竦等同类之作。直至清朝，翰林院庶吉士更有撰乐词及为宫中写春联，书匾额等。[134]这当都是从唐代开始，延续下来的。

值得一提的是，翰林学士还为皇帝编纂、辑集当时人的诗作。如元和中期任翰林学士的令狐楚，编有《御览诗》一卷，今所传毛晋汲古阁刻本，所署为"翰林学士、守中书舍人、赐紫令狐楚奉敕撰进"。按：令狐楚于元和十二年（817）三月迁中书舍人，同年八月出院，则此书当作于元和十二年夏秋间。此书收有三十位诗人，二百八十九篇诗（主要是大历至元和初期），诗体基本上为近体五七言律绝。根据书名，虽供皇帝御览，实则提供了中唐大历诗坛情况，其中有不少作家作品，即赖此书以传，后《唐诗纪事》《全唐诗》多采自此书。[135]

又此书后附陆游跋语，陆游引有当时所见的卢纶碑文，有云："元和中，章武皇帝命侍丞采诗第名家，得三百一十篇，公之章句，奏御者居十之一。"又《新唐书》卷二〇三《文艺传下·卢纶传》载："宪宗诏中书舍人张仲素访集遗文。"按：

张仲素于元和十一年（816）八月入为翰林学士，后于十四年（819）三月在任期内迁为中书舍人。此处称其为中书舍人，则宪宗当于令狐楚《御览诗》编成后，又命张仲素专辑卢纶之诗，当时得有三百一十篇，而前《御览诗》所收为十分之一。清编《全唐诗》有卢纶诗五卷（卷二七六—二八〇），也有三百二十余首。可见卢纶诗之传存，是得力于元和时这两位翰林学士辑集之功的。

　　翰林学士在职期间所作，除单篇诗文外，还有多类学术专著，这也值得注意。如唐末昭宗时翰林学士裴廷裕所著《东观奏记》，记宣宗曾召翰林学士韦澳，谓他每召见外地节度、观察使，很想事先知道各州郡情况，命韦澳编一部有关诸州境土风物及民俗利弊之书。韦澳就广为搜辑，《新唐书·艺文志》史部地理类，就著录有韦澳《诸道山河地名要略》九卷，注云："一名《处分语》。"后薛弘宗被任为邓州刺史，他于受命、退朝后，见到韦澳，谓：皇上处分（即处理）本州事，真使人惊讶。韦澳询之，即其所编书中所记的。[136]可惜此书也未传存，否则对后世了解当时唐代各地的社会、经济等情况，就极为有利。又如同为宣宗大中时翰林学士刘瑑，编有《大中刑法统类》一书，六十卷（据《新唐书·艺文志》史部刑法类，一名《大中刑法总要格后敕》）。他从唐初武德时起，至大中时，二百数十年，就有关法令制敕，选二千八百六十五条，分六百四十六门，"类而析之，参订重轻"，可以说是唐朝一部法律条令汇编，故"法家推其详"。[137]

　　另，唐自穆宗朝起，设置翰林侍讲、侍读学士。翰林侍讲、侍读学士，由于职能有所分工，在职期间编撰有儒家典籍与史书多种，如穆宗时韦处厚、路随有《六经法言》《宪宗实录》，敬宗时崔郾、高重有《诸经纂要》，文宗时郑澣有《经史要录》，许康佐有《新注春秋列国经传》，丁公著有《礼志》。[138]这些书专业性较强，当为有唐一代经学、史学、子学方面的代表性著作。应该说，这与一般翰林学士专职于草制诏诰文书，共同构成唐时高层文士具有时代特色的文化职能，很值得从历史—文化角度加以研究。

注释

〔1〕岑氏所著为《翰林学士壁记注补》《补僖昭哀三朝翰林学士记》，原载《历史语言研究所集刊》第十一本、十五本等，今附载于岑仲勉《郎官石柱题名新考订》，上海古籍出版社，1984年。

〔2〕见仇兆鳌《杜诗详注》卷二，中华书局，1979年；又《钱注杜诗》卷九，上海古籍出版社，1979年。

〔3〕参见傅璇琮《唐玄宗朝翰林学士传》，《文史》2003年第3辑，中华书局，2003年8月。

〔4〕闻一多《少陵先生年谱会笺》，见《唐诗论丛》，上海古籍出版社《蓬莱阁丛书》本，1998年。

〔5〕据《旧唐书》卷一三《德宗纪》，卷一六九王涯本传，中华书局点校本，1975年。按：以下引述《旧唐书》《新唐书》《资治通鉴》，皆据中华书局点校本，皆不注版本与出版年月。

〔6〕瞿蜕园《刘禹锡集笺证》卷二四，上海古籍出版社，1989年。

〔7〕据唐丁居晦《重修承旨学士壁记》，宋洪遵《翰苑群书》本，今编于傅璇琮编纂之《翰学三书》，辽宁教育出版社，2003年。按：以下记叙翰林学士任职出入，凡见于韦执谊、元稹、丁居晦三书者，不具注。

〔8〕《全唐诗》卷三〇〇，中华书局点校本，1960年。

〔9〕《全唐诗》卷三三三。

〔10〕按：杨巨源，两《唐书》无传，其生平事迹可参傅

璇琮主编《唐才子传校笺》卷五杨巨源传（吴汝煜、胡可先笺），中华书局，1989年。

〔11〕张籍《送杨少尹赴凤翔》，《全唐诗》卷三八五。

〔12〕《全唐文》卷六四八，中华书局影印本，1983年。按：此制题中"兴元"当作"凤翔"，以与杨巨源仕历相合，参《唐才子传校笺》卷五杨巨源传。

〔13〕马其昶《韩昌黎文集校注》卷二，上海古籍出版社，1986年。

〔14〕参见张清华《韩愈年谱汇证》，见所著《韩学研究》下册，江苏教育出版社，1998年；又参傅璇琮主编《唐五代文学编年史·中唐卷》，辽海出版社，1998年。

〔15〕见丁居晦《重修承旨学士壁记》，《新唐书》卷六二《宰相年表》。

〔16〕韩愈《和虞部卢四汀酬翰林钱七徽赤藤杖歌》，钱仲联《韩昌黎诗系年集释》卷六，上海古籍出版社，1984年。

〔17〕《柳宗元集》卷三十，中华书局点校本，1979年。

〔18〕见前《柳宗元集》卷三十《与李翰林建书》校记中所引陈景云《柳集点勘》。

〔19〕《送崔群序》，《柳宗元集》卷二二。

〔20〕《病中寄白学士拾遗》。据李建昆《张籍诗集校注》卷八，此诗作于元和四年（809）。台北"中华丛书·历代诗文集校注"本，2001年。

〔21〕《酬张太祝晚秋卧病见寄》，朱金城《白居易集笺校》卷九，上海古籍出版社，1988年。

〔22〕见上《白居易集笺校》卷六。

〔23〕白居易《醉后走笔酬刘五主簿长句之赠兼简张大贾二十四先辈昆季》，见《白居易集笺校》卷一二。

〔24〕《全唐文》卷四七八，中华书局影印本，1983年。

〔25〕《全唐文》卷八一二。

〔26〕《代人举周敬复自代状》，《樊川文集》卷一五，陈允吉点校本，上海古籍出版社，1987年。

〔27〕近十余年来，有些史学论著对此有不同看法，此可另外讨论。

〔28〕《庾道蔚守起居舍人李汶儒守礼部员外郎充翰林学士等制》，《樊川文集》卷一七。

〔29〕《高钺等一十人亡母郑氏等赠太君制》，《白居易集笺校》卷四八。

〔30〕见前《翰学三书》之《翰苑群书》卷二。

〔31〕见《文苑英华》卷三八四，《全唐文》卷七二六。

〔32〕《全唐文》卷七二六。

〔33〕《全唐诗》卷五四五。

〔34〕《上宰相书》，《韩昌黎文集校注》卷三。

〔35〕孙望《韦应物诗集系年校笺》卷八，中华书局，2002年。按：孙笺系此诗于贞元五年（789）春韦应物任左司郎中时，似不确。韦应物于贞元三年（787）六月后由江州刺史入为左司郎中，四年七月后即出任苏州刺史，见傅璇琮《韦应物系年考证》，《文史》第五辑，中华书局，1978年。

〔36〕《全唐诗》卷二六四。

〔37〕参傅璇琮《顾况考》，见《唐代诗人丛考》，中华书局，1980年。

〔38〕《全唐诗》卷八三四。

〔39〕参《唐才子传校笺》卷十吴融传（周祖譔、贾晋华笺）。

〔40〕《白居易集笺校》卷一三、一四。

〔41〕瞿蜕园《刘禹锡集笺证》外集卷一，上海古籍出版社，1989年。

〔42〕《韩昌黎诗系年集释》卷八。

〔43〕参张清华《韩愈年谱汇证》,《韩学研究》下册。

〔44〕《韩昌黎诗系年集释》卷八。

〔45〕《全唐诗》卷五〇二。

〔46〕《全唐诗》卷五〇一。

〔47〕《全唐文》卷七六四。

〔48〕《全唐诗》卷五〇一。

〔49〕华忱之《孟郊诗集校注》卷七,人民文学出版社,1995年。

〔50〕《全唐诗补编》,中华书局,1992年。

〔51〕华忱之《孟郊诗集校注》卷九。

〔52〕《刘禹锡集笺证》卷一九。

〔53〕按:以上二诗,均见于《全唐诗》卷三八六。

〔54〕《唐诗纪事》卷三一,《全唐诗》卷四七九。

〔55〕《韩昌黎文集校注》卷四。

〔56〕傅璇琮、周建国《李德裕文集校笺·别集》卷三,河北教育出版社,2000年。

〔57〕杨军《元稹集编年笺注(诗歌卷)》宝历二年,三秦出版社,2002年。

〔58〕《刘禹锡集笺证》外集卷七。

〔59〕《范文正公集》卷七,文渊阁《四库全书》本。

〔60〕《全唐诗》卷四八〇。

〔61〕见杨军《元稹集编年笺注(诗歌卷)》,长庆四年。

〔62〕《全唐诗》卷六八〇。

〔63〕以上四首,分见《全唐诗》卷六八四、六八五、六八六。

〔64〕《唐诗纪事》,上海古籍出版社点校本,1987年。

〔65〕《送孟东野序》,《韩昌黎文集校注》卷四。

〔66〕见《新唐书》卷一四三《元结传》。

〔67〕关于卢纶事迹，可参傅璇琮《唐代诗人丛考·卢纶考》，中华书局，1980年。

〔68〕《韩昌黎诗系年集释》卷三。

〔69〕同上。

〔70〕《全唐文》卷六三六。

〔71〕《全唐文》卷七六六。

〔72〕《全唐文》卷八一五。

〔73〕以上分见《全唐诗》卷五五一、五九二、六四三、七〇二、七〇九。

〔74〕《樊川文集》卷一六。

〔75〕《樊川文集》卷二。

〔76〕此事可参胡可先《杜牧诗文人名新考》，见其所著《杜牧研究丛稿》，人民文学出版社，1993年。

〔77〕《全唐文》卷七七五。

〔78〕《全唐文》卷七七五。

〔79〕《全唐文》卷七七三。

〔80〕《全唐文》卷七七六。

〔81〕按：此处所提及的李商隐文，其撰写时、事，参刘学锴、余恕诚《李商隐文编年校注》，中华书局，2002年。

〔82〕《柳宗元集》卷二三。

〔83〕关于唐代科举，可参吴宗国《唐代科举制度研究》，辽宁大学出版社，1992年；傅璇琮《唐代科举与文学》，陕西人民出版社，1986年。

〔84〕《容斋随笔》点校本，上海古籍出版社，1978年。

〔85〕《登科记考》，赵守俨点校，中华书局，1984年。

〔86〕明胡应麟《诗薮》外编卷三，中华书局上海编辑所，1958年。

〔87〕《韩昌黎文集校注》卷三。

〔88〕《全唐文》卷六三四。

〔89〕《全唐文》卷五三四。

〔90〕华忱之《孟郊诗集校注》卷六。

〔91〕关于此次制试,过去史书记载不一,甚至以为皇甫湜等乃藉策文攻击宰相李吉甫,并以为这是后来牛李党争的前奏。傅璇琮《李德裕年谱》对此有辨,见元和三年条。《李德裕年谱》,齐鲁书社,1984年;河北教育出版社,2001年新版。

〔92〕参见《唐摭言》卷七,古典文学出版社,1957年。

〔93〕亦见《全唐诗》卷五五〇。按:此事亦载于《唐摭言》卷一一,《唐诗纪事》卷五六,均作张濆,《旧唐书·武宗纪》作张渎,当误。

〔94〕《通典》,王文锦等点校,中华书局,1988年。

〔95〕《陆宣公集》卷四"制诰",浙江古籍出版社,1988年。

〔96〕按:商务印书馆1959年点校本《唐大诏令集》题作长庆二年,误,应为长庆元年。中华书局1960年影印明刊本《册府元龟》卷六四四《贡举部》即收有此文,列于长庆元年十一月,是,详参傅璇琮、周建国《李德裕文集校笺》之"新补李德裕佚文佚诗",河北教育出版社,2000年。

〔97〕《文苑英华》卷四九〇,中华书局影印本,1996年。

〔98〕《文苑英华》卷四九二。

〔99〕《全唐文》卷六九〇。

〔100〕《全唐诗》卷五一五。

〔101〕《全唐诗》卷五一四。

〔102〕《全唐诗》卷五一四。

〔103〕按:唐时知制诰为他官代行中书舍人之职,也是中书舍人的前阶,故多称知制诰为中书舍人。

〔104〕《全唐诗》三八四。

〔105〕《唐语林》卷三《方正》，周勋初校证本。中华书局，1987年。

〔106〕《册府元龟》卷六五一《贡举部·谬滥》，中华书局影印本，1960年。

〔107〕《全唐诗》卷五八九。

〔108〕宋李希声《诗话》，见郭绍虞《宋诗话辑佚》本，中华书局，1980年。

〔109〕《全唐诗》卷六〇五。

〔110〕《全唐诗》卷七〇二。

〔111〕参《唐才子传校笺》卷一〇《张乔传》笺。

〔112〕徐松《登科记考》卷二四。

〔113〕参岑仲勉《补僖昭哀三朝翰林学士记》，《唐郎官石柱题名新考订》附。

〔114〕《全唐诗》卷七〇六。

〔115〕《全唐诗》卷七〇六。

〔116〕《内制集序》，《欧阳修全集》卷四二，中华书局，2001年。

〔117〕《日知录集释》卷二六《新唐书》条，花山文艺出版社，1991年。

〔118〕《直斋书录解题》，上海古籍出版社点校本，1987年。

〔119〕《全唐文》卷八一九。

〔120〕《病起荆江亭即事十首》之七，《黄庭坚诗集注》，中华书局，2003年。

〔121〕《文章正宗》，文渊阁《四库全书》本。

〔122〕孙猛《郡斋读书志校证》，上海古籍出版社，1990年。

〔123〕《元稹集编年笺注（诗歌卷）》，杨军撰。三秦出版

社，2002年。

〔124〕此据中华书局出版之王文锦点校本，1992年。经查，其他各本均同。

〔125〕见《白居易集笺校》卷七〇。

〔126〕《白居易集笺校》卷五〇。

〔127〕《河南元公墓志铭》，《白居易集笺校》卷七〇。

〔128〕《外制集序》，《欧阳修全集》卷四一。

〔129〕据上海师范大学古籍整理研究所编纂之《全宋笔记》第一辑第四册，261页，大象出版社，2003年，

〔130〕田锡《咸平集》卷二《贻宋小著书》，文渊阁《四库全书》本。

〔131〕《全唐文》卷九一六。

〔132〕《宋高僧传》，范祥雍校点本，中华书局，1987年。

〔133〕如刘瞻所作《刘遵礼墓志铭并序》，岑仲勉《补僖昭哀三朝翰林学士记》即未引用。

〔134〕此可参近代前辈学者齐如山《中国的科名》第十九章《翰林》，《齐如山全集》八上。

〔135〕参见傅璇琮编《唐人选唐诗新编》，陕西人民教育出版社，1996年。

〔136〕按：此事《旧唐书》卷一六九《韦澳传》，《资治通鉴》卷二四九大中九年五月，皆有记，当均本《东观奏记》。

〔137〕见《新唐书》卷一八二本传。

〔138〕详参傅璇琮《唐翰林侍讲侍读学士考论》，北京，《清华大学学报》2004年第5期。

(原载《人文中国学报》第十一期，《名贤讲席——中国古典文学研究前沿的思考》〔香港浸会大学中文系主办，2004年12月1日〕。香港浸会大学《人文中国学报》编辑委员会编，上海古籍出版社，2005年8月）

唐翰林学士传论

李白任翰林学士辨

一

近二十年来，关于李白的研究，成果丰硕，特别是有关李白生平的考述，如李白的家世与出生地、李白的两次入长安、李白的交游等，很有创见。我个人认为，这些年来有关李白作品的论证和李白事迹的考索，其成就是超过对同时期诗人杜甫的研究的。但有些问题似还有模糊不清之处。近年来我因研究唐代翰林与文人生活的关系，搜集了一些材料，其中也涉及李白于天宝初入长安任翰林供奉问题。最近写有一篇《唐玄肃两朝翰林学士考论》[1]，本拟同时论述李白的翰林供奉一节，限于篇幅，不便细述，故另撰此文，以便将这一问题说得更充分一些，谨供李白研究者研讨。

李白于唐玄宗天宝元年（742）秋应诏入长安，为翰林供奉，天宝三载（744）春离开长安，随即在洛阳与杜甫会面。尽管目前有李白两次入长安、三次入长安等不同说法，但天宝初几年在长安，这是没有异议的。而且这二三年间李白的生活与创作也很受人关注,是李白生平研究中一个重要环节。但这里却有一个问题,即李白这几年应诏入宫中,是为翰林供奉还是翰林学士?随即又产生一些疑问,就是这时的某些作品,如《宫中行乐词》《清平调》,是否为李白所作,以及是什么原因使他不得不离开长安。这些看来都是已经解决的问题,但我近来翻阅这些年来的有关论著,却觉得这些不成问题的问题,还是需要清理的。

二

1999年《光明日报》的《史林》副刊(第266期),刊有《古代翰林制度及其对封建文化的影响》一文(作者杨果),把李白、杜甫与宋代的苏轼、欧阳修、王安石、司马光同列于翰林学士之列。我当时看了很奇怪,因杜甫虽考过进士,与个别翰林学士也有过交往,但他本人与当时的翰林学士院毫无关系,李白则在历史上仅记为翰林供奉,怎么能把这两位诗人与真正是宋朝翰林学士的苏轼、欧阳修等并列呢?我最初以为这大约是搞历史的人不太懂文学家的生平事迹,以致出现这一不应有的疏误,但后来翻阅近些年来的一些论著,不意发现竟有好几家说及李白于天宝初任为翰林学士。

较早的,如安旗先生于1983年所写的《李白传》(文化艺术出版社,1984年),以文学笔调描写李白进宫的情景,明确把李白说成翰林学士,如:"大家都要来看看天子亲自召见的翰林学士"(132页);"贺知章站出来说:'李学士醉了……'"(147页);"翰林院一角,一群蚊子在哼哼:'他哪里像个翰林学士!'"(154页)等。

中国社会科学院文学研究所编的《中国文学通史系列·唐代文学史》(人民文学出版社,1995年),在有关李白一章中,

唐翰林学士传论

虽没有明确说李白是翰林学士,但在提及翰林供奉时,仍认为这"是皇帝的机要秘书,地位特殊而重要",把翰林供奉与翰林学士混同。书中还引录《新唐书·百官志》一句话:"内宴则居宰相之下,一品之上。"其实《新唐书·百官志》的这句话说的就是翰林学士,而且还不是初期,是就中唐时期翰林学士地位逐步提高以后而说的。

郁贤皓先生主编的《李白大辞典》(广西教育出版社,1995年),于"李翰林"条下注云:"李白于天宝元年(742)至三载(744)曾奉诏入翰林院,为翰林学士,又称翰林供奉。"(1页)

詹锳先生主编的《李白全集校注汇释集评》(百花文艺出版社,1996年),在注释《翰林读书言怀呈集贤诸学士》诗时说:"李白在朝,即为翰林学士,未授他官。"(卷二二,3467页)

《唐代文学研究》第六辑(广西师范大学出版社,1996年),载有李子龙先生《读〈李白集〉三题》一文,其中也说及:"即如他(按:指李白)奉诏翰林学士之初。"(336页)

应当说,这几位先生在李白研究中,是作出过引人注目的成绩的,但为什么都把李白说成天宝时期的翰林学士呢?

按:《旧唐书·文苑传》说李白"待诏翰林",《新唐书·文艺传》说李白"供奉翰林",都未有"翰林学士"一词。李白自己也只称"翰林供奉李白"(《为宋中丞自荐表》)[2],从来没有说自己做过翰林学士。他的友人,如杜甫、贾至、任华、独孤及、魏万等,在所作与李白交往的诗文中,也未称其为翰林学士。——这应当说是现存最原始的材料,值得注意。

中唐时,曾有几位翰林学士,根据他们在翰林学士院中所见到的壁上所书材料,详细载录自玄宗开元以后的翰林学士姓名(包括翰林学士承旨以及翰林侍讲、侍书学士)。如元稹有

李白任翰林学士辨

《承旨学士院记》，记载贞元二十一年（805）至长庆四年（824）期间的翰林学士承旨姓名，及任职时间；韦执谊有《翰林院故事》，记开元至宪宗元和时期的翰林学士姓名，及以什么官职入充，以什么官职出院；丁居晦有《重修承旨学士壁记》，记开元至咸通年间的翰林学士姓名，及入、出之年月与官职。[3]此三书，以丁居晦所记时间最长，人物最多。按：丁居晦于文宗大和九年（835）五月入院，开成三年（838）十一月以御史中丞出院，后又于开成四年（839）闰正月入院，五年（840）三月卒。当然这里就有两个问题，一是丁居晦此记，据丁氏自云作于开成二年（837）五月，而其卒年又为开成五年，怎么能记翰林学士姓名至懿宗咸通年间（860—873）呢？岑仲勉先生《翰林学士壁记注补》[4]有很好的解释，书中谓："盖丁氏记述，应至作记日止，过此则后来入院者各自续题。"可见所谓学士院壁记，其姓名皆为入院的学士自己所题，因此可以确信。二是丁居晦所记，题云《重修承旨学士壁记》，实则所记不限于承旨（按：承旨是宪宗即位后所定的每一时期翰林学士首领），凡翰林学士及侍讲、侍书学士，都予记入，这样似名实不符。不过丁氏此书，南宋陈振孙《直斋书录解题》卷六职官类，著录其书，仍为《重修翰林壁记》一卷，可见此书确为当时的实际记录。

应当说，元稹、韦执谊、丁居晦所记的翰林学士姓名，也是唐代有关这方面的原始材料，是可信的。正因如此，唐代研究前辈学者岑仲勉先生即据这几份材料，对从开元至昭宗约170年间的翰林学士，作了总体事迹的考索，是20世纪唐代翰林学士研究的重要成果，是可以作为依据的。

韦执谊《翰林院故事》所记玄宗朝的翰林学士，依次为吕向、尹愔、刘光谦、张垍、张淑（应作埱）、张渐、窦华、裴士淹；肃宗朝的翰林学士，依次为董晋、于可封、苏源明、赵昂、潘炎。丁居晦的《重修翰林壁记》，玄宗朝八人，与韦执谊所记同，肃宗朝四人，缺赵昂，岑仲勉《翰林学士壁记注补》则据《翰林院故事》补入，仍为五人。可以注意的是，有关唐代翰林学士，其姓名记于学士院壁上而为唐代当时人著录并考述的，均无李白。这便值得我们考虑。

三

以上应当说是确切可靠的证据，说明李白于天宝初应诏入宫，只为翰林供奉，非为翰林学士。不过这里还有一个误会，即翰林供奉可能就是翰林学士，两者大约是同一而异名。从有些学者所记，似乎有这一意思。上述《李白大辞典》，于"李翰林"一条，即谓李白奉诏入翰林院"为翰林学士，又称翰林供奉"（1页）。又《李白选集》（上海古籍出版社，1990年10月），在注《翰林读书言怀呈集贤诸学士》一诗时，就说"开元二十六年，又改翰林供奉为学士"，也容易使人以为翰林供奉与翰林学士确为同一职事，只不过于开元二十六年改了名称。

应当说，所谓开元二十六年改翰林供奉为学士，是有所依据的。翰林院之设，始于唐玄宗。《新唐书·百官志》一谓："玄宗初，置翰林待诏，以张说、陆坚、张九龄等为之，掌四方表疏批答、应和文章；既而又以中书务剧，文书多壅滞，乃选文学之士，号翰林供奉，与集贤院学士分掌制诏书敕。开元二十六年，又改翰林供奉为学士，别置学士院，专掌内命。"此处《新唐书·百官志》的文字，大致是本于中唐时李肇《翰林志》、韦执谊《翰林院故事》的，但概述得不够清楚。如说玄宗最初建翰林院，设翰林待诏，命张说等人为之，实际上张说等人至少于开元十年以前未作过翰林待诏，而这时已有翰林

李白任翰林学士辨

供奉（为吕向，详下文），并非开元十三年置集贤院后才改翰林供奉的。

开元二十六年以后任为翰林学士的吕向，《新唐书》卷二〇二有传，称"玄宗开元十年，召入翰林"。又同书卷二〇〇《儒学下·赵冬曦传》，载赵于开元初由监察御史坐事贬岳州，后召还复官，与秘书少监贺知章等为集贤院修撰，而这时"翰林供奉吕向、东方颢为（集贤）校理"。据岑仲勉《注补》所考，赵冬曦召还，为开元十年，对照《新唐书》吕向本传，则吕向于开元十年已为翰林供奉。

实际上，玄宗于开元初建立翰林院时，所谓翰林供奉、翰林待诏，实为同一职名，并非如《新唐书·百官志》所说，先是待诏，后改供奉。如《资治通鉴》卷二一七天宝十三载正月记："上即位，始置翰林院，密迩禁廷，延文章之士，下至僧、道、书、画、琴、棋、数术之工皆处之，谓之待诏。"清顾炎武《日知录》卷二四有《翰林》一条，即据两《唐书》，记唐代历朝工艺书画之士，及僧、道、医官、占星等，均入"待诏翰林"之列，而这些人又称之为翰林供奉。

开元二十六年则不同，"始别建学士院于翰林院之南"（李肇《翰林志》），"由是遂建学士，俾专内命"（韦执谊《翰林院故事》）。就是说，在此之前，设有翰林供奉（或翰林待诏），其人大致分两类，一是工艺书画、僧道医术等人，一是文学之士（如吕向等）；而开元二十六年起，选取一部分文学之士入学士院，"专掌内命"，同时在翰林院中还是有供奉等人，并不是单纯地把所有的翰林供奉改为学士。就是说，并非改名称，而是另选人。因此韦执谊《翰林院故事》在叙述学士院建立后，就说："其外有韩翃（应作法）、阎伯玙、孟匡朝、陈兼、蒋镇、李白等，在旧翰林中，但假其名，而无所职。"所谓"外"，即学士院之外。其意谓开元二十六年建学士院后，仍还

唐翰林学士传论

有一部分人在过去的翰林院中（其中就有李白），不过"假"翰林之"名"，而未就学士之"职"。因此宋代叶梦得在《石林燕语》中也说："唐翰林院，本内供奉艺能技术杂居之所，以词臣侍书诏其间，乃艺能之一尔。开元以前，犹未有学士之称，或曰翰林待诏，或曰翰林供奉，如李太白犹称供奉。"[5]

应当说，在此之后，凡称翰林供奉或翰林待诏，皆非翰林学士，也不像开元二十六年以前那样，有时还能与集贤院学士、中书舍人等，分掌制诏，他们一般是书画家、医官、僧道。如玄宗时著名书法家蔡有邻，据《金石萃编》卷八十八所录《章仇元素碑》（天宝七载十月建），即署为"翰林学士院内供奉"。又宋陈舜俞《庐山记》卷三著录有《简寂先生陆君碑》，注谓"中岳道士、翰林供奉吴筠文并序"。又《册府元龟》卷五四《帝王部·尚黄卷》二："（敬宗宝历）二年三月戊辰，命兴唐观道士孙准入翰林。"又卷一八○《帝王部·滥赏》："（宝历）二年十一月己巳，赐翰林僧惟真绢五十匹。惟真以异术出入禁署。"

四

以上所述关于开元时期翰林院建置的演变以及翰林供奉与翰林学士于开元后期的区分，从这一大背景来观察李白天宝初几年在长安的生活与心情可能会更清楚一些。

关于这一点，我觉得安旗先生《李白纵横谈》（陕西人民出版社，1981年）有一段话倒是较为确切的，书中叙述李白第二次入长安，说："'翰林待诏'就是待在翰林院里，听候皇帝下诏，或帮助起草些文书，或回答皇帝的咨询，或侍候皇帝宴游，做些点缀太平的诗文，本是个帮闲的角色，但在当时一般人心目中，毕竟还是相当荣耀的。"（41页）这里所谓"相

李白任翰林学士辨

当荣耀",不只一般人的心目中是如此,李白本人自我感觉更为优佳。他本早有抱负,"拜一京官",但一直未有机会,只能流落各地:"少年落魄楚汉间,风尘萧瑟多苦颜。"现在却忽然意想不到地直上云霄:"忽蒙白日回景光,直上青云生羽翼。"他确实是颇为得意的,就在这首诗中,说自己有幸陪从皇上到骊山温泉去宴游,于是"王公大人借颜色,金璋紫绶来相趋"。[6]

我以为,我们看李白自己描述这段时期的生活,最好把有关作品分成两部分,一是李白当时在长安所写的,身处其境时他是怎么看待的;二是离开长安后他是怎么回顾的。这两部分作品确实有所不同,我们分别来作一些分析,可能会更合乎实际。

李白作品的系年,研究者多有不同意见。长安这几年的诗作,我们可以选择确切系年的作为例子来说。我觉得,这二三年的作品,如《金门答苏秀才》《游宿温泉宫作》《从驾温泉宫醉后赠杨山人》《温泉侍从归逢故人》《朝下过卢郎中叙旧游》《玉壶吟》《羽林范将军画赞》等,其内容,一是表现得意之状,以及对皇上的感恩之情;二是抒发未能遂志之意,并作离开长安、"归卧白云"的准备。这两方面,有关的研究著作已论述得很多,这里不必再重复。我认为其中有一点可以注意,就是李白此时所作,没有说自己为皇帝起草过制诏等机要文书,连一些比喻性的词句也没有。稍为接近的,如"晨趋紫禁中,夕待金门诏",那也不过是说到翰林院值班,等候上面有什么事情要办。而且接着又说:"观书散遗帙,探古穷至妙。片言苟会心,掩卷忽而笑。"(以上皆见《翰林读书言怀呈集贤诸学士》)原来在院里他只不过看看一些散遗之书,相当寂寞。这时的集贤院学士,其职责主要也是校理经籍、编著目录,与开元中期"分掌诏书敕"大为不同,因此李白与他们可以作心

唐翰林学士传论

理上的沟通。

　　这里还应提一件事，此事看来似乎是一个细节，但对我们考察李白在长安这几年的生活，是应予重视的，而这，却恰好为李白研究者所忽略。唐代的翰林学士，严格说来，只是一种差遣之职，并非官名。《新唐书·百官志》一曾说："自诸曹尚书下至校书郎，皆得与选。"诸曹尚书，如尚书省的各部侍郎，官阶为正四品下，校书郎为正九品下，不管品阶差得多远，都可入充为翰林学士。这是唐代的特殊现象，因此引起宋人的注意。宋叶梦得特别提出："如翰林学士、侍读学士、侍讲学士、侍书学士，乃是职事之名耳。"（《石林燕语》卷五）清人钱大昕也说："学士无品秩，但以它官充选……学士亦差遣，非正官也。"（《廿二史考异》卷四四）"亦系差遣，无品秩，故常假以他官，有官则有品，官有迁转，而供职如故也。"（同上，卷五八）

　　这就是说，一个翰林学士，他必须带有其他正式的官职，这样，他才有一定的品位，才有一定的薪俸。如德宗初一位翰林学士姜公辅，他原是以左拾遗入充，"岁满当改官，公辅上书自陈，以母老家贫，以府掾俸给稍优，乃求兼京兆尹户曹参军"（《旧唐书》卷一三八本传）。诗人白居易也是如此，他于元和二年以集贤校理入为翰林学士，第二年由集贤校理改为左拾遗。元和五年，又可改官，这时他上奏："臣闻姜公辅为内职，求为京府判司，为奉亲也。臣有老母，家贫养薄，乞如公辅例。"于是朝廷也给予京兆尹户曹参军的官衔，实际上则仍为翰林学士（《旧唐书》卷一六六本传）。京兆府户曹参军为正七品下，比左拾遗要高好几阶，而主要是京兆户曹参军薪俸收入明显增多，因此白居易很高兴，特地写了一首诗：《初除户曹喜而言志》，其中说："俸钱四五万，月可奉晨昏。廪禄二百石，岁可盈仓囷。喧喧车马来，贺客满我门。不以我为贪，知我家内贫。"[7]元稹也特地作了一首和诗，点明"君求户曹掾，贵以禄奉亲"[8]。可见仅任翰林学士是没有经济来源的。

　　这就是说，凡翰林学士，都须带有官衔。如与李白同时的代宗时翰林学士于益，据《金石萃编》卷九三著录的《大唐故左武卫大将军赠太子宾客白公神道碑铭并序》，于益撰，所署为："朝议郎、行尚书礼部员外郎、翰林学士、赐绯鱼袋。"宋叶梦得《石林燕语》卷四，说唐代翰林学士，其授衔"或在官上，或在官下，无定制"。他据其家中所藏唐碑，引录两个例子，一是大和中《李藏用碑》，撰者为"中散大夫、守尚书户部侍郎、知制诰、翰林学士王源中"；一为大中中《王巨镛碑》，撰者为"翰林学士、中散大夫、守中书舍人刘瑑"。就是说，不管任翰林学士在先在后，是一定带官衔的。

　　翰林学士如此，翰林供奉、翰林待诏也是如此。前面已举过数例。又如清胡聘之《山右石刻丛编》卷六载《大唐龙角山庆唐观纪圣之碑》，碑阴有撰者吕向署衔，为"朝议郎、守尚书主客郎中、集贤院学士、翰林院供奉、轻车都尉……"[9]，则吕向除翰林供奉外，还有从五品上的尚书主客郎中。又如《金石萃编》卷一〇七《邠国公（梁守谦）功德碑》，篆额者为翰林待诏陆邳，其衔为"朝议郎、权知抚州长史、上柱国、赐紫金鱼袋"。可见其所带之官衔，不仅有京官，还有地方官。这又可见于白居易在穆宗长庆年间任中书舍人时起草的《侯丕可霍丘县尉制》[10]。原来这位侯丕也是翰林待诏（制词云"执艺以事上，奉诏而处中"），现在给予"守寿州霍丘县尉，依前翰林待诏"，是因为"既宠之以职名，又优之以俸禄"，因为地方官的薪俸是高于京官的。

　　从以上事例，我们当可有这样一个认识，即无论是开元时期，还是天宝及天宝以后，翰林学士以及翰林供奉（翰林待诏），都应该带有正式官衔，这一方面是个人地位及生活保障的依据，一方面也是朝廷对其待遇的确认。这是一个通例，但偏偏李白除了"翰林供奉"外，什么也没有，这不是一个空架子吗？这确实很奇怪，很值得探究。如果刚召入，有待考查，暂不带官衔，还可理解；第二年整整一年，还是没有，直至第三年，天宝三载春李白离去，也还仅仅是一个"高士"（其友人李华语）。这究竟是什么原因呢？尽管魏颢《李翰林集序》中说玄宗曾表示要授予中书舍人，这只是李白去世后的一句虚辞，不足为信；而且即使如此，这位帝王也不过略作表示而已，并未真的授予。我觉得这值得我们思考，那就是，尽管历史上记载唐玄宗如何对他宠遇，却始终不给他一个官衔，实际上只不过把他当作一个陪同宴游的侍者。李白《宫中行乐词八首》，前三首曾见于法藏敦煌遗书。据徐俊《敦煌诗集残卷辑考》卷上所录，敦煌抄件原卷题下所署作者姓名为"皇帝侍文李白"。这是抄录者加的，但也可见当时确有人把李白仅仅视为皇帝的"侍文"，这是很有意思的。

更有意思的是，即使如此，李白在刚刚离开时，仍很向往以后再返朝廷。如《赠崔侍御》诗，据詹锳先生校注本（卷八），此诗作于天宝三载秋，刚离长安不久，仍希望崔侍御再荐于朝。又如《走笔赠独孤驸马》（同上，卷八），此位独孤驸马为独孤明，玄宗之婿。李白先颇为眷恋地说："是时仆在金门里，待诏公车谒天子"，而现在"一别蹉跎朝市间，青云之交不可攀"，因此希望"傥其公子重回顾，何必侯嬴抱长关"。李白的这种心态，一直是保持着的，而且对唐玄宗的感恩之意，以及对天宝初宫廷生活的怀念之情，比刚离开长安时更为深切，也正在这时，他诗中出现了替皇帝起草政书、密参朝政等文词。如约作于天宝十二载（753）的《赠崔司户文昆季》（詹校注本卷九）中云："攀龙九天上，别忝岁星臣。布衣侍丹墀，密勿草丝纶。"后至德二载（757），浔阳出狱，在宋若思

李白任翰林学士辨

席,作《为宋中丞自荐表》,说天宝初名动京师,"上皇闻而悦之,召入禁掖,既润色于鸿业,或间草于王言"。我觉得,这样写与其自己于天宝初在长安所作的不合,也与翰林供奉的身份不符。我们往往把李白的高傲看得太重,实际上李白难免于世俗,他是不能脱离社会实际的。他一直是想回到朝廷中去的。又如《寄上吴王三首》(詹校注本卷十二),约作于天宝七载,中云:"客曾与天通,出入清禁中。襄王怜宋玉,愿入兰台宫。"如吴王可以延揽,他也愿意入以备顾问,也因此,他在回顾天宝初时,就竭力夸大玄宗对他的宠遇、重视。后来李阳冰、范传正、刘全白等所作的序、碑等文,说他在宫中作和蕃书,专掌密命,潜草诏诰,等等,俨然已在一般的翰林学士之上,是否属实,甚可怀疑。老实说,即使当时的几位翰林学士,也不一定能受此重任(参拙作另文《唐玄肃两朝翰林学士考论》)。

至于范传正所作的李白墓碑,题中提及"唐左拾遗、翰林学士";裴敬所作墓碑,也说是"翰林学士",等等,这些也是不足为据的。裴敬所作墓碑中还述及李白曾在太原解救郭子仪,后郭子仪又回报救李白,都为明显讹传,渲染得更多,而离事实也越远。即如他之受谗被迫离开长安,种种说法,也都须重新考虑,据可靠材料加以论证,如高力士为之脱靴、进谗言于杨贵妃,等等,皆为后来传说之辞。杨玉环于天宝头三年,还只是以女道士身份在宫中,虽已受到唐明皇的宠爱,陪从到温泉等处游乐,但不可能如宋朝乐史在《杨太真外传》中所述,高力士在此时已当面称杨氏为"妃"。据陈寅恪《元白诗笺证稿》第一章《长恨歌》所考,杨玉环先于开元二十三年十二月被册为玄宗子寿王之妃,后玄宗宠爱之武惠妃于开元二十五年卒,后宫无有当其意者,遂听从高力士之意,于开元二十八年十月将杨氏召入宫中。但为掩人耳目,于此时先将其度

唐翰林学士传论

为女道士，至天宝四载八月，才册为贵妃，公开身份。

又如魏颢《李翰林集序》说李白是因为受张垍之谗才被迫出走的，现在的研究者据张垍这时也正好为翰林学士，以证实李白为"同列所谗"。这似乎已成为定论，实则尚可探究。据韦执谊《翰林院故事》，张垍于开元二十六年自太常少卿入为翰林学士，是学士院建立后与刘光谦同为第一批学士。但丁居晦《重修翰林学士壁记》则记张垍为由太常卿入充。新旧《唐书》本传都未记张垍何时任翰林学士。据《旧唐书》卷九《玄宗纪》，天宝十三载三月，张垍因涉安禄山事，与其兄均、弟埱都被贬出，这时他任为太常卿。同一年，张垍又被召回，复为太常卿。则他任太常卿，时间较晚。又《通鉴》卷二一五，天宝四载五月，垍方为兵部侍郎。就官阶而言，兵部侍郎为正四品下，太常少卿为正四品上，太常卿为正三品。按正常而言，则张垍任太常少卿、太常卿当在天宝四载任兵部侍郎以后，而他由太常少卿、太常卿入为翰林学士，也就不可能在天宝四载以前。岑仲勉先生《翰林学士壁记注补》也曾考证刘光谦以起居舍人充翰林学士当在天宝五载以后，决非开元二十六年首批入院的。据此，则李白于天宝头几年在翰林院时，张垍还未为翰林学士，他就不可能因"同列"而妒忌李白。

总之，关于李白与翰林供奉，还是应从史料清理入手，对过去的各种说法作细致、求实的考析，切不要囿于成说，以免由误传误。谨以此向当代李白研究者求教，并祈赐正。

2000 年 4 月

（原载《文学评论》2000 年第 5 期，2000 年 9 月）

注释

〔1〕刊载于《文学遗产》2000 年第 4 期。

〔2〕见朱金城《李白集校注》卷二六，1518页，上海古籍出版社，1980年。

〔3〕按：以上三书均由南宋洪遵编入《翰苑群书》。

〔4〕岑仲勉《翰林学士壁记注补》，原刊于《历史语言研究所集刊》第十五本，1948年；后又附载于上海古籍出版社1984年出版的《郎官石柱题名新考订》之后。

〔5〕《石林燕语》卷七，中华书局点校本，1984年。

〔6〕按：此诗，宋本《李翰林集》卷八、清编《全唐诗》卷一六八、朱金城《李白集校注》卷九，均题作《驾去温泉后赠杨山人》，此从徐俊《敦煌诗集残卷辑考》（中华书局，2000年6月），题为《从驾温泉宫醉后赠杨山人》。

〔7〕〔10〕朱金城《白居易集笺校》卷五、卷五一，上海古籍出版社，1988年。

〔8〕《和乐天初授户曹喜而言志》，《元稹集》卷六，中华书局，1982年。

〔9〕《山右石刻丛编》，见严耕望《石刻史料丛书》甲编，台北，艺文印书馆。

唐翰林学士传论

从白居易研究中的
一个误点谈起

一

　　唐代文学研究，近二十年来确实有很大的进展。前两年，董乃斌、赵昌平、陈尚君三位学者，曾就史料、视角和方法等几个方面，总结性地谈到20世纪唐代文学研究的进程，一致认为，唐代文学最好的研究成果，还是出在最近二十年。[1]这当也为学界之共识。

　　但任何一门学科，或具体一个学术领域，有时总也会出现某些不足之处。我们对学科建设，最好能保持清醒的认识，不要盲目乐观。我个人认为，目前唐代文学研究，从大的范围来说，似还有两方面的问题：一是进展不平衡，有些课题现在还很少有人涉及，成果极少，有些则无论观点表达还是材料运用，多有重复；二是经常出现事实陈述的错误。特别是对一些大作家，如李白、杜甫、王维、白居易、韩愈、李商隐等，每年至少有好几十篇文章，好几种专著。而有些论著为了显示特色，就硬造出一些新见，实际上却常常出现事实性、常识性的

从白居易研究中的一个误点谈起

失误。

现在我想举近些年来关于白居易研究中的一个事例，就我们现在治学如何加强基础知识的修养，谈谈自己的一些看法。

二

《文学遗产》1994年第6期曾刊有一文，题为《论白居易思想转变在卸拾遗任之际》（作者王谦泰）。此文发表后，曾受到学界的注意和重视，《唐代文学研究年鉴》1995、1996年合辑[2]中《元白研究概况综述》特为之介绍，说："建国以来的文学史著作与诸多的白居易研究著述大都认为，白居易的思想与创作大致可分为前后两个阶段，前期积极进取，后期消极独善，而其左迁江州之际则为这种转变的分界线。"王文就此提出了不同意见，认为"'左迁江州'说的'划界法不符合实际'，应为'元和五年卸拾遗任之时'"。后《唐代文学研究》第7辑又有一文：《白居易的历史使命感与家族责任感》[3]（作者严杰），文中认为："元和三年（808年）任左拾遗，对于白居易来说是积极参政的好时机"，由此也同意这样的论断："左拾遗任满，是白居易思想转变的关键时期。"后来有些文学史论著也同意并转述这一说法。

应当说，王谦泰、严杰两位学者的文章，是有值得肯定之处的，特别指出过去的不少论著把白居易思想与创作的转变只限定在左迁江州之际，未免简单化。这样说有助于对白居易思想变化与创作进展的深入思考。但王谦泰先生的正面论述，却大可商榷。

为便于论析，这里先把王文的论点大致转述于下，即：元和三年白居易任左拾遗，这是一个近职，有机会直接对皇帝讲话。白居易在三年谏官任中，对于自以为朝廷处置失当应该匡

唐翰林学士传论

正的各种大事，几乎无一例外地提出过意见和建议。与此同时，他写了大量激烈干预社会现实的诗。这样就引起执政者的不满，白居易也无奈，请授京兆府判司。这样，就任京兆府户曹参军，就离开近臣行列，丢掉了直接参预朝政的权利。接着文章就明确下了这样的结论："从开始做官到衔拾遗任，是向上的，进取的；一任拾遗，触怒皇帝，得罪了权贵，受到疏远，意识到壮志终于难酬的时候，退步抽身思想便取而代之，成为他仕宦思想的主流。贬江州后每况愈下。"文章最后又说："他的理想撞碎之日，就是拾遗秩满重新处置之时。"

　　表面看来，这样的论述，从逻辑上是说得通的，但这里著者却回避或疏忽了一个基本事实，即白居易在那几年主要是任翰林学士之职，并不存在拾遗卸任不卸任的问题；文中没有准确理解与正确解释左拾遗与翰林学士的关系，因此出现了不应有的常识上的失误。

　　按：白居易于德宗贞元十六年（800）春进士及第，年二十九，但并未入仕。贞元十九年（803），他与元稹等参加吏部书判拔萃科考试，通过后任秘书省校书郎（元稹也任同职）。这样一直过了三年，于宪宗元和元年（806）春，就与元稹同罢校书郎，闭户累月，准备"才识兼茂明于体用"科的制举试，同年四月通过后，他担任盩厔县尉（盩厔在长安西郊，时为京畿县）。就在这年十二月，白居易与友人陈鸿等同游县里的仙游寺，作有《长恨歌》，出了名。元和二年（807）十一月四日，自盩厔尉入京应试，召入为翰林学士。这年他三十六岁。元和三年（808）四月二十八日，仍任翰林学士，而由盩厔尉改为左拾遗。元和五年（810）五月，因秩满，白居易自请，由左拾遗改为京兆府户曹参军，同时仍任翰林学士之职。元和六年（811年）四月，因其母卒，白居易丁忧，就出院，同时也罢去京兆府户曹参军。自元和六年至九年（814），他就

从白居易研究中的一个误点谈起

退居于京郊渭南下邽村。元和九年冬，因丁忧期满，又出任为太子左赞善大夫。元和十年（815）六月，宰相武元衡上朝时为方镇所遣之刺客杀害，白居易第一个上疏请捕刺客，却蒙越职言事之罪，出贬为江州司马，时年四十四岁。这是白居易前半生的大概仕历情况。[4]

读者可以看到，自元和二年十一月至六年四月，白居易一直是在翰林学士院，而在翰林学士任期内，先是带着盩厔尉原官衔，后改为左拾遗，后又改为京兆府户曹参军。这里就有个问题，这几个官，即盩厔县尉、左拾遗、京兆府户曹参军，与翰林学士是什么关系呢？很可惜，现在搞文学研究的人，很多对此是不大清楚的，这就造成论述中的种种疏误。

按：翰林学士建立于唐玄宗开元年间，它是唐朝中期后知识分子参预政治的最高层次，对文士生活、思想及文学创作，都有较大影响。在盛唐时设置的这一颇有文采声誉的职务，一直延续到清朝末世，也就是20世纪初。宋朝开始，翰林学士的职责逐渐与政治疏远，明清时则更与朝政无关，但其名望却一直是很高的。明代时，"非进士不入翰林，非翰林不入内阁"（《明史·选举志》）；在清代，殿试后只有一甲中式前三名，才能进入翰林院修撰、编修，"翰林官七品，甚卑，然为天子文学侍从，故仪制同于大臣"（朱克敬《暝庵二识》卷二《翰林仪品记》）。从唐代开始，这一延续一千二三百年的历史现象，与科举制一样，是中国古代士人文化的重要组成部分，很值得探讨。但可惜长期以来，我们从文学或文化的角度对此进行研究，还很不够，导致与翰林学士有关的文人生活和创作，不少学者还很陌生。

杜甫于天宝时曾有一诗送当时的翰林学士张垍，称誉为"天上张公子，宫中汉客星"（《赠翰林张四学士垍》）[5]。德宗贞元二十年（804），王涯由长安郊区蓝田县尉入为翰林学士，

唐翰林学士传论

这时刘禹锡在京任监察御史,其官品(正八品上)要比王涯高好几阶(蓝田县尉为正九品下),但他在京城的路上见到王涯,就特地写了一首诗《逢王十二学士入翰林因以诗赠》,称誉为"厩马翩翩禁外逢,星槎上汉杳难从"。刘禹锡后于文宗大和二年(828),在华州作有一诗,称曾为翰林学士的钱徽、李绛、崔群等为"天上草诏人"[6]。杜甫和刘禹锡都把翰林学士赞颂为天上人。韩愈于贞元二十一年(805)秋,刚由阳山贬所北上至衡阳,在赴江陵途中,就马上写一长诗给当时在长安的王涯、李建、李程三位学士,希望他们为他的不幸遭遇求情。之所以如此,因为他认为这三位是"高议参造化,清文焕皇猷;协心辅参圣,致理如毛辖"[7]。这就是说,这三位是皇帝身边的人,能够辅佐参议,使新登位的君主有一番新政。

事情还不止如此,在唐代,也有并非翰林学士而仍称之为学士的。如李白于天宝初召入长安为翰林供奉,并非翰林学士,但范传正于宪宗元和十二年(817),裴敬于武宗会昌三年(843),先后作有李白墓碑碑文,都公然称之为"翰林学士李公"。又如柳宗元于元和四年(809)在永州贬所,曾有信写给京中的两位友人,一是李建,一是萧俛。李建于贞元末至元和初曾任翰林学士,此时则已出院任殿中侍御史;萧俛于元和六年(811)才入为翰林学士,此时则为右拾遗。也就是,一个是已不任学士,一个是尚未任学士,可是唐宋人所编的柳宗元文集,都把这两封书信题为《与李翰林建书》《与萧翰林俛书》[8]。可见当时人的心理,总是想把文人尽可能往翰林学士的称号攀附的。

这种情况,是与唐代翰林学士的职责有关的。唐前期中枢机构实行三省制,各有所分工,即中书省掌握出令权,门下省掌握覆勘权,尚书省则掌握政务执行权,共同组成最高政权机构。中书省属下的官员中书舍人,即根据皇帝的命令起草重要

从白居易研究中的一个误点谈起

政令(即"诏诰"),是很重要的职务,从太宗朝起,就选取有文名才气的朝臣担任此职。据中唐时韦执谊所撰的《翰林院故事》,唐玄宗即位后,鉴于政令繁多,中书舍人忙不过来,就在宫中设置近臣,"以通密命",建立翰林院,选择朝官中有词艺学识者,"入居翰林,供奉别旨",并与集贤院学士分掌制诰书敕。当时一些有文采的大臣,如张说、张九龄,以及吕向、尹愔等,都担任过这种职务。不过当时还称为翰林供奉或待诏翰林。至开元二十六年(738),玄宗又有新的措施。据李肇《翰林志》、韦执谊《翰林院故事》及《新唐书·百官志》,开元二十六年,于翰林院之外另建学士院,设立翰林学士,"专掌内命",意谓从这一年开始,原来的一部分翰林供奉选入为学士,专门为皇帝起草文告,而"集贤所掌于是罢息",即集贤学士不再掌制诰,主要管"刊缉古今之经籍"(《旧唐书·职官志》二)。至于另一部分翰林供奉,则仍留在翰林院内,"但假其名,而无所职"。

翰林学士地位之重要,主要在于与中书舍人分工。中唐时,特别是宪宗元和初即明确规定,凡朝中的重要命令,如"赦书、德音、立后(即封皇后)、建储(即立太子)、大诛讨、拜免三公将相",都由翰林学士起草,"余则中书舍人主之,其翰林学士、中书舍人分为两制"[9]。也就是说,起草政令的层次明显分开,原来中书舍人的一部分重要职务为翰林学士分去。而且,学士院与中书省的地理环境也不同。中书省虽也是中枢机构,但总是在外廷,即宫城以外;而学士院则在宫城以内,且与皇帝所居之地甚近,"在银台门内,麟德殿西,重廊之后"[10]。根据近二十年来的考古研究,所谓银台门即在大明宫西侧,学士院可有一小门与大明宫内部相通。翰林学士值班即在皇帝居地附近,皇帝可以经常召学士至宫中商议时事,有时还可亲自去学士院探问。如德宗时,"乘舆每幸学士院,顾

唐翰林学士传论

问赐赉无所不至"[11]。德宗时一位学士韦绶,夜间在学士院值班,已就寝,德宗却带着妃子韦氏去看他,见他已睡,且冬天甚寒,就特地命韦妃把所带之蜀袍覆盖他身上,"其待遇若此"[12]。

德宗时另一翰林学士顾少连于贞元十九年(803)卒,其友人杜黄裳曾为其作一神道碑,碑文中称其任翰林学士时,为"赞丝纶之密命,参帷幄之谋猷"[13]。这可以说是对翰林学士职能的极为确切的概括。前一句是说起草重要政令,起草前还可参与商议;后一句是说充当皇帝的参谋顾问,能对一些重大政事提出商榷意见,也就是杜牧所说的:"岂唯独以文学,止于代言,亦乃密参机要,得执所见。"[14]与白居易同时,一起在学士院供职的钱徽,因得到宪宗的信任,宪宗曾单独召见他议事,钱徽则"从容言他学士皆高造,宜预闻机密,广参决",得到宪宗的认可。[15]

以上关于翰林学士的建置及职能,对于我们进一步了解白居易的政治表现及诗歌创作是有用的。这里还有一个常为人忽视的问题,且直接涉及所谓白居易卸拾遗任一事,即翰林学士本身是否即是官位,它在任期内如何迁转?

最早来说明这一问题的还是与白居易同时的李肇,他于宪宗元和后期也曾作过翰林学士。他根据亲身见闻,写有《翰林志》,是唐代最为全面记述翰林学士的专书。他在书中说:"凡学士无定员,皆以他官充。下自校书郎,上及诸曹尚书,皆为之。"这就是说,翰林学士都是由别的官员充任的,上自尚书各部侍郎(官阶为正四品下),下至校书郎(正九品下),不管品阶差得多远,都可入任。这是唐代的特殊现象,因此引起宋人的注意,宋叶梦得特别提出:"如翰林学士、侍读学士、侍讲学士、侍书学士,乃是职事之名耳"(《石林燕语》卷五)。这里明确提出翰林学士只是一种差遣之职,并非官名。因此清

从白居易研究中的一个误点谈起

代学者钱大昕在《廿二史考异》中有几处就说及:"学士无品秩,但以它官充选","学士亦差遣,非正官也"(卷四四);"亦系差遣,无品秩,故常假以他官,有官则有品。官有迁转,而供职如故也"(卷五八)。

官与职的区别,我们还可以举白居易自己所写的一篇文章来作佐证。白居易友人李建,于贞元末、元和初曾为翰林学士(前已述及),他于穆宗长庆元年(821)卒,白居易特为其作一碑文:《有唐善人碑》[16]。碑中概述李建的仕历,把官、职、阶、勋、爵分得很清楚:

> 公官历校书郎、左拾遗、詹府司直、殿中侍御史、比部兵部吏部员外郎、兵部吏部郎中、京兆少尹、澧州刺史、太常少卿、礼部刑部侍郎、工部尚书;职历容州招讨判官、翰林学士、鄜州防御副使、转运判官、知制诰、吏部选事;阶中大夫;勋上柱国;爵陇西县开国男。

这是当时人叙当时事,应当说是可信的。由此可见,如校书郎、左拾遗等是官,翰林学士、知制诰等是职。而凡翰林学士,都须带有官衔。如代宗时翰林学士于益,据清王昶所编《金石萃编》卷九三著录的《大唐故左武卫大将军赠太子宾客白公神道碑铭并序》,于益撰,所署为:"朝议郎、行尚书礼部员外郎、翰林学士、赐绯鱼袋。"宋叶梦得《石林燕语》卷四,说唐代翰林学士,其结衔"或在官上,或在官下,无定制"。他据其家中所藏唐碑,引录两个例子,一是大和中《李藏用碑》,撰者为"中散大夫、守尚书户部侍郎、知制诰、翰林学士王源中";一为大中中《王巨镛碑》,撰者为"翰林学士、中散大夫、守中书舍人刘瑑"。就是说,不管任翰林学士在先在后,是一定要带官衔的。这是因为,翰林学士本身是一种职

唐翰林学士传论

务,他必须带有其他正式的官职名称,这样才有一定的品位,有一定的薪俸。而同时,不管所带的是什么官衔,他仍在内廷供职,承担翰林学士的职能,并不去做所带官衔的职务。

翰林学士在任期内,按照规定,经考核,官位是有迁转的,但进度有快有慢。德宗朝时,表面上看起来宰相的任期很短,翰林学士相对来说较为稳定,因此在贞元末有人把翰林学士称为"内相"。事实上德宗朝的翰林学士,其官位升迁是很慢的。李肇《翰林志》说,有些甚至十三考(年)也未有升迁的。像卫次公,于贞元八年(792)以左补阙入院,直至贞元二十一年顺宗即位后才加以司勋员外郎,有十四年。同时的郑絪也是如此。宪宗即位,元和时期情况有所改进。如与白居易同时的几位翰林学士,李绛于元和二年四月自监察御史(正八品上)入,四年四月加为司勋员外郎(从六品上),五年五月进为司勋郎中(从五品上),不久又升为中书舍人(正五品上)。又如崔群,元和二年十一月自左补阙(从七品上)入,三年四月加库部员外郎(从六品上),五年五月,加库部郎中(从五品上),七年四月迁中书舍人(正五品上)。但不管他们所带是何种官衔,都仍在学士院内,即仍在宫中供职,并不因任监察御史、左补阙、尚书诸曹,以及中书舍人,就改至外廷做事。

从这一大环境,我们就可准确地了解白居易在任期内迁转的实况。元和元年(806年)四月,他任盩厔县尉。元和二年(807年)十一月五日召入为翰林学士,仍带盩厔县尉。盩厔为京畿,其县尉为正九品下,是相当低的。不到半年,元和三年(808)四月,迁为左拾遗(从八品上),升了两阶。尽管在入院初几个月中他所带的官衔是盩厔县尉,但并不去盩厔县任职,以后为左拾遗,也是如此。拾遗、补阙,都属于门下省。据《旧唐书·职官志》二"门下省",其所属之官"补阙、拾遗,掌供奉讽谏……凡发令举事,有不便于时,不合于道,大则廷议,小则上封"。就是说,补阙、拾遗,都是谏官,可以向上讽谏,但他们都处于外廷,不可能亲自向皇帝进言,只能书面上奏;所谓廷议,也是在朝廷群臣场合议事。王谦泰先生的文中说白居易"元和三年被拜为左拾遗,这是一个近职,有机会直接对皇帝讲话",这是不合左拾遗官制的。白居易有《初授拾遗献书》,是元和三年五月八日上奏的,说"臣伏奉前月二十八日恩制,除授臣左拾遗,依前充翰林学士者",因此又谓:"臣又职在中禁,不同外司。"[17]这就明显表示,他虽官为左拾遗,但并不到外面的门下省去值班,其本职还在"中禁"的学士院。直至元和五年(810)五月,自左拾遗改为京兆府户曹参军,他在《谢官状》中仍说:"臣叨居近职,已涉四年。"[18]还是说这四年是"居近职",并非在外廷。

元和五年五月,白居易由左拾遗改为京兆府户曹参军,这在王谦泰的文章中,说是白居易仕历中由近疏远的关键。文中认为,白居易在任拾遗时,触怒了皇帝,又受到腐朽势力的痛恨,"不愿拔擢重用他",这样使白居易"就任户曹参军,离开近臣行列,丢掉了直接参预朝政的权利"。这是完全违背事实的。

丁居晦《重修承旨学士壁记》中记载:"五年五月五日,改京兆府户曹参军,依前充。"所谓"依前充",就是依旧任翰林学士,这样直到六年(811)四月,因母丧丁忧,才外出。从五年五月至六年四月,还有近一年的时间,仍在学士院,并没有离开近臣行列。

至于由左拾遗改为京兆府户曹参军,据《旧唐书》本传,是白居易自己请求的:"居易奏曰:'臣闻姜公辅为内职,求为京府判司,为奉亲也。臣有老母,家贫养薄,乞如公辅例。'"按:姜公辅于德宗建中元年(780)自左拾遗入为翰林学士。

唐翰林学士传论

《旧唐书》卷一三八《姜公辅传》记云："岁满当改官，公辅上书自陈，以母老家贫，以府掾俸给稍优，乃求兼京兆尹户曹参军，特承恩顾。"对此，钱大昕《廿二史考异》卷六〇曾有解释，说："盖拾遗虽为两省供奉官，秩止从八品，京府参军秩正七品，俸给较厚。"姜公辅的请求完全是从实利出发的，当时德宗皇帝很看重他，特为批准，并仍留在学士院内，而且不久又擢升他为宰相。可见姜公辅并非因改为京兆府户曹参军，不再任左拾遗，而受到德宗的疏远。现在白居易援姜公辅的先例，也得到宪宗皇帝的允准，因此他特地写了《初除户曹喜而言志》一诗[19]，说："诏授户曹掾，捧诏感君恩，感恩非为己，禄养及吾亲。"因为这样一来，"俸钱四五万，月可奉晨昏；廪禄二百石，岁可盈仓囷"。因此，友人来贺喜的也多："喧喧车马来，贺客满我门。不以我为贪，知我家内贫。置酒延贺客，客容亦欢欣。"白居易这样写，应当是如实的。这时，元稹贬官在江陵，闻讯后也特地写了一首《和乐天初授户曹喜而言志》诗，说："君求户曹掾，贵以禄奉亲。闻君得所请，感我欲霑巾"并自称"我实知君者，千里能具陈"[20]。元、白为知己之交，元稹因此而高兴得流泪，并没有因所谓离左拾遗之近职而表示忧愤，这应当说都是实情。

事实上，如前论翰林学士职能所述，白居易这时虽改为京兆府户曹参军，但仍像姜公辅那样，依然在学士院任职，并不外出至京兆府做事。而且在五月以后，他还照常向皇帝言政事，如《请罢兵第三状》，即元和五年六月十五日进，痛斥宦官吐突承璀向河北诸道进兵，时间已长，"竟未立功"，根据当前情况，"陛下犹未罢兵，不知更有何所待"？言辞是相当耿直的。元和六年初，又有《论严绶状》，认为江陵节度使赵宗儒"众称清介有恒"，而严绶则"众称怯懦无耻"，现在却要使严绶去接赵任，正是"大乖人情，深损朝政"[21]。这样说，确是

从白居易研究中的一个误点谈起

无所畏惧的。《资治通鉴》卷二三八于元和五年六月曾记:"白居易尝因论事,言'陛下错',上色庄而罢,密召承旨李绛,谓'白居易小臣不逊,须令出院'。绛曰:'陛下容纳直言,故群臣敢竭诚无隐。居易言虽少思,志在纳忠。陛下今日罪之,臣恐天下各思箝口,非所以广聪明,昭圣德也。'上悦,待居易如初。"这些都说明,白居易在元和五年五月由左拾遗改为京兆府户曹参军以后,仍然同以前一样据直言事,并在内廷;宪宗有时虽不高兴,但因其他学士为之申述,仍待之如初。

应当说,翰林学士上书言事,是与所带官衔无关的,这是翰林学士本身的职能。如白居易《论(吐突)承璀职名状》云:"右,缘承璀职名,自昨日来,臣与李绛等已频论奏。"此为元和四年作。又《论元稹第三状》[22]云:"右,伏缘元稹左降事宜,昨李绛、崔群等再已奏闻。"元和五年作。这两年,李绛、崔群都同在学士院,一为司勋郎中,一为库部郎中,这两种官都属尚书省,并非如白居易那样为左拾遗,但照样经常向皇帝上书议政。由此可见,白居易自左拾遗改为京兆府户曹参军,并不是卸左拾遗之任,而是照样尽翰林学士之职。

20世纪40年代,朱自清先生曾为林庚先生《中国文学史》一书作序,序中曾提到"文学史的研究得有别的学科作根据,主要的是史学"。结合关于白居易卸左拾遗一事,重温朱先生之说,确为至言。

三

当然,作为一个文人,特别是像白居易那样深具历史传统而又富有现实思考的作家,处于翰林学士那样的政治环境,其心境是不会平板的。一方面他感到机遇难得,荣幸异常,一首作于元和四年的诗就以热情的词句歌颂当今的盛世:"元和运

唐翰林学士传论

启千年圣,同遇明时余最幸";"步登龙尾上虚空,立去天颜无咫尺";"身贱每惊随内宴,才微常愧草天书"。[23]即使以讽刺现实著称的"新乐府",也有谀颂之作,如《贺雨》,说元和三年冬至第二年春一直未有雨,大旱,皇帝下了自我检讨的"罪己诏",就马上见效,"诏下才七日,和气生冲融",下起了大雨,于是"乃知王者心,忧乐与众同"[24]。

但另一方面,假使只写这样的诗,白居易就不成其为文学史上的白居易了。他对当时的政事确实是相当投入的,他对宦官的专权,方镇的跋扈,地方官吏的向上纳贿,皇帝宫内的私下聚财,都敢于直言极谏。这些建议,宪宗有些采纳,有些拒绝,特别是牵涉宦官的事,他大多不听(宦官吐突承璀早年曾是宪宗在东宫时的随从,一直受到宠信)。元稹因得罪宦官,受到贬责,白居易极力上言,宪宗均未采纳,这对白居易刺激极大。元和四年,白居易还带左拾遗官衔时,接到元稹的诗,中有"不是花中偏爱菊,此花开尽更无花",就深有所感。这时他在学士院中值班,虽有皇帝所赐之酒,有宫中所栽之花,他还是感到十分孤独、寂寞:"赐酒盈杯谁共持,宫花满把独相思。相思只傍花边立,尽日吟君菊花诗。"[25]

有一情况很值得深思,即白居易写他在学士院中值班,其心情总是很落寞,甚至很凄凉的。如《答马侍御见赠》,中云:"谬入金门侍玉除,烦君问我意何如。蟠木讵堪明主用,笼禽徒与故人疏。"[26]有时他与另一学士钱徽同值夜班,冬夜深寒,相对饮酒,但还是"夜深草诏罢,霜月凄凛凛"[27]。有时单独一个人值班,更是"心绪万端","独宿相思",怀念远地的元稹:"三五夜中新月色,二千里外故人心","五声宫漏初明后,一点宵灯欲灭时"。[28]

韩愈的一位好友独孤郁,于元和五年四月入为翰林学士,后因其岳父权德舆作了宰相,他就避嫌,于同年九月主动要求

从白居易研究中的一个误点谈起

出院。这时白居易特地送他一诗:"碧落留云住,青冥放鹤还。银台向南路,从此到人间。"[29] 意思是说,你这次出去,等于鹤向天空放还,又如走向人间,自由生活。白居易在这几年中确已有摆脱拘束的心理。他在任职期间,有一人为他画像,他看了后,"静观神与骨,合是山中人"。这是因为,这几年来,"况多刚狷性,难与世同尘。不惟非贵相,但恐生祸因。宜当早罢走,收取云泉身"[30]。元和六年四月后,他因母丧丁忧,退居下邽乡村,回顾在翰林学士任期的情况:"中年忝班列,备见朝廷事。作客诚已难,为臣尤不易。况予方且介,举动多忤累。"这样,出院后,退居农村,远离政事,忽有一种悠然自如之感:"自从返田亩,顿觉无忧愧。"[31]

在这之后,特别是元和十年贬江州之后,更引起他对这五年翰林学士生活的反思,终于得出出人意料的结论。他认为,元和十年之贬,表面看来,是因为宰相武元衡被盗所杀,他第一个上疏要求追查凶手,被指责为越位,而实际上其祸根则在元和二年至六年的学士期间。他于贬江州后的第二年即元和十一年,在《与杨虞卿书》中,说他"始得罪于人也,窃自知矣"。这是因为"当其在近职时,自惟贱陋,非次宠擢",就积极上言,"不识时之至讳","直奏密启"。这样一来,"握兵于外者,以仆洁慎不受赂而憎;秉权于内者,以仆介独不附己而忌;其余附丽之者,恶仆独异,又信狺狺吠声,惟恐中伤之不获"。由此得出结论:"以此得罪,可不悲乎!"[32] 所谓"可不悲乎",就是中国古代文人积极参政,秉公直言,往往就成为政治斗争的牺牲品。

五年间的翰林学士生活,是白居易一生从政的最高层次,也是他诗歌创作的一个高峰;但同时又给他带来思想上、情绪上的最大冲击。在这之后他就逐渐疏远政治,趋向闲适。我们确可从唐代的翰林学士这一角度,来研究唐代士人的从政心理

唐翰林学士传论

及所遭致的不同境遇,拓启文学研究的一个新的视野。

(原载《文学评论》2002年第2期,2002年3月)

注释

〔1〕见《世纪之交的对话——古典文学研究的回顾与瞻望》,《文学遗产》编辑部编,上海古籍出版社,2000年。

〔2〕广西师范大学出版社,1998年。

〔3〕此文也见于《唐代文学研究年鉴》(1999)中《元白研究概况综述》,广西师范大学出版社,2000年5月。

〔4〕参见两《唐书》本传,及朱金城《白居易年谱简编》(见《白居易集笺校》附录,上海古籍出版社,1988年)。

〔5〕《钱注杜诗》卷九,上海古籍出版社,1979年。

〔6〕以上皆见《刘禹锡集笺证》卷二四,上海古籍出版社,1989年。

〔7〕《赴江陵途中寄赠……》,见《韩昌黎诗系年集释》卷三,上海古籍出版社,1984年。

〔8〕《柳宗元集》卷三〇,中华书局1979年点校本。

〔9〕见《册府元龟》卷五五〇《词臣部·总序》,及李肇《翰林志》。

〔10〕见韦执谊《翰林院故事》。

〔11〕见李肇《翰林志》。

〔12〕见《新唐书》卷一六九《韦绶传》。

〔13〕杜黄裳《东都留守顾公神道碑》,《全唐文》卷四七八。

〔14〕杜牧《庾道蔚守起居舍人李文儒守礼部员外郎充翰林学士等制》,《全唐文》卷七四八。

〔15〕见《新唐书》卷一七七《钱徽传》。

〔16〕见《白居易集笺校》卷四一。

〔17〕同上，卷五八。

〔18〕同上，卷五九。

〔19〕同上，卷五。

〔20〕见《元稹集》卷六，中华书局，1982年。

〔21〕以上二文均见《白居易集笺校》卷五九。

〔22〕以上二文同注〔21〕。

〔23〕《醉后走笔酬刘五主簿长句之赠兼简张大贾二十四先辈昆季》，同上，卷一二。

〔24〕同上，卷一。

〔25〕《禁中九日对菊花酒忆元九》，同上，卷一四。

〔26〕同上，卷一四。

〔27〕《冬夜与钱员外同直禁中》，同上，卷五。

〔28〕《八月十五日夜禁中独直对月忆元九》《禁中夜作书与元九》，同上，卷一四。

〔29〕《翰林中送独孤二十七起居罢职出院》，同上，卷一四。

〔30〕《自题写真》，同上，卷六。

〔31〕《适意二首》，同上，卷六。

〔32〕同上，卷四四。

唐翰林学士传论

唐翰林侍讲侍读学士考论

一

唐代翰林学士建置于玄宗开元二十六年（738），此后历肃宗、代宗、德宗、顺宗，历朝每年都有翰林学士在宫中任职，总计有四十一人。宪宗于永贞元年（805）八月即位，于原翰林学士中，"择年深德重者一人为承旨"[1]，"位在诸学士上"[2]。这是翰林学士机构设置的一大进展，使每年值班充职的学士有一个"院长"，更体现制度化。后宪宗于元和十五年（820）正月为宦官谋杀，其子李恒立，是为穆宗。穆宗即位初，于翰林学士又有新的设置。据晚唐时丁居晦《重修承旨学士壁记》[3]，韦处厚于元和十五年二月二十四日，自户部郎中、知制诰入翰林学士院，为侍讲学士；同日，路随自司勋员外郎、史馆修撰为侍读学士。侍讲、侍读学士，在中晚唐历时并不长，仅穆宗、敬宗、文宗及武宗初，约二十余年，且又被认为名次不高，作用不大，故凡研究唐翰林学士，对此并不重视。有的学者还认为丁居晦所记路随之为侍读学士，侍读乃侍讲之讹，侍读学士实无，[4]故并不予以重视，迄今也无专文对此加以论述。实则侍讲学士、侍读学士可以说是承上启下的一个设置，自北宋起，直至清朝，历代都有，且不断规范化，其在中晚唐时，也有其特殊作用，地位并不低。故今特撰此文，拟填补一定的空白。

据《宋会要辑稿·职官》六之五六，北宋太宗曾于"听政之暇，日阅经史，患顾问阙人，太平兴国八年（983）始用著作佐郎吕文仲为侍读"。[5]但此时仅称为侍读，正式建立翰林侍讲学士、侍读学士，乃在真宗咸平二年（999）。《宋史》卷六《真宗纪》一，咸平二年七月，"丙午，置翰林侍读学士，以兵部侍郎杨徽之等为之；置翰林侍讲学士，以国子祭酒邢昺为之"。关于此事，南宋初程俱所著《麟台故事》有具体的记述，其书卷三《选任》，有云："真宗咸平二年七月丙午，以兵部侍郎兼秘书监杨徽之、户部侍郎夏侯峤并守本官充翰林侍读学士，国子祭酒邢昺守本官充翰林侍讲学士，翰林侍读兵部员外郎吕文仲为工部郎中充翰林侍读学士"；并认为宋朝正式以翰林侍读、翰林侍讲加学士之名的，即自真宗时始，谓："帝聪明稽古，奉承先旨，首置此职，择耆儒旧学以充其选，班秩次翰林学士，禄赐如之。"[6]叶梦得《石林燕语》卷二也记此事，并谓其班秩虽"次翰林学士"，而"禄赐并与之同"。[7]《石林燕语》同卷并记，"（杨）徽之尝为东宫官，乃特置翰林侍读学士"。据《宋史》卷二九六《杨徽之传》，真宗未即位为太子时，曾以杨徽之为太子左庶子，后任东京开封府尹时，又召杨徽之与毕士安充开封府判官，故对其甚为信重，乃于咸平二年秋，"特置翰林侍读学士，命与夏侯峤、吕文仲并为之，赐宴秘阁，且褒以诗"。由此可见，北宋前期正式确定有翰林侍讲学士、翰林侍读学士，当承袭唐穆宗时之设置；也可佐证丁居晦记韦处厚为侍讲学士，又记路随为侍读学士，并不误，因如

唐翰林学士传论

无丁居晦所记,真宗时也不可能特设侍读学士,以与侍讲学士并立。且据宋叶梦得《石林燕语》卷一,"侍读仍班侍讲上",可见宋代对侍读学士是很重视的。据宋洪遵《翰苑群书》卷十《学士年表》所记北宋真宗、仁宗、英宗三朝,不断记有侍讲、侍读学士姓名,如仁宗天圣六年(1028)九月,冯元以龙图阁学士兼侍讲学士;庆历五年(1045),叶清臣与宋祁均为翰林侍读学士,宋祁并以翰林侍读学士兼龙图阁学士;至和二年(1055),吕溱在翰林侍读学士任,并出知徐州;嘉祐元年(1056),王洙并以翰林侍读学士兼侍讲学士。又洪遵《翰苑遗事》曾据宋敏求《退朝录》,也记有"蔡文忠以翰林兼侍读两学士"。

又据清鄂尔泰、张廷玉《词林典故》卷二,金、元二朝,都置有翰林侍讲、侍读学士。[8]至明初,则更进一步规范化。明黄佐《翰林记》卷一《官制因革》中载,明太祖洪武十四年(1381)五月,定侍读学士二人,侍讲学士二人;同卷《列衔》又记,翰林学士为正五品,侍读、侍讲学士为从五品。同卷更对侍读、侍讲二者职掌有明确的规定:"侍读学士之职,凡遇上习读经史,则侍左右,以备顾问,帅其属以从。侍讲学士之职,凡遇上讲究经史,亦如之。"则似一为陪读,一为陪讲。又据《词林典故》,清前期规定,设置翰林侍读、侍讲学士各三员,官品晋升为从四品。

从以上概略的介绍,可以得出两点:一、唐代中期设置翰林侍讲学士、侍读学士,历时虽不长,但影响深远。宋至清近九百年间,于翰林学士院中特设这两类学士,均为沿袭唐制;且明代明确定侍讲、侍读各二员,可能也参照唐代,唐代的侍讲学士,一般即不超过二人(参见丁居晦《重修承旨学士壁记》)。二、自宋至清,侍读学士,都与侍讲学士并立不缺,而且北宋时侍读学士的班秩还在侍讲学士之上(见前所引《石林燕语》卷一)。由此更可进一步佐证,唐穆宗时路随被授为侍读学士,是确实的。

翰林学士院虽早建于玄宗开元二十六年(738),但前期入院的学士,其姓名、官衔,并无明确的记录。韦执谊于德宗贞元二年(786)任翰林学士时,已注意于此,因此"收遗补亡",补记开元后的学士姓名及官衔迁转,并希望"庶后至者,编继有伦"[10]。自此以后,即有将入院者姓名题记于院内壁上。唐元和时翰林学士李肇于所著《翰林志》中,记学士院,北五厅间,东一间是承旨阁子,并学士杂处之,题记名氏于壁者,自吕向始,建中已后,"年月迁换,乃为周悉"。元稹于长庆元年(821)八月作《承旨学士院记》,也说他将郑絪开始的承旨学士姓名及迁转官衔,"书于座隅",即承旨厅内的壁上。这当是自德宗贞元以后翰林学士院一个好的风尚。因此丁居晦于文宗开成二年(837)五月作《重修承旨学士壁记》,就自称"学士姓名,此本据院中壁上写"。由此可证,路随所授的侍读学士,当是从当时壁上所书札录,并不讹,也因此成为北宋真宗设置翰林侍读学士的依据。

二

上一节主要是论述自宋开始,历金、元、明、清,都设有翰林侍讲学士、侍读学士,说明中唐时期于翰林学士院中设置侍讲、侍读学士对后世确实是有影响的。这里拟再补述穆宗时之设置这两类学士,还受本朝的启示,即玄宗开元前期建立集贤院所定的职能与建构。

玄宗于即位后,就很关心经史典籍的阅读与整理,而且为此特设侍读。《旧唐书》卷八《玄宗纪》下,开元三年(715),"冬十月甲寅,制曰:'朕听政之暇,常览史籍,事关理道,实所留心,中有阙疑,时须质问。宜选耆儒博学一人,每日入内侍读。'以光禄卿马怀素为左散骑常侍,与右散骑常侍褚无量并充侍读"。《唐会要》卷三五《经籍》又记:"开元三年,右散骑常侍褚无量、马怀素侍宴,言及内库及秘书坟籍。上曰:'内库书皆是太宗、高宗前代旧书,整比日,常令宫人主掌,所有残缺,未能补辑,篇卷错乱,检阅甚难,卿试为朕整比之。'"[11]由此可见,侍读之名在玄宗开元时确立,其职掌,一是备帝王研读典籍时顾问,二是整理宫内藏书。

　　此后,就正式召选学术之士入于乾元殿,"编校群书"[12]。开元六年(718)冬,乾元院更名丽正院,继续编修书籍。开元九年春,撰成《群书四部录》二百卷。[13]开元十年九月,当时任宰相的张说任为都知丽正殿修书使。十三年,玄宗为封禅泰山,张说受命撰制封禅仪注,就是在丽正书院内召集学士进行的。稍后于此年四月,即改丽正院之名,正式建立集贤院,以张说知院事。据《唐会要》卷六四,集贤院内除学士(五品以上充)、直学士(六品以下充)外,还特设侍讲学士,当时侍讲学士有国子博士康子元、监察御史虞业、四门博士敬会直、右补阙冯骛。据《玉海》卷二六引《集贤记注》,开元十九年三月,康子元还与其他学士陈希烈等"于三殿侍讲。先是,讲《周易》毕,康子元等各蒙锡赉"。由此可见,当时集贤院侍讲学士是以讲儒家经典为主,且甚受皇上的重视。这里应注意的是,集贤院前身丽正书院,主要为整理宫廷图书,开元十三年张说以宰臣主持集贤院,其职责之政治、文化品位明显提高。撰成于开元二十六年的《唐六典》,卷九"中书省"附集贤殿书院,记其职掌为:"掌刊辑古今之经籍,以辨明邦国之大典,而备顾问应对。凡天下图书之遗逸,贤才之隐滞,则承旨而征求焉。其有筹策之可施于时,著述之可行于代者,较其才艺,考其学术,而申表之。"[14]可见集贤院在刊辑经籍时,还可借以"辨明邦国之大典",且可为朝廷推荐和考察人才。这正如张九龄在《集贤殿书院奉敕送学士张说上赐宴序》所说："是以集贤之庭，更为论思之室矣。"[15]这其实已含有翰林学士的部分职责，中晚唐时有些翰林学士也确有兼集贤院学士或直学士的。

穆宗于刚即位时，即设置翰林侍讲、侍读学士，固然有可能受玄宗时集贤院建置侍讲学士的启示，同时也与他对文士的重视有关。这一点过去常为人忽视。在史书记载中则有好几处提及他"盛陈倡优杂戏"，"游畋声色，赐与无节"，谏议大夫郑覃、崔郾等于元和十五年（820）十月上奏，称"陛下宴乐过多，畋游无度"（以上见《通鉴》卷二四一，又参见《旧唐书·穆宗纪》）。这当然也是穆宗的弱点，是他后几年"败度乱政"（《旧唐书·穆宗纪》末史臣评语）的原由。不过他接位的第一年，其重视、擢用文士，却值得注意。这里拟略作概述。

按：宪宗于元和十五年正月二十七日为宦官陈弘志谋杀，时太子李恒为另一宦官中尉梁守谦拥立，接帝位，即穆宗，时年二十六岁。值得一提的是，穆宗即位的第一天，乃先召见宪宗时留任的翰林学士段文昌、杜元颖、沈传师、李肇，以及他在东宫时为其侍读的薛放、丁公著（按：丁公著后于文宗时也被任为侍讲学士），也就是先与宫内六位文职官员聚谈，第二天才集合群臣。稍过数日，复又任翰林学士段文昌为宰相，这是他即位后直接提拔翰林学士为相的首例（以上见《通鉴》卷二四一，及《旧唐书·穆宗纪》）。同月（即闰正月），即穆宗登位后的第十天，在同一天，又新召入三位翰林学士，即当时已较有文名的李德裕、李绅、庾敬休（见丁居晦《重修承旨学士壁记》）。而后又仅隔一个月，二月十四日，韦处厚乃由户部郎中、知制诰入为侍讲学士，路随由司勋员外郎、史馆修撰入为侍读学士。再过一个月，又有一首创之例，即召著名书法家柳公权入翰林学士院，给予一个特名：侍书学士。这时柳公权正

唐翰林学士传论

在夏州幕府，为夏州观察判官。据《旧唐书》卷一六五《柳公权传》："穆宗即位，入奏事，帝召见，谓公权曰：'我于佛寺见卿笔迹，思之久矣。'即日拜右拾遗，充翰林侍书学士。"据丁居晦《重修承旨学士壁记》，此事在该年三月二十三日。清钱大昕《廿二史考异》卷六〇中载："翰林有侍书、书诏学士，惟见于公权传。"这也确是一个特例。这样，在这一年，在翰林学士院，学士共有九位，这是唐朝建置翰林学士后人数最多的一年。在翰林学士以外，同年五月，元稹由膳部员外郎迁升为祠部郎中、知制诰，即能在中书省起草官方文书，第二年又正式任为翰林学士，"在翰林时，穆宗前后索诗数百篇，命左右讽咏"[16]。又韩愈于元和末因上书谏奉佛骨被贬潮州，元和十五年正月自潮州量移袁州，九月，即又召韩愈入朝为国子祭酒。十二月，白居易则自司门员外郎擢迁为主客郎中、知制诰。[17]穆宗即位的头一年，能如此重视、提拔当时的著名文士官员，这很值得研索。

三

唐时翰林侍讲、侍读学士共十七人。因篇幅所限，本文不能对此十七人一一详考，这里拟先就首任韦处厚、路随稍加考述。

韦处厚，两《唐书》均有传，其生平又见刘禹锡所撰《唐故中书侍郎平章事韦公集纪》。[18]《旧唐书》卷一五九《韦处厚传》载："元和初，登进士第，应贤良方正，擢居异等，授秘书省校书郎。"清徐松《登科记考》卷一六即据《旧传》系于元和元年（806），同年登进士第者有李绅、高钅俞等。后李绅即与韦处厚同年入翰林学士院，高钅俞于长庆元年（821）十一月入为翰林学士。可见当时科举登第与翰林入选的关系。又据《登科记考》，本年制举登科者还有元稹、白居易、独孤郁等。[19]韦处厚于登第后任秘书省校书郎。《旧传》接云:"裴垍以宰相监修国史,奏以本官充直史馆,改咸阳县尉,并兼史职。修《德宗实录》五十卷,上之,时称信史。"按:据《新唐书》卷六二《宰相表》,裴垍于元和三年(808)九月至五年(810)十一月居相位,则韦处厚当于这一时期入史馆修史。又《旧唐书》卷一四《宪宗纪》,元和五年十月"庚辰,宰相裴垍进所撰《德宗实录》五十卷。……史官蒋武、韦处厚颁赐有差"。也正因此,据《旧传》,乃"转左补阙、礼部考功二员外"。

此后韦之仕历稍有波折。据《旧传》,他"早为宰相韦贯之所重",韦贯之于元和九年(814)十二月拜相,时宪宗专意于征讨淮西节镇吴元济,而韦贯之则主张罢兵,与宪宗意见不合,即于元和十一年八月被罢相,韦处厚也受连累而出为开州(今重庆开县)刺史。又据刘禹锡《韦公集纪》,他在开州三年,后因"其执友崔敦诗为相,征拜户部郎中,至阙下,旬岁间以本官知制诰"。崔敦诗为崔群,崔群于元和十二年七月拜相,韦处厚既在开州有三年,则当于元和十四年返回,升迁为户部郎中、知制诰,再过一年,即元和十五年二月,又召入为翰林侍讲学士。

比较起来,路随早年的仕历较为平稳。据《旧唐书》卷一五九本传,路随曾以明经及第。其父名泌,曾在河中节度使浑瑊幕府任判官。德宗贞元三年(787),泌随同浑瑊至平凉参预与吐蕃结盟,吐蕃背盟,与唐交战,路泌随即被劫。《旧唐书·路随传》记载:"元和五年,边吏以(路泌)讣至,随居丧,益以孝闻。服阕,擢拜左补阙。……俄迁起居郎,转司勋员外郎。自补阙至司勋员外郎,皆充史馆修撰。"时当在元和中后期。据丁居晦《重修承旨学士壁记》,路随即以司勋员外郎入为翰林侍读学士的,而此时,他的官衔虽为左补阙、起居郎、

唐翰林学士传论

司勋员外郎,而实际上却在史馆任职。由此可见,韦处厚与路随在入院前都曾在史馆修史,韦处厚参预修撰的《德宗实录》,还被誉为信史。

穆宗于元和十五年二月二十四日召韦处厚、路随为侍讲、侍读学士稍后十余日,三月壬子,即召他们二人于大明宫太液亭,"讲《毛诗·关雎》《尚书·洪范》等篇。既罢,并赐绯鱼袋"(《旧唐书·穆宗纪》)。可见穆宗对他们二人的信重。此后,韦、路二人,以为"既居纳诲之地,宜有以启导性灵,乃铨释经义雅言,以类相从,为二十卷,谓之《六经法言》,献之"(《旧唐书·韦处厚传》)。又据《旧唐书·路随传》,这部《六经法言》是"探三代皇王兴衰"之迹。《新唐书》卷五九《艺文志》三,即以此《六经法言》列于子部儒家类。

据《旧唐书·穆宗纪》,《六经法言》于长庆二年(822)四月撰成进上,同年闰十月,穆宗即又命这两位"兼充史馆修撰《宪宗实录》",且明确规定,应"更日入史馆","《实录》未成,且许不入内署"。这就是说,韦、路二人虽在翰林学士院,但专职却在于史馆修撰《宪宗实录》,并应"更日"(即隔日)至史馆,在修撰期间,更允许不必在学士院值班。这时,韦处厚已由户部郎中、知制诰迁为中书舍人,因此刘禹锡在《韦公集纪》中云:"内署故事与外廷不同,凡言翰林学士必草诏书,有侍讲者专备顾问,虽官为中书舍人,或他官知制诰,第用其班次耳,不窜言于训词。"刘禹锡此文作于开成二三年间(837—838),此时尚有侍讲学士二人(王起、高元裕),他当对此时情况较为了解,故能对翰林学士与翰林侍讲学士的职掌区别有明确的阐释。也正因此,路随后于大和二年(828)十二月拜相,文宗在其《路随平章事制》中对路随在穆宗时的业绩评誉为:"祗事穆宗,侍经内殿,敷尧、舜之大典,畅周、孔之遗风。雅言玉音,奥义冰释;润色王度,发挥圣聪。"[20]

即赞许其敷释儒家经典，以有益于朝政，是把侍讲、侍读作为"人师"来看待的。也正因此，长庆四年五月路随在职时迁为中书舍人，李虞仲所草拟的《授学士路随等中书舍人制》，就特称为："澄澄天倪，落落风韵。气含古道，行为人师。"[21]应当说，侍讲、侍读学士虽不起草重要诏令、禁密文书，但其"行为人师"的地位值得重视；《旧唐书·韦处厚传》即记穆宗"以其学有师法"，乃召入为侍讲学士。

不过韦处厚虽处于侍讲学士职位，仍能参预政事。据《旧传》，当时任户部侍郎的张平叔，"以征利中穆宗意，欲希大任，以榷盐旧法为弊年深，欲官自粜盐，可富国强兵，劝农积货，疏利害十八条"。韦处厚则"抗论不可"，"乃取其条目尤不可者，发十难以诘之"。《全唐文》卷七一五载有韦处厚《驳张平叔粜盐法议》，韩愈也有《论变盐法事宜状》，与韦处厚所议同。[22]据《通鉴》卷二四二，此时为长庆二年（822）四月，韦、路二人即已撰成《六经法言》，即将修撰《宪宗实录》。

以后，敬宗于长庆四年（824）正月即位。二月，将韦处厚由侍讲学士改为翰林学士，并加承旨之号，为当时翰林学士院之院长。韦处厚改任翰林学士后，更积极参预朝政。当时，好几位翰林学士如李绅、庞严、蒋防，因受宰相李逢吉的排挤，被贬外出，韦处厚极力为之辩诬。后文宗于开成二年（826）十二月接帝位，即位之初就擢任韦处厚为宰相，而由路随接替其为承旨（路随于长庆四年四月敬宗时也已由侍读学士改为翰林学士）。后韦处厚于大和二年（828）十二月卒，路随又接替其相位。由此可见，中唐时这两位首置的侍讲、侍读学士，仕途进展极引人注目，这在当时一般翰林学士中也是少见的。可见，唐代的侍讲、侍读学士，尤其是侍讲学士，其职掌固然与翰林学士有别，但其地位、声誉并不低。我们研究古代翰林学士，自唐至清，对此是不应忽视的。

唐翰林学士传论

　　这里还值得一提的是韦处厚的文学交往活动。如前所述，他于元和十一年（816）九月因受韦贯之罢相的牵累，外出为开州刺史。这时与韩愈、白居易多有交往的著名诗人张籍有诗寄他，题为《答开州韦使君寄车前子》，诗云："开州午日车前子，作药人皆道有神。惭愧使君怜病眼，三千余里寄闲人。"按：张籍于元和中曾长期患眼病，其所作《患眼》诗有"三年患眼今年校"[23]。由此可见，韦处厚特为此寄开州土产药车前子给时在京中的张籍，张籍即以诗答之。可见在这之前，他与张籍已有交往。更令人注意的是，他在开州作有《盛山十二诗》[24]，为五绝十二首，分题为《隐月岫》《流杯渠》《竹岩》《绣衣石榻》《宿云亭》《梅溪》《桃坞》《胡卢沼》《茶岭》《盘石磴》《琵琶台》《上士瓶泉》，颇有地方特色。他回京后，在任翰林侍讲学士时，曾将此诗转交京中友人，由此而和作者多人。韩愈于长庆二年（822）有《韦侍讲〈盛山十二诗〉序》[25]特别提及："于时应而和者凡十人。"文中具体提及的和者有："通州元司马为宰相，洋州许使君为京兆，忠州白使君为中书舍人，李使君为谏议大夫，黔府严中丞为秘书监，温司马为起居舍人，皆集阙下。"据此，则六人为：元稹（时任宰相）、许康佐（时任京兆尹）、白居易（时任中书舍人）、李景俭（时任谏议大夫）、严謩（时任秘书监）、温造（时任起居舍人）。据此六人仕历，则韩愈作此文当在长庆二年五月一日至六月五日间。[26]又韩愈文中说和者凡十人，其中具体提到的为此六人，实际上张籍也有和作，见《全唐诗》卷三八六。韩愈于文末特别提出："于是《盛山十二诗》与其和者，大行于时，联为大卷，家有之焉；慕而和者将日益多，则分为别卷。"这就是说，韦处厚此诗及和作，大行于时，几乎家家有之。《新唐书·艺文志》四，集部总集类，还著录有《盛山唱和诗》一卷，可见此集在北宋前期还传存。这应当是研究唐代翰林与文学一个很好的事例。又，韩愈于文题特标以"韦侍讲"，文中又称"侍讲六经禁中"，可见当时对侍讲学士是甚为看重的。

又，韦处厚卒后，李翱、白居易分别作有祭文，见《全唐文》卷六四〇、六八一。后刘禹锡特为其文集作纪（即前已提及的《唐故中书侍郎平章事韦公集纪》），也可见其在当时文学界的声望。

四

韦处厚、路随之后，敬宗时侍讲学士有三人：崔郾、高重、宋申锡；文宗时十一人：郑澣、许康佐、丁公著、郑覃、路群、高重、王起、高元裕、高少逸、李训、郑注；武宗时二人：郑朗、卢懿，总共十五人（内高重重见）。其中宋申锡、郑覃、王起、李训、郑朗五人，后曾被任为宰相。如加上前韦、路二人，则中晚唐时翰林侍讲、侍读学士共十七人，有七人曾入居相位，占近一半，这也值得注意。

崔郾与高重，是敬宗接帝位后最早被召入为翰林侍讲学士的，时为长庆四年（824）六月。据杜牧所作崔郾行状，[27]谓"敬宗皇帝始即位，旁求师臣"，经宰相牛僧孺推荐，乃入为翰林侍讲学士。可以注意的是，崔郾在职期间，宝历元年上半年，高承简罢郑滑节度使，当地人入朝，请朝中为高承简建树德政碑。据杜牧所作行状，当时宦官认为，按"翰林故事，职由掌诏学士"，即应由翰林学士撰文。而敬宗则命崔郾为之，认为高承简既有功绩，"吾以师臣之辞，且宠异也"。《全唐文》卷七二四即载有崔郾《高公德政碑》。杜牧所作行状，后又叙二事："居数月，魏博节度使史宪诚拜章为故帅田季安树神道碑，内官执请亦如前辞。上曰：'魏北燕赵，南控成皋，天下形胜地也。吾以师臣之辞，且慰安焉。'居数月，陈许节度使

唐翰林学士传论

王沛拜章乞为亡父树神道碑,内官坚请如前辞。上曰:'许昌天下精兵处也,俗忠风厚,沛能抚之,吾视如臂。吾以师臣之辞,而彰其忠孝焉。'是三者,皆御札命公,令刻其辞,恩礼亲重,无与为比。"这就是说,按翰林通例,这三篇文章应由翰林学士代笔撰写,而敬宗却连续三次称侍讲学士为"师臣",认为由崔郾以"师臣之辞"起笔,是对方镇的看重。这也可见侍讲学士在当时的声望。又,宋申锡于敬宗宝历二年(826)九月入为翰林侍讲学士,同年十二月改为翰林学士,于文宗大和元年(827)奉诏为义成军节度使李听作德政碑,称:"圣皇践位之明年,以大和记岁号。……军使宋守义列疏其事。……词臣奉诏,勒铭贞石。"[28]时为翰林学士的宋申锡,自称"词臣",以与崔郾之被称为"师臣"相比勘,值得作进一步研索。

郑澣与许康佐是文宗即位后最早召入为翰林侍讲学士的,时在大和元年四月。同年,翰林学士韦表微作《翰林学士院新楼记》[29],称大和元年"夏四月,中书郑舍人、驾部许郎中皆以鸿文硕学为侍讲学士,有诏赐宴,始觞于斯,中外之知者朝昏皆贺",此亦可见由翰林学士角度对侍讲学士的看重。又,《唐语林》卷二记文宗欲设置诗学士七十二员,李珏进言表示无此必要,其奏议中有云:"陛下昔者命王起、许康佐为侍讲,天下谓陛下好古宗儒,敦扬朴厚"。[30]《通鉴》卷二四六记此事在开成三年(838)。由此亦可见,当时任用侍讲学士,被人视为"好古宗儒"。

前已记述,中晚唐时侍讲、侍读学士共十七人,文宗时为十一人,所占比重最大。当时召入者,多称文宗为"好经义""尚古学""重儒术"。如郑覃,大和三年(829)九月自右散骑常侍入为侍讲学士,第二年(即大和四年)六月出守工部尚书,后于大和六年三月又以工部尚书入为侍讲学士。之所以第二次召入,乃如《旧唐书》卷一七三《郑覃传》所记:"文宗好经义，心颇思之。（大和）六年二月，复召为侍讲学士。"高元裕于开成三年（838）五月至本年八月为翰林侍讲学士，萧邺所作《高公神道碑》有云："文宗重儒术，尊奉讲席。公发挥教化之本，依经传纳，上倾心焉。"[31] 王起情况更为特殊。按：唐代文士入翰林学士院，所带之官衔，一般为尚书诸司郎中（从五品上）、员外郎（从六品上），以及七品上之殿中侍御史、左右补阙，以及从七品上之左右拾遗，也有低至正九品上之校书郎的。唐代召文臣入为翰林学士，未有官阶限制，不视官品高下，而且大多以中下等为主。这也是唐代翰林学士人员建构的特点，也可以说是唐代用人开放之优点。而王起，于文宗开成三年五月自工部尚书判太常卿入为侍讲学士。按：《旧唐书·职官志》一，工部尚书为正三品，与宰相称号的门下侍郎、中书侍郎为同等品阶，比翰林学士在职期间以升迁中书舍人（正五品上）为荣还要高好几阶。而且王起在开成三年以前，于穆宗长庆二年、三年（822、823）即以礼部侍郎连续两年知贡举。《旧唐书》卷一六四本传，称其"掌贡二年，得士尤精"。据徐松《登科记考》卷一九，这两年进士登第者，如白敏中、周墀、丁居晦、李训等，后都为翰林学士。以这样高品阶，且又典知过科举，而再入为翰林侍讲学士，不仅唐代，以后自宋至清都未曾再有过。文宗之所以召其入充侍讲学士，乃如《旧唐书·王起传》所云"文宗好文，尤尚古学"，"郑覃长于经义，（王）起长于博洽"，故"俱引翰林，讲论经史"。

也正因此，侍讲学士的著述与一般翰林学士有明显的不同。翰林学士在职期间，其职能主要是起草制诏，代拟批答。据《新唐书·艺文志》四著录，如常衮有《诏集》六十卷，段文昌有《诏诰》二十卷，郑畋有《凤池稿草》三十卷，封敖有《翰稿》八卷，李磎有《制集》八卷等。白居易文集，还特列有"翰林制诏"四卷。而侍讲学士，则大多有经史学术专著。

唐翰林学士传论

如前所述，穆宗时韦处厚、路随，合著有《六经法言》《宪宗实录》。又如敬宗时崔郾、高重，编撰有《诸经纂要》。据《旧唐书》卷一五五《崔郾传》："郾退与同列高重抄撮《六经》嘉言要道，区分事类，凡十卷，名曰《诸经纂要》，冀人主易于省览。"《旧唐书·敬宗纪》记此事在宝历元年（825）七月。《新唐书·艺文志》三，将此书列于子部儒家类。而高重又自作《春秋纂要》四十卷，《新唐书·艺文志》一，列于经部春秋类，并注云："帝好《左氏春秋》，命（高）重分诸国各为书。"

文宗时，侍讲学士郑澣有《经史要录》二十卷，《新唐书·艺文志》三，列于子部儒家类；郑并参预修撰《宪宗实录》（见《新唐书·艺文志》二，史部实录类）。许康佐，据《通鉴》卷二四五大和九年（835）四月，于《考异》中引《补国史》，谓许康佐曾进其所著《新注春秋列国经传》六十卷（又见《唐语林》卷六）。《新唐书》可能即因此将许康佐列入"儒学"列传（卷二〇〇）。又丁公著，《旧唐书》卷一八八本传，载其"著《礼志》十卷"；《新唐书·艺文志》一，经部礼类，也著录《礼志》十卷；《新唐书·艺文志》三，子部儒家类，还著录其《皇太子诸王训》十卷，则为宪宗元和时任太子及诸王侍读时所作（据《旧唐书》卷一八八本传），这也与丁公著后入为侍讲学士有关。至于王起，在为皇上讲解时，还应召著有文字训诂类的书《写宣》，即《旧唐书》卷一六四本传所记："（王）起侍讲时，或僻字疑事，令中使口宣，即以牓子对，故名曰《写宣》。"另郑覃于大和元年（827）入为侍讲学士时，即提出一项大计划，建议全面校订经书，并加以刊石。《旧唐书》卷一七三本传："覃长于经学，稽古守正，帝尤重之。覃从容奏曰：'经籍讹谬，博士相沿，难以改正。请召宿儒博士，校定六籍，准后汉故事，勒石于太学，永代作则，以正其阙。'从之。"后郑覃于大和九年为相，又兼判国子祭酒，更采取实际措施，起用起居郎周墀等，"校定九经文字，旋令上石"。《旧唐书》卷一七下《文宗纪》，开成二年十月，"癸卯，宰臣判国子祭酒郑覃进《石壁九经》一百六十卷"。这就是传于后世的著名"开成石经"。

应当说，翰林学士制诏之作，政治现实性较强，对认识和研究当时朝政和社会情况有直接的史料价值；从文学的角度，也可以由此探索文体的演变发展。而侍讲学士之作，就上面所举的例子来看，则专业学术性较强，对研究有唐一代经学、史学、子学等，也很有价值。唐代翰林侍讲学士在这方面的业绩，过去一向不被人注意，我们现在研究唐代以及整个古代翰林制度与职能，对此应有足够的重视和恰当的科学评析。这也是本人撰写此文的原由和企望。

至于当时侍讲学士与文士的交往，一般未有如上述韦处厚盛山唱和诗那样一种诗歌唱和之风，但交往还是有的。虽然这些交往不一定在侍讲学士任职期内，但对研究当时文风还颇可参考。如李德裕于文宗大和四年（830）冬，在赴西川节度使任途中，经汉州（今四川广汉市），有《汉州月夕游房太尉西湖》五律二首，郑澣即有和诗二首。这时郑澣已出院二年，任兵部侍郎，在京中。可见在此之前，他在任侍讲学士时已与李德裕有交往。又，刘禹锡也有和诗。[32] 刘禹锡另有《和郑相公以考功十弟山姜花俯赐篇咏》诗，作于文宗开成三年（838），时在洛阳。郑相公为郑覃。按：郑覃于大和二年六月自侍讲学士出院为礼部侍郎，于大和三年、四年连续两年知贡举，这也值得注意。郑覃后于大和九年十一月甘露事变后入居相位。考功十弟为郑朗，时为考功郎中，过两年，开成五年四月也入为侍讲学士。由此可见郑覃、郑朗曾先后任为侍讲学士，都与刘禹锡有诗作交流。[33] 许康佐则早期即与元稹有诗作酬和，元稹有《酬许五康佐》诗，自注"次用本韵"。元稹此诗作于元和

唐翰林学士传论

五年（810），时正被贬为江陵府士曹参军。[34]此当为许康佐以诗远慰，元稹即次韵相答。至于王起，则与文士交往更多，与白居易、张籍、元稹、刘禹锡、李德裕均相交甚深。会昌三年知贡举时，华州刺史周墀赋诗寄和，王起与此时登榜进士二十余人均作诗相和。这种唱和之风较韦处厚盛山十二诗，气象更盛，一时传为佳话。[35]

（原载《清华大学学报（哲学社会科学版）》2004年第5期）

注释

〔1〕《旧唐书》卷四三《职官志》二。

〔2〕唐元稹《承旨学士院记》，宋洪遵编于《翰苑群书》卷二，见傅璇琮编校《翰学三书》上册，辽宁教育出版社，2003年。

〔3〕唐丁居晦《重修承旨学士壁记》，洪遵《翰苑群书》编于卷六，见《翰学三书》上册。

〔4〕见岑仲勉《翰林学士壁记注补》，原载《历史语言研究所集刊》第十五本，1948年，今据岑仲勉《郎官石柱题名新考订》附载，上海古籍出版社，1984年，第271页。按：岑氏所据之一，为韦处厚《翰林学士记》（原编于洪遵《翰苑群书》，今亦收于《翰学三书》），中有云："处厚与司勋郎中路随职参侍讲。"岑氏因云韦处厚既与路随同时任职，可见路随即同为侍讲。按：此文又收于《文苑英华》卷七九七，此句"侍讲"则作"侍读"，不过下注云"一作讲"。洪遵为南宋时人，则北宋修《文苑英华》时，即作"侍读"。后《全唐文》卷七一五所载，亦作"侍读"。可见当时韦处厚所记，还是认为他与路随在院中，乃侍奉皇上稽读经籍。

〔5〕《宋会要辑稿》，清徐松辑，中华书局影印本，1957年。

〔6〕见张富祥《麟台故事校证》，中华书局，2000年。

〔7〕《石林燕语》，宋叶梦得撰，宇文绍奕考异，中华书局点校本，1984年。

〔8〕《词林典故》，也收编于《翰学三书》，见前注〔2〕。

〔9〕明黄佐《翰林记》也收编于《翰学三书》，见前注〔2〕。

〔10〕见韦执谊《翰林院故事》，文后署"贞元二年龙集景寅冬十月记"。见洪遵《翰苑群书》卷四。

〔11〕宋王溥《唐会要》，中华书局，1955年。

〔12〕见《资治通鉴》卷二一一开元五年十一月。又《玉海》卷五二引韦述《集贤记注》："（开元）六年三月五日，学士以下始入乾元院。"

〔13〕据《旧唐书·玄宗纪》上，《通鉴》卷二一二，《玉海》卷五二引《集贤记注》。

〔14〕《唐六典》，中华书局出版之陈仲夫点校本，1992年。

〔15〕唐张九龄《曲江集》卷一六，四部丛刊本；又见《文苑英华》卷一六八。

〔16〕见白居易所作《元公墓志铭》，朱金城《白居易集笺校》卷七十，上海古籍出版社，1988年。

〔17〕元稹、韩愈、白居易等事，参见《旧唐书·穆宗纪》《通鉴》，及拙编《唐五代文学编年史·中唐卷》，辽海出版社，1998年。

〔18〕见瞿蜕园《刘禹锡集笺证》卷一九，上海古籍出版社，1989年。

〔19〕清徐松《登科记考》，赵守俨点校本，中华书局，1984年。

〔20〕见《唐大诏令集》卷四八。

〔21〕见《文苑英华》卷三八四，中华书局影印本，1966

年。

〔22〕见马其昶《韩昌黎文集校注》卷八，上海古籍出版社，1986年。

〔23〕按：此二诗皆见《全唐诗》卷三八六。

〔24〕《盛山十二诗》，载《唐诗纪事》卷三一，《全唐诗》卷四七九。

〔25〕见《韩昌黎文集校注》卷四。

〔26〕参据张清华《韩愈年谱汇证》，见《韩学研究》下册，江苏教育出版社，1998年。

〔27〕《礼部尚书崔公行状》，《樊川文集》卷一四，上海古籍出版社，陈允吉点校本，1978年。

〔28〕此文见《全唐文》卷六二三。

〔29〕《全唐文》卷六三三，又载于《翰学三书》所编之《翰苑群书》卷三。

〔30〕见周勋初《唐语林校证》卷二，中华书局，1987年。

〔31〕按：萧邺此文，题为《大唐故吏部尚书赠尚书左仆射渤海高公神道碑》，载《全唐文》卷七六四；又《金石萃编》卷一一四也据原刻著录，但文字多有残缺。

〔32〕见《李德裕文集校笺》（傅璇琮、周建国合撰）之别集卷四，河北教育出版社，2000年。

〔33〕按：刘禹锡此诗之撰写时间，及郑覃、郑朗事，参见陶敏、陶红雨《刘禹锡全集编年校注》，卷一一，岳麓书社，2003年。

〔34〕参见杨军《元稹集编年笺注（诗歌卷）》，294页，三秦出版社，2002年。

〔35〕详见《唐摭言》卷三，又《唐五代文学编年史·晚唐卷》，辽海出版社，1998。

唐翰林学士记事辨误

此文虽标曰"唐",而文中所考主要为中晚唐,即穆宗(820—824)、敬宗(824—826)、文宗(826—840)、武宗(840—846)、宣宗(846—859)、懿宗(859—873)六朝。在此之前,我已撰有数文,考述唐翰林学士的事迹,如《唐玄肃两朝翰林学士考论》(《文学遗产》2000年第4期)、《唐代宗朝翰林学士考论》(《中华文史论丛》2001年第3辑)、《唐德宗朝翰林学士考论》(《燕京学报》新第10期,2001年5月)、《唐永贞年间翰林学士考论》(《中国文化研究》2001年秋之卷)、《唐宪穆两朝翰林学士考论》(《文史》2002年第3辑)、《中国最早两位翰林学士考——吕向、尹愔传论》(《文献》2002年第4期)。近年来我集中考索中晚唐时期翰林学士,发现这时期的翰林学士确有新的特点。一是人数骤增,在这六朝的五十余年中,有一百十余人,而玄宗开元二十六年起至宪宗末,八十二年,只六十余人;二是参预政治密切,学士间的内部纠纷增多;三是翰林学士与文士交往较多,文化活动频繁。因此这时期的翰林学士的确值得作深入的考察。

但我在查核有关史料、文献时,发现其记学士的事迹,有

唐翰林学士传论

不少差错。记载穆宗朝以后的翰林学士入院、出院年月者,较早的为唐人丁居晦《重修承旨学士壁记》,后有新旧《唐书》,唐宋时期的杂史、笔记,以及清人所编的《全唐诗》《全唐文》,徐松《登科记考》等。这应当说是研究唐翰林学士的基本史料。但这些史料,却存在不少问题,清人及近现代学者曾在其著述中对此有所考正。我发现,在记中晚唐翰林学士事迹时,上述史书,特别是两《唐书》,错失甚多。本文拟就这一时期的翰林学士记事,举例辨析上述史书失误之处,希望引起注意。又如《重修承旨学士壁记》,须补正者更多,岑仲勉先生过去曾有所辨正,[1] 为节省篇幅,本文对此书就不再论列(又:后文引及此书,均简称以为丁《记》)。

一

以《登科记考》而论,这里可举三例。

柳公权,穆宗、敬宗时为翰林侍书学士,《旧唐书》卷一六五、《新唐书》卷一六三有传。两《唐书》本传皆载其宪宗元和初进士擢第,但未记确年。《登科记考》卷一七则明确系于元和三年,所据为《唐语林》文:"柳公权擢第,首冠诸生,当年登宏词科。"徐松有"按"云:"按:首冠诸生,谓状元也。元、二年状元已见,则公权当是此年状元。"应当说这只是一种推测,关键还在于未读通《唐语林》原文。《唐语林》此处见该书卷四,实出于唐赵璘《因话录》卷三商部下,先叙元和中柳宗元善书,接云:"长庆已来,柳尚书公权,又以博闻强识工书,不离近侍。柳氏言书者,近世有此二人。尚书与族孙璟,开成中同在翰林,时称大柳舍人、小柳舍人。自祖父郎中芳以来,奕世以文学居清列。舍人在名场淹屈,及擢第首冠诸生,当年宏词登高科。"此处"自祖父郎中芳"句以后,即叙柳璟事，柳璟之祖即为柳芳（见《旧唐书》卷一四九），而柳公权，祖名为正礼（见《旧唐书》公权本传）。由此可见，所谓"擢第首冠诸生，当年宏词登高科"，并非柳公权，而为柳璟（《登科记考》卷二十已记柳璟为宝历元年状元，同年登博学宏词科），徐松未查《因话录》原文，也不复核《旧唐书·柳璟传》，遂致此显误。

王源中，文宗时翰林学士，《新唐书》卷一六四有传。按：《新传》仅云"擢进士，宏辞"，未言何年，而《登科记考》卷一七则明确系于宪宗元和二年，并列为状元，出处谓"见《旧书·文苑·卢景亮传》"。经查核，《旧唐书·文苑传》见卷一九〇（分上、中，下），并无卢景亮传。《新唐书》卷一六四有《卢景亮传》，但也未有一字提及王源中。徐松竟如此疏失，实难以理解。更使人奇怪的是，朱金城先生《白居易集笺校》卷四九"中书制诰"，于王源中授检校刑部员外郎充观察判官制文的笺注中，在述及元和二年进士时，也注谓见《新唐书》卷一六四《卢景亮传》《登科记考》卷一七，竟沿袭其误。当然，王源中确是元和二年登第的，但其根据应为褚藏言《窦巩传》："元和二年举进士，与今东都留守、左仆射孙公简，故吏部侍郎、兴元节度使王公源中，中书舍人崔公咸，制诰李公正封，同年上第。"（《全唐文》卷七六一）

薛廷老，文宗时翰林学士，《旧唐书》卷一五三、《新唐书》卷一六二有传。《新传》记其"及进士第"，《旧传》未载，《登科记考》即据此列于未知登科年之卷二七。岑仲勉《登科记考订补》据《卓异记》有所考。[2] 今查《卓异记》有《门生为翰林学士撰座主白麻》条，云："惟廷老翰林时，座主庾公拜兖海节度使，廷老为门生，时代荣之。"按：《旧唐书》卷一七下《文宗纪》下，大和四年十一月："癸巳，以左丞庾承宣为兖海沂密等州节度使。"[3] 而薛廷老，据丁《记》，即在大和

唐翰林学士传论

四年入院（但薛为庾所撰制文，未传存）。庾承宣于元和十三、十四年知贡举（见《唐语林》卷八"神龙元年已来累为主司"条）。岑仲勉仅据《卓异记》，谓庾主持元和十三、十四年贡举，未确定薛廷老何年登第。今按：李让夷于元和十四年登第（《旧唐书》卷一七六本传），大和元年十二月自左拾遗入为翰林学士，而薛廷老于大和四年入院，《旧唐书·薛廷老传》即记曰："与同职李让夷相善，廷老之入内署，让夷荐挚之。"后薛因"终日酣醉"，出院，"让夷亦坐廷老罢职"。由此则可知，薛与李早有交情，二人当同于元和十四年登进士第，此即可补正《登科记考》。

二

至于《全唐诗》《全唐文》，其记事之误，又多于《登科记考》。如韦表微，穆宗朝翰林学士，《全唐诗》卷四七三载其诗一首，题作《池州夫子庙麟台》。按：此即《全唐文》卷六三三韦表微所作《麟台碑铭》后之铭文，故为四言。其实这种铭文是不应列于诗体的。问题主要还在于《全唐诗》所载诗题中之"池州"二字。池州在今安徽（《元和郡县图志》卷二八江南道，有池州），而《麟台碑铭》序中谓："元和五年冬十一月，表微以滑之从事使乎郓阳，停骖访古，经获麟之旧址。"滑州属河南道，在今河南滑县等地。韦表微当于元和前期在滑州幕府，因事出使东行，至郓阳。郓阳即郓州，在今山东郓城、东平等地，即所谓鲁地，故赞颂孔子，铭中有"于昭鲁邑，栖遑孔门""墙仞迫陋，崎岖阙里"之句。《唐诗纪事》卷五四已记韦表微此诗，诗题即为《池州夫子庙麟台》，《全唐诗》当即本此。当代学者王仲镛《唐诗纪事校笺》于此虽曾用《唐文粹》《文苑英华》相校，却未指出"池州"之误。[4]

唐翰林学士记事辨误

又蒋防，《全唐诗》卷五〇七小传："元和中李绅荐为司封郎中、知制诰，进翰林学士。"《唐诗纪事》卷四一蒋防条，又云："元和中，李绅及防荐庞严为翰林学士。"皆记为宪宗元和时。按：李绅、蒋防与庞严确有交情，且互相推荐入为翰林学士，在研究中唐翰林学士时也值得注意。但据丁《记》及有关记载，蒋防于穆宗长庆元年十月入，李绅于长庆二年二月入，庞严于长庆二年三月入，三人入翰林学士院均在长庆年间，即宪宗元和以后，且李绅之入在蒋防之后，怎能为之推荐？《全唐诗》小传又云蒋防先被荐为司封郎中，后进为翰林学士。按：《全唐文》卷七一九蒋防《连州静福山廖先生碑铭并序》，有云："长庆末，余自尚书司封郎、知制诰、翰林学士得罪，出守临汀。"据丁《记》，蒋防于长庆元年十一月十六日自右补阙充，二年十月九日加司封员外郎，三年三月一日加知制诰，四年二月贬汀州长史。则蒋防所带官衔为司封员外郎，非司封郎中，且其为司封员外郎乃在入院后第二年，非《全唐诗》小传所谓先任司封郎中，后入为翰林学士。可见《全唐诗》小传此处虽仅二句，却有好几处错失。

又，《全唐文》卷七一九载蒋防《授李鄘门下侍郎平章事制》。按：《旧唐书》卷一五七《李鄘传》，鄘于元和五年冬为淮南节度使，十二年（817）徵拜门下侍郎、平章事，入相。《旧唐书》卷一五《宪宗纪》下，元和十二年冬，"甲申，以淮南节度使、检校左仆射李鄘为门下侍郎、同中书门下平章事"。《新唐书》卷六二《宰相年表》记李鄘授相在元和十二年十月甲戌，十二月戊寅至任。而据上述，蒋防于长庆元年（821）十一月才入为翰林学士，在此之前任拾遗、补阙之职，绝不能于此时撰宰相授命制文。经查《唐大诏令集》卷四七"命相"，亦收有《李鄘平章事制》[5]。文末署"元和十二年十月"，而未注撰者名，由此可知此决非蒋防作，《全唐文》所载误。

唐翰林学士传论

但《唐大诏令集》亦有误处,卷一〇六载《长庆二年试制科举人敕》,题下署李德裕撰,文末署"十月二十三日"。按:《旧唐书》卷一一六《庞严传》:"长庆元年应制举贤良方正能直言极谏科,策入三等,冠科之首。是月,拜左拾遗。"《登科记考》卷一九即据此列庞严于长庆元年登制科贤良方正能直言极谏科。《全唐文》卷七二八也载有庞严《对贤良方正能直言极谏策》。我与周建国同志合撰的《李德裕文集校笺》,于"新补李德裕佚文佚诗"部分即收有《长庆元年试制科举人敕》。[6] 按:《唐大诏令集》载此文,题作长庆二年,文末署十月二十三日,而李德裕于长庆二年二月已出翰林院,改任为御史中丞,九月出为润州刺史、浙西观察使,不可能在十月尚作此敕文。经检《册府元龟》卷六四四"贡举部",收有此文,有"长庆元年十一月戊午御宣政殿,试制科举人,制曰",与《旧唐书·庞严传》所载时间相符。《唐大诏令集》不知何以有此显误。

李让夷,据丁《记》,于文宗大和元年十月二十二日,自左拾遗改史馆修撰入为翰林学士,中经迁转,于大和三年十一月加职方员外郎。与其同时,时为中书舍人的李虞仲有《授学士李让夷职方员外郎充职制》(《全唐文》卷九六三),即记此事。但《全唐文》卷三六六又有贾至《授学士李让夷职方员外郎充职制》,文字亦同。贾至为玄宗、肃宗时人,距文宗早六七十年,绝不可能有此作。《全唐文》误收。[7]

周墀,《旧唐书》卷一七六有传,有云:"大和末,累迁至起居郎。墀能为古文,有史才,文宗重之,补集贤学士。"另《全唐文》卷七五五有杜牧所作《周公墓志铭》[8],记其登进士第后,为湖南团练巡官,丁母忧,"后自留守府监察真拜御史,集贤殿学士"。这牵涉到唐代集贤殿书院建制事。集贤殿书院置有学士、直学士,与翰林学士相同,是一种职务,非官,按当时规定，五品以上的官才可入为集贤殿学士，六品以下只能为直学士（参见《旧唐书》卷四三《职官志》二），而起居郎为从六品上，监察御史为正八品上，都不能列为集贤学士的。可见《旧传》与《全唐文》所记均有误。

《全唐文》又有明显的文字抄写之误。如武宗时翰林学士徐商，两《唐书》都有传（《旧》卷一七九，《新》卷一一三），而曾在其幕府的李鹭所作《徐襄州碑》，记其行事最详。《全唐文》卷七二四载此碑文，有云："大中十年春，今丞相东海公自蒲移镇于襄。四十年诏徵赴阙。今天子咸通五年，公为御史大夫，自始去襄，于兹六年矣。"这就是说，宣宗大中十年春，徐商为襄州刺史。至于"诏徵赴阙"为"四十年"，则大误。据《唐刺史考全编》卷一八九，徐商于大中十年至咸通元年任为襄州刺史、山南东道节度使。[9] 按：宣宗于大中十三年八月七日卒，懿宗接位，第二年改为咸通元年，但据《旧唐书》卷一九上《懿宗纪》，咸通改元在该年十一月，则当时人称咸通元年有仍为十四年的。由此则《全唐文》所载此《徐襄州碑》，"四十"当为"十四"之误。此当非撰碑者误写，而是《全唐文》抄写之误。

三

宋欧阳修《集古录》与赵明诚《金石录》，是现存最早较完整的金石文献著录之作，史料价值很高，不少后来失传的墓志碑传，多可由此获得线索。但我这次考索中晚唐翰林学士行迹，发现二书也有疏失之处。如宋陈思《宝刻丛编》卷七引《集古录目》，载有《唐左威卫将军李藏用碑》，云："唐礼部侍郎翰林学士王源中撰。""碑以大和四年立。"此云"礼部侍郎"，误。[10]《新唐书》卷一六四《王源中传》，其仕历从未有

唐翰林学士传论

礼部侍郎,而在翰林学士任期,则为"累转户部郎中、侍郎"。又据丁《记》,大和二年十一月五日迁为户部侍郎、知制诰,八年四月出院。另,宋叶梦得《石林燕语》卷三,有云:"唐制,翰林学士本职在官下。"清叶廷琯曾援引宋李心传《旧闻证误》,谓唐时翰林学士职名有在官上,有在官下,未有定制,其中即引及王源中所撰《李藏用碑》,称"中散大夫、守尚书户部侍郎、知制诰、翰林学士王源中"[11]。这较《集古录》所载为详,当为南宋时尚存世的原件。又《全唐文》卷六九三李虞仲《授学士王源中户部侍郎制》,中称"可尚书户部侍郎、知制诰,依前充翰林学士",也为一明证。

《集古录目》又著录有《唐王播碑》,记云"翰林学士承旨柳公权书","碑以大和四年正月立"。《金石录》卷九,建碑年月同。按:《旧唐书》卷一七下《文宗纪》下,大和四年正月,"甲午,守左仆射、同平章事、诸道盐铁转运使王播卒"。《全唐文》卷七一四有李宗闵所撰《故丞相尚书左仆射赠太尉太原王公神道碑铭并序》,记王播卒后,天子震悼,罢朝三日,并命兵部侍郎一员奉命至其家,册封为太尉,后又遣官员陪葬。葬礼毕后,"其子值,以宗闵晚陪公于相位之末,稍窥公之行,请铭其烈,以垂于后,且不宜拒。遂铺其荦荦所能言者于金石云"。按:该年正月甲午为十九日,卒后有册封、行葬,其后王播子又请李宗闵为撰碑文,撰写当又需一段时间,则所谓"碑以大和四年正月立",就时间进度而言,正月十九日卒,当月立碑,是不可能的。又碑文末云:"其从事故相国程公异、今荆州相国段公文昌。"即李宗闵撰此文时,段文昌正在荆州任上,而《旧唐书·文宗纪》下,段文昌由淮南节度使授江陵尹、荆州节度使,在大和四年三月。据此即可确证,此碑绝不可能立于大和四年正月,《集古录》《金石录》不知何以有此显误。又,段文昌又于大和六年十一月改为剑南西川节度使,则李宗闵撰此碑文,当在大和四年三月至六年十一月间。而据丁《记》,大和三年十二月至八年三月,王源中为承旨学士。唐翰林学士自宪宗时设置承旨,按体制,承旨学士在同一时期只能一人。则李宗闵撰此碑文及立碑期间,柳公权绝不可能衔为"翰林学士承旨",此为《集古录》又一误载。另,据丁《记》,柳公权于大和五年七月出院,又于八年十月再入为侍书学士,此后又有迁转,于九年九月由侍书改为学士,开成三年九月十八日,迁工部侍郎、知制诰,加承旨。即开成三年九月后,柳公权就能有承旨称号。《集古录跋尾》另录有《唐何进滔德政碑》,开成五年立,署"翰林学士承旨兼侍书柳公权撰并书"[12],即与丁《记》所叙仕历相符,可为一旁证。

四

唐宋时期,杂史、笔记等著述繁盛,古代有时统称为小说。应当说,这些笔记小说之书,不仅对文学研究,对历史研究也有极大的参考价值。这在宋代就受到重视,司马光在《资治通鉴》撰成后向皇帝进书表中,就称他在编撰中,"编阅旧史,旁采小说"。宋祁分工撰写《新唐书》列传,也多采撷唐五代时笔记,较《旧唐书》有更广的内容。清修《四库全书总目提要》于卷一四〇子部小说类序中,就说"唐宋而后,作者弥繁",虽有失真之处,"然寓劝戒、广见闻,资考证者亦错出其中"。在具体的提要中,也多从史学的角度对其长处作肯定的评述,如本文将予评析的唐裴廷裕《东观奏记》,称其"书中记事颇具首尾,司马光作《通鉴》,多采其说";宋孙光宪《北梦琐言》,提要中虽批评"其记载颇猥杂,叙次亦颇冗沓",但所记"往往可资考证"。《四库全书总目提要》对唐宋笔记小说有一总的评估原则,即康骈《剧谈录》提要中云:"稗官所

唐翰林学士传论

述，多出传闻，真伪互陈，其风自古未可全以为据，亦未可全以为诬，在读者考证其得失耳，不以是废此一家也。"我在作唐翰林学士传论时，即注意采择小说笔记、杂史等书，同时注意其失实之处。这里即略举数例。

令狐绹，据丁《记》，于宣宗时曾两次入翰林院，第一次为大中二年二月自考功郎中、知制诰入，三年五月改御史中丞出；第二次为大中三年九月自御史中丞入，并充承旨，四年十一月，拜相出院，此又可参见《旧唐书》卷一七二、《新唐书》卷一六六本传。在第一次入院前，曾于大中元年三月由户部员外郎出为湖州刺史（参见《吴兴志》及《两浙金石志》卷三《唐天宁寺经幢》），大中二年召入朝，后即为翰林学士。《剧谈录》卷上《宣宗夜召翰林学士》条，记令狐绹自湖州入朝，唐宣宗即召入宫中，与之详谈。这一记载对晚唐时翰林学士的政治待遇研究，颇有参考价值，但文中云"居岁余，遂为宰相"，则误。据前引丁《记》及两《唐书》本传，令狐绹拜相乃在第二次出院时，即大中四年。《唐语林》卷二亦载此事，同误。

宣宗时翰林学士崔慎由，据《新唐书·宰相年表》及《通鉴》卷二四九，于大中十年十二月拜相。又据《旧唐书·宣宗纪》下，大中十二年正月出为剑南东川节度使。宋钱易《南部新书》丙卷，记大中十年春宣宗一日微行，至京郊新丰，见一布衣，此人谈及崔慎由将出镇西川；宣宗听后甚为惊异，返朝后，即于第二天下敕令其出镇剑门。按：据前所引《旧纪》及《新表》，《南部新书》所谓大中十年春罢相出镇，实则此时崔慎由尚未入相，且所记官职也误，应为东川节度使，非西川节度使。《四库全书总目提要》曾赞誉《南部新书》"虽小说家言"，而"于考证尚属有裨"（卷一四〇子部小说家类），但此条记崔慎由事，则有显误。[13]

五代时王定保《唐摭言》，《四库全书总目提要》也极为肯定，认为"是书述有唐一代贡举之制特详，多史志所未及，其一切杂事，亦足以觇名场之风气"（卷一四〇子部小说家类）。但其书记宣宗朝翰林学士韦澳事，却云："韦澳、孙宏，大中时同在翰林。"（卷一五《杂记》）据两《唐书》及有关唐翰林学士材料，不仅宣宗朝，且整个唐代，翰林学士中都未有孙宏之名。

《北梦琐言》卷三《杜审权斥冯涓》条，中云"杜有江西之拜"，并记杜在赴任前曾与冯涓叙谈，拟聘冯为其幕府僚佐，"欲以南昌笺奏任之"。《唐语林》卷七亦载此。按：杜审权于宣宗大中后期曾为翰林学士，后于懿宗咸通五年二月出为浙江西道观察使（据《旧唐书》卷一九上《懿宗纪》）。杜审权仕历中从未出镇江西。不知《北梦琐言》何以有此误。

《北梦琐言》记晚唐懿宗朝翰林学士，还有两误。一是卷五《裴氏再行》条，谓裴璩曾"廉问江西"。按：裴璩，两《唐书》无传，据丁《记》，其于咸通五年至八年任翰林学士，又据《新唐书》卷九《懿宗纪》及《通鉴》卷二四三，裴璩于咸通三至五年内曾任浙西镇海节度使，从未在江西任过职，此与前《北梦琐言》记杜审权出镇江西，同误。另一误处，为卷五《韦尚书鉴卢相》条，记"唐大中初卢携举进士"。按：《旧唐书》卷一七八卢携本传，明确记卢为"大中九年进士擢第"，《登科记考》卷二二即据此系于大中九年，是。大中共十三年，不能以大中九年称为"大中初"。

五

应当说，两《唐书》是研究唐翰林学士的基本史料，除列传外，《旧唐书》的本纪，《新唐书》的《宰相世系表》及《宰相年表》，更需参考引用。但遗憾的是，两《唐书》无论纪、

唐翰林学士传论

志、表、传，在记叙翰林学士事迹时，多有舛失。特别是晚唐部分，"唐代诸帝实录自武宗以后，缺而不纪"（《旧五代史》卷一三一《贾纬传》），因此清人钱大昕认为《旧唐书》于晚唐史事，所记虽"卷帙滋繁，而事迹之矛盾益甚"（《廿二史考异》卷五七）。有些是所记本已简略，不复杂，但却有明显的错失。如《新唐书》卷一七七《韦表微传》谓韦表微任翰林学士时，曾推荐韦处厚、路随人为学士。而据丁《记》及有关记载，韦表微于穆宗长庆二年二月入院，而韦处厚、路随都于两年前即元和十五年二月即已入翰林学士院。又如宇文临，无专传，仅附于其父宇文籍传（《旧唐书》卷一六〇）之后，仅一句："大中初登进士第。"但就此一句，即误。据丁《记》，宇文临于宣宗大中元年闰三月以礼部员外郎入为翰林学士。《全唐文》卷七二六崔嘏《授宇文临礼部员外郎制》，记其在此之前，已先在地方幕府、后在朝中任职，早有声誉，"佐云幕而郁有佳声，处霜台而介然独立"。据此，则如何于大中初即大中元年才登进士第呢？又如《旧唐书》卷一五三《薛廷老传》，记其"宝历（825—826）中为左拾遗"，而据《旧唐书》卷一七上《敬宗纪》，长庆四年（824）十二月已在左拾遗任，可见同一书中，纪与传互相矛盾。

有时记一人之事却有好几处错，这里即举宣宗朝两位翰林学士蒋伸、杜审权为例。《旧唐书》卷一四九《蒋伸传》，先云"登进士第，历佐使府"；后云："大中初入朝，右补阙、史馆修撰，转中书舍人，召入为翰林学士。"所记较笼统，《新唐书》卷一三二本传则较具体，且确切："大中二年，以右补阙为史馆修撰，转驾部郎中、知制诰。白敏中领邠宁节度，表伸自副，加右庶子。入知户部侍郎。"据有关记载，蒋伸无论在入院之前或在院中，从未任中书舍人，《旧传》此处误以知制诰为中书舍人，实际上知制诰只是一种职务，本身无官阶，须以他官来兼，中书舍人本身即有官阶

(正五品上)。又白敏中于大中五年三月由宰相出为邠宁节度使。《通鉴》卷二四九记其出行前,"请用裴度故事,择廷臣为将佐,许之";"四月,以左谏议大夫孙景商为左庶子,充邠宁行军司马,知制诰蒋伸为右庶子,充节度副使"。蒋伸后又入朝为户部侍郎,并于大中十年八月以户部侍郎入为翰林学士。[14]由此可见,《旧传》云在任中书舍人后即召入为翰林学士,又误。但《新传》亦有误,云"九年,为翰林学士",应为大中十年。此外,关于记蒋伸任相、罢相,亦有误。丁《记》谓大中十二年五月二十三日,蒋伸以兵部侍郎、判户部出院,同年十二月二十九日,入相,同中书门下平章事。《旧传》仅云"大中末"。《新唐书》卷八《宣宗纪》记为大中十二年二月甲寅,与《新唐书》卷六三《宰相年表》同,而《旧唐书》卷一八下《宣宗纪》下,却系于大中十三年:"四月,以翰林学士承旨、兵部侍郎、知制诰蒋伸本官同平章事。"《通鉴》卷二四九亦有载,记大中十二年"十二月甲寅,以伸同平章事"。则《旧纪》所谓十三年四月,误。关于蒋伸之罢相年月,《旧唐书》卷一九上《懿宗纪》,竟记有两处,一为咸通二年九月,以毕诚为工部尚书、同平章事,"蒋伸罢知政事";一为咸通十年正月,"中书侍郎、兼户部尚书、平章事蒋伸为太子太保,罢知政事,病免也"。据《新唐书·宰相年表》下,蒋伸于咸通三年正月出为河中节度使,后即未再入相,两《唐书》本传也未有记。可见《旧唐书》于晚唐本纪,竟有如此舛误。

关于杜审权,《旧唐书》卷一七七本传,记其世系,云:"祖佐,位终大理正。佐生二子,元颖、元绛。……绛生二子,审权、蔚。"而《新唐书》卷七二上《宰相世系表》二上,杜氏,于元绛下空一格,其下为审权,就表格上下而言,则元绛为其祖,非其父,与《旧传》异,当误。钱大昕《廿二史考异》卷五〇即已指出:"按:审权即元绛子,中间不应空格。"(按:此处中华书局点校本亦失校,未指出)另一误处为《旧

唐翰林学士传论

唐书·宣宗纪》，大中十三年正月，"以虢陕观察使杜审权为户部侍郎、判户部事"。据丁《记》，杜于大中十二年五六月间自刑部侍郎入为翰林学士，[15]后又转户部侍郎、知制诰，则其为户部侍郎乃在翰林学士任职期间，非出院后，《旧纪》此处系于大中十三年正月，显然无据。另，丁《记》记杜审权于大中十三年十二月三日，"守本官同平章事"，为唐代翰林学士由其本职直接提升为宰相的一例。其任相的年月，《新唐书·懿宗纪》与卷六三《宰相年表》均记为大中十三年十二月甲申。使人感到奇怪的是，《旧唐书·懿宗纪》却于咸通元年二月记："以河中节度使杜审权为兵部侍郎、判度支，寻以本官同平章事。"这就是其拜相的时间较丁《记》及《新纪》《新表》为后一年，且非由翰林学士直接提升，而是先已出为河中节度使，再由河中召回。这又与《全唐文》卷八三所载懿宗《授杜审权平章事制》不合，此制文称其前所任之官职为"翰林学士承旨、通议大夫、守尚书兵部侍郎、知制诰"，后云"可守本官同中书门下平章事"；文中又云"先皇帝籍其令鉴，擢取禁林"，后云"逮余建统，屡承密旨，每多宏益，弥见慎修"，因此"是用委兹大政，列在中枢"，完全未提河中节度使事，乃直接由翰林学士任命的。至于杜审权罢相之时间，则《旧传》又出现明显的错误，云："(咸通)九年罢相，检校司空、兼润州刺史、镇海等节度使、苏杭常等州观察使。"而《旧纪》则记于咸通五年二月，《新表》与《通鉴》（卷二五〇）又记为四年五月，各异。经查《唐大诏令集》，卷五四有《杜审权镇海军节度使平章事制》，文末署咸通四年五月，与《新表》《通鉴》同，且文中有云："出入五载，初终一途。"从大中十三年起，按传统计算惯例，至咸通四年，确是五年。《旧纪》与《通鉴》等各有不同，但只差一年，而《旧传》却记为咸通九年，其差误实在太大。

唐翰林学士记事辨误

上述杜审权一人的记事,就两《唐书》而言,其硬伤错误,就有《新唐书·宰相世系表》《旧唐书·宣宗纪》《旧唐书·懿宗纪》《旧唐书》本传等四处。而这四处错误,中华书局点校本也都未有校记校出。这牵涉到我们对古籍整理质量的评估与要求。中华书局的"二十四史"点校本,被誉为经系统整理,是学术界普遍使用的通行定本。应当说,这套点校本确有较好的质量,但其整理工作仅停留在版本对校上。真正从定本来说,只是几个版本对校,是达不到这一要求的。以上所举的一些例子,都属于基本事实,如我们在整理上不加以梳理指正,则读者、研究者在使用上就会引发出不少问题。整理应与研究相结合,对原书所记史事加以疏证、辨析,这才能有真正符合高质量标准的定本。

据笔者考核,除本文前已提及外,穆宗朝至懿宗朝,两《唐书》记翰林学士事有误者,尚有三十四人,即:崔郾、王源中、许康佐、柳公权、丁公著、路群、李珏、周墀、高少逸、郑朗、封敖、徐商、裴谂、令狐绹、郑颢、崔慎由、毕诚、苏涤、韦澳、庾道蔚、孔温裕、高璩、刘邺、张道符、杨收、路岩、赵骘、李瓒、于琮、刘瞻、郑畋、张裼、韦蟾、卢携。我们要全面研究中晚唐翰林学士,如不订正两《唐书》记事之误,肯定会出现不少差错,并有导致理论探讨不确或失误的可能。限于篇幅,本文就不再一一列考,谨先列出人名,以提请研究者注意。

注释

〔1〕附见《郎官石柱题名新考订》,上海古籍出版社,1984年。

〔2〕附于中华书局1984年《登科记考》点校本后。

〔3〕按:中华书局点校本,于此处"庾承宣","庾"误排

作"康"。庚承宣，两《唐书》虽无传，但有数处见，皆作"庚"，无作"康"者。

〔4〕《唐诗纪事校笺》，巴蜀书社，1989年。

〔5〕《唐大诏令集》，商务印书馆，1959年排印本。

〔6〕《李德裕文集校笺》，傅璇琮、周建国编撰，河北教育出版社，2000年。

〔7〕清劳格《读全唐文札记》对此已有提及。

〔8〕《樊川文集》卷七亦载此《周公墓志铭》，文字与《全唐文》同，见上海古籍出版社陈允吉点校本，1978年。

〔9〕《唐刺史考全编》，郁贤皓著，安徽大学出版社，2000年。

〔10〕经查清文渊阁《四库全书》本《集古录》，亦著录此碑，同云"大和四年"。但题简略，仅为《唐李藏用碑》，后亦简云"王源中撰"，无"礼部侍郎"等字。

〔11〕见中华书局1984年点校本《石林燕语》，卷三，第39页。

〔12〕见中华书局2001年点校本《欧阳修全集》卷一四二，第2293页。

〔13〕《东观奏记》卷中记懿宗朝翰林学士郑言事，曾叙及："至大中十一年崔慎由由户部侍郎秉政。"《唐语林》卷七亦引有此条，但记云大中十二年。周勋初《唐语林校证》即谓应作大中十年十二月。可见崔慎由入相事，唐人《东观奏记》、宋人《唐语林》亦有误。

〔14〕丁《记》谓大中十一年，应是十年，参考岑仲勉补证。

〔15〕丁《记》仅记"大中十二年"，岑仲勉补证谓当在五六月间。

（原载《燕京学报》新16期，2004年5月）

《蒙求》流传与作者新考

我国古代的儿童启蒙读物，一般认为名声大、影响广的，乃为《千字文》《三字经》，实际上产生于约中唐时期的《蒙求》一书，其知识含量、流传领域、历史影响，是曾超过《千字文》《三字经》的。但很长时期以来，此书却未引起足够的重视与注意，且其作者是谁，也多有分歧，至今尚存有误解。为寻根索源，还历史本来面目，本文特为此加以考索，希望得到学术界的关注。

一

按：《千字文》为南北朝时期梁朝周兴嗣辑集书法家王羲之传存的字为一千字，每四字一句，对偶押韵，依理成文，实际上是应当时梁武帝之命，教宫中诸王练习书法的。《三字经》相传为南宋后期王应麟所编，每三字一句，二句一韵，依韵成篇，开头如"人之初，性本善"，宣扬儒家义理。《蒙求》在形式上上承《千字文》，也是四字一句，二句一韵，但其字数远远超过《千字文》《三字经》。依现在保存的敦煌抄写本及《四

唐翰林学士传论

库全书》本、日本古抄本等统计，全书共 596 句，2384 字。

《蒙求》不仅字数多，篇幅长，而且知识含量高，涉及领域广。《周易·蒙卦》有云："匪我求童蒙，童蒙求我……蒙以养正，圣功也。"《蒙求》的作者当本此意，编了这么一部知识课本，作为初学阶段的启蒙读物，以立身养正，故云"蒙求"。此书不局限于儒学义理之教，而着重于记述历史人物的事迹言行，想通过对前贤的称述，反映社会形态，表达作者理想，启发孩童心智。书中入选的人物，涉及社会各个阶层，既有帝王将相、达官贵人，也有平民百姓、隐士学人。有鼓励勤奋好学、刻苦训练的，如"匡衡凿壁，孙敬闭户""孙康映雪，车胤聚萤"；有称赞父母教育子女的，如"陵母伏剑，轲亲断机"；有赞扬子女孝养父母、友爱兄弟的，如"毛义奉檄，子路负米""姜肱共被，孔融让果"；也有记述文化、技术等文明成果的，如"蒙恬制笔，蔡伦造纸""杜康造酒，仓颉制字"；还有写文人学者的多种轶闻逸事的，如"屈原泽畔，渔父江滨""张翁失意，陶潜归去"。这里只能略举数例，但由此已可看出其涉及面既广，趣味性又强。

不仅是正文，据现在留存的作者自注与后人注解，其典故出处，所用之书，也极浩博，如义理之作，有《论语》《孔子家语》《列子》《庄子》《韩子》；历史典籍，有《左传》《战国策》《史记》《汉书》《后汉书》《三国志》等；传记，有《列女传》《列仙传》《楚国先贤传》《孝子传》《高士传》；甚至还有不少笔记小说，如《世说新语》《西京杂记》《搜神记》《幽冥录》《神怪志》等。

这样典故多、引书博、立意高、文化含量广，而又可读性强的启蒙读物，在我国古代是少有的。

这部书在我国古代以及国外（如日本），极有影响。此书所记的人物，上起先秦，下迄魏晋南北朝，即都是唐以前，未

《蒙求》流传与作者新考

记有唐本朝的。据现有记载,当为中唐时期之书,作者姓名为李瀚或李翰(详后考述)。据《新唐书·艺文志》三,子部杂家类,著录有王苑《续蒙求》三卷,白廷翰《唐蒙求》三卷。王苑、白廷翰,生平不详,当为晚唐时人。据前所述,《蒙求》所记皆为唐前之事,而这两部书,一标曰"续",一标曰"唐",则明显因鉴于《蒙求》在社会上已广为流传,于是想承袭下来,记唐朝之事。又晚唐著名诗人杜荀鹤有《赠李镡》诗(《全唐诗》卷六九二),题下自注:"镡自维扬遇乱,东入山中。"晚唐时扬州自黄巢起兵,多有战事,杜的这位友人当因避乱,移居山中。这位友人家破财亡,经济困难,诗中称其"著卧衣裳难办洗,旋求粮食莫供炊",而在这样缺衣少食的艰难处境中,这位穷读书人还不忘用《蒙求》向孩子讲授:"地炉不暖柴枝湿,犹把《蒙求》授小儿。"

另据日本《三代实录》元庆二年八月二十五日条记,当时日本阳成天皇之弟贞保亲王还读过《蒙求》一书:"是日,皇弟贞保亲王于披香舍始读《蒙求》。"还有四位朝臣一起侍读(据《中日汉籍交流史论》,杭州大学出版社,1992年版)。元庆二年为公元878年,相当于唐僖宗乾符五年。可见《蒙求》一书此时已流传于日本,并得到日本皇室的重视,作为宫中的读物。

宋朝随着科举事业的进一步发展,文化普及,印刷业兴盛,《蒙求》续编之作成为当时的热点。据南宋两部目录学著作,即晁公武《郡斋读书志》卷一四,陈振孙《直斋书录解题》卷一四,子部类书类有下列诸书:北宋中期范镇《本朝蒙求》三卷,记宋太祖至仁宗朝事,即北宋前期的人和事,以诲谕孩童,传授本朝的历史知识。除宋本朝外,还有扩大范围,记前代好几朝的,如《两汉蒙求》十一卷。清乾隆时修《四库全书》,也将其列入"存目",提要中谓:"是书仿唐李瀚《蒙求》之体，取两汉之事，以韵语括之，取便乡塾之诵习。"除两汉外，宋代还有取自春秋之事的《左氏蒙求》，取自南北朝之事的《南北史蒙求》《十七史蒙求》。此外，还扩大社会面，有《训女蒙求》，《四库全书总目》卷一三七存目提要谓"是书仿李瀚《蒙求》之体，类集妇女事迹"。另有《赵氏家塾蒙求》《宗室蒙求》，可见范围之广。

宋以后，元、明两朝，仍有续作。金元时名家元好问有《十七史蒙求序》一文（见《遗山先生文集》卷三六），谓《蒙求》一书，唐时已甚重之，"迄今数百年之间，孩幼入学，人挟此册，少长则遂讲授之"，可见金、元之际的北方，《蒙求》也很流行。元好问在序中提及宋朝王逢原有《十七史蒙求》，现在吴庭秀、吴庭俊兄弟又仿王逢原之书，另作一部《十七史蒙求》，于是特为其作序。《四库全书》于类书类又特收有元人胡炳文《纯正蒙求》一书，《四库全书总目提要》卷一三六称："炳文是书则集古嘉言善行，各以四字属对成文，而自注其出处于下，所载皆有裨于幼学之事。"颇予以赞赏。另外，《四库全书总目》卷一三八子部类书类，又著录有明万历时姚光祚《广蒙求》三十七卷。

清代有无类似的增补之作，未有记载。不过清嘉庆时编《学津讨原》丛书的张海鹏，在辑印《蒙求》时说："骈罗经史，属对工整，于初学大有裨益，因刻诸家塾，为课孙之助。"可见乾隆、嘉庆时，《蒙求》原书刊刻相当普遍，被誉为"于初学大有裨益"。

《蒙求》本书的流传，也值得作一介绍。

前已述及，《新唐书·艺文志》已著录有续增之作，如《续蒙求》《唐蒙求》，但却未著录《蒙求》原作，使人感觉很奇怪。但敦煌写本则有，据现在敦煌文献有关的研究著作，敦煌藏经洞先后出土有三件《蒙求》。前二件于1908年被伯希和携往法国，现编号分别为 P. 2710 和 P. 4877；后一件为甘肃敦煌研究院藏，编号为敦研 95 号。这三件虽均为残卷，所存不足全书十分之一，但仍有极大的史料价值。如敦研 95 号，文中"虎"字均作"虝"，当避唐高祖父名虎之讳；又"世"字缺最后一笔，即避唐太宗李世民讳。由此可考定此为唐时抄写，《蒙求》则确为唐人所作，可证清《四库全书总目》所谓五代时书之误（详见后考）。由此也可以确定，《蒙求》一书，于中晚唐时已流传至西北，并有好几种抄本。（按：关于敦煌抄写本，可参汪泛舟《〈蒙求〉补足本》，邰惠利《敦煌本〈李翰自注蒙求〉初探》，见敦煌研究院编《敦煌研究文集》，甘肃民族出版社，2000 年版；郑阿财《敦煌本〈蒙求〉及注文之考订与研究》，见台湾敦煌学会编印《敦煌学》第 24 辑，2003 年版）

北宋《崇文总目》，南宋晁、陈二志，均著录《蒙求》，可见此书入宋后，一直流传。陈振孙虽对此书有所讥评，但仍谓此书因"取其韵语易于训诵"，"遂至举世诵之，以为小学发蒙之首"。敦煌抄写本中，P. 4877 及敦研 95 号，都有作者自注，而《直斋书录解题》卷一四就另记有宋人徐子光注本（八卷），清乾隆时修《四库全书》，就将此注本收入（见《四库全书总目》卷一三五，作二卷）。可见徐注本自宋后一直流传。值得注意的是，1974 年 7 月 28 日，国家文物保护科学研究所和山西省雁北地区应县文物工作者，检查应县佛宫寺木塔塑像残破情况时，在佛像胸部发现一批刻经、写经、书籍、佛画等文物 160 件，后于 1991 年 7 月汇编为《应县木塔辽代秘藏》一书，由文物出版社出版。其中就有《蒙求》，有记为：麻纸，蝴蝶装，残存七叶半，每叶十行，行四句十六字。楷书，"明""真"缺笔避讳，当刻于兴宗重熙之后。自"燕昭筑台"始，迄卷终，后附"音义"存八行。按：重熙为辽兴宗（耶律宗

唐翰林学士传论

真）年号，公元 1032—1054 年，相当于北宋仁宗年间。如此，则当刻于北宋中期，虽有残佚，却是现在存世的最早刻本，由此也可见《蒙求》也曾往北流传于辽。

据此，则应当说，现在存世最早的《蒙求》抄本，为中晚唐时敦煌本，最早刻本，为北宋中后期的辽刻本。至清康熙时编纂《全唐诗》，将《蒙求》作为四言诗，列于谣、酒令、占辞之后，为卷八百八十一，仅本文，无注。乾隆时修《四库全书》，则于子部类书类收入徐子光注本《蒙求集注》二卷；此后嘉庆时张海鹏编《学津讨原》，咸丰时余肇钧编《明辨斋丛书》，都据《四库全书》本辑入。后至近代，《蒙求》版本收集又有较大的进展。杨守敬《日本访书志》卷十一，以及日人森立之《经籍访古志》卷五，记载日本有旧抄本《蒙求集注》三卷；另日本元化中天瀑山人林衡（述斋）所刊《佚存丛书》第四帙，也有古本《蒙求》三卷。这几种日本旧抄本、古本，一个很大的特点，是保存较完整的唐人李良荐《蒙求》表及李华序。这是敦煌本发现前，中国本土各本所未见的。

也就是说，目前存世的《蒙求》，按时代先后，主要有：敦煌抄写本，辽刻本，清康熙时《全唐诗》本，乾隆时《四库全书》本，相当于清嘉庆时日本林述斋所刊《佚存丛书》古抄卷子改装本，19 世纪中后期杨守敬《日本访书志》、森立之《经籍访古志》著录的旧刻旧抄本。各本有的有作者自注或宋徐子光注，有的无注；有的有唐李良荐表及李华序，有的没有；各本文字也各有差异或缺佚（特别是敦煌本）。现在确实有条件，也有必要，参校各本，整理出一种完整的汇校定本，并进一步作一新注、今译本。

二

现在拟对《蒙求》作者及成书年代加以考释。

《蒙求》作者,有两种记载,也即两种说法,一为李翰,一为李瀚。按照寻根索源的原则,遵循前辈学者陈垣先生所倡导的追核初始料的主张,本文拟从古代各本著录及有关记述加以系统的考索。

最早的本子,即敦煌抄本 P.2710 本所载李良《荐〈蒙求〉表》及李华所作序,均作李瀚;敦研 95 号本,亦作李瀚;P.4877 本仅存二叶正文,未记有作者名。其次,辽刻本也未有作者姓名。再其次,南宋两本目录著作,晁公武《郡斋读书志》作"唐李瀚撰"(卷一四),明确标为唐人,但其名仍作"瀚",又同卷著录《两汉蒙求》《南北史蒙求》,亦谓"皆效李瀚也";陈振孙《直斋书录解题》亦称唐人,但作"李翰",不过上海古籍出版社 1987 年 12 月点校本引清卢文弨校本,谓卢校本作"瀚",可见《直斋书录解题》所传诸本,也有作"瀚"的。

清初《全唐诗》卷八八一所载《蒙求》,于作者李瀚名下则明确记为"唐末五代人"。乾隆时所修《四库全书》,其《总目》卷一三五《蒙求集注》提要,亦作"晋李瀚撰",并引《新五代史·桑维翰传》,称其为五代晋高祖时翰林学士。后周中孚《郑堂读书记》卷六十对此有所辨正,认为作者应为唐人李翰,非五代晋时李瀚,但未有细考。对此有明考者,为 20 世纪前半期学者余嘉锡,其所著《四库提要辨证》卷一六,引用日本天瀑山人林述斋《佚存丛书》第四帙所辑古本《蒙求》,称卷首有天宝五年饶州刺史李良荐表,赵郡李华序,又谓杨守敬《日本访书志》所录古抄卷子改装本,李良荐表署为天宝五

唐翰林学士传论

年八月一日,饶州刺史,因此称即与《新唐书·文艺传》所记之翰林学士李翰同时,《蒙求》即为此李翰作。余嘉锡此说出后,现在敦煌学者都表赞同,以为定论。其实,余氏批驳《四库全书总目》所谓五代晋时之作是对的,但定为唐代宗时翰林学士李翰,则实未细考,且有疏失,应重加辨析。

为便于考述,今据敦研95号、P.2710本,并参校各本,将李良荐表择要摘录如下:

> 窃见臣境内寄住客前信州司仓参军李瀚,学艺淹通,理识精究,撰古人状迹,编成音韵,属对类事,无非典实,名曰《蒙求》,约三千言,注下转相敷演,向万余事。儿童三数岁者,皆善讽读,谈古策事,无减鸿儒,素不谙知,谓疑神遇。司封员外李华,当代文宗,名望凤著,与作序云:不出卷而知天下,其《蒙求》哉……伏愿依资量授一职,微示劝诫。

按:前已引及的元好问《十七史蒙求序》,也已提及"李华作序,李良荐于朝",但未记具体年月,并仍称《蒙求》作者为李瀚。敦煌本于李良荐表末,仅署"月日,饶州刺史李良上表",也未记具体年月。日本《佚存丛书》本标为"天宝五年饶州刺史李良",杨守敬《日本访书志》著录的古抄卷子改装本署为"天宝五年八月一日饶州刺史李良"。余嘉锡对此是提出过三处误点的:第一,"天宝元年改州为郡,刺史为太守","若谓为江南西道之饶州,则天宝元年已改为鄱阳郡,表上于五载,不当有饶州刺史"。第二,"唐玄宗天宝三年改年为载,此表仍署天宝五年,不用当时制度"。第三,据《新唐书·李华传》,李华于肃宗上元中曾被召为司封员外郎,天宝五载尚未登朝。应当说,余氏提出的这三个误点是有道理的,但他

《蒙求》流传与作者新考

认为这三处误点仅是后世"传抄者各以其意妄为删改",于是以为,李良此表仍为天宝五载时作,《蒙求》作者即为同时人李翰,非李瀚,翰、瀚二字通用,实为一人。余氏此说仅为推测,实未尝"反复推求"。

根据《旧唐书·玄宗纪》,天宝元年(742)二月丙申,明确记载为:"天下诸州改为郡,刺史改为太守。"又天宝三载(744)正月丙辰朔,记载:"改年为载。"至肃宗至德三载(758),此二项又恢复原状,诸郡改为州,称刺史,又改至德三载为乾元元年,改载为年。这是统一的官令,李良如于天宝五载(746)在鄱阳郡任太守,是绝不会自称"天宝五年饶州刺史"的。尤其是李华,李良荐表中称其时任司封员外,更为荒谬。与李华同时的独孤及曾为李华文集作序:《检校尚书吏部员外郎赵郡李公中集序》(《全唐文》卷三八八),称李华于"开元二十三年举进士,天宝二年举博学宏词,皆为科首,由南和尉擢秘书省校书郎",至天宝八载,又"历伊阙尉"。按:秘书省校书郎官阶为正九品上,伊阙属河南府,为畿县。据《旧唐书·职官志》,畿县尉为正九品下,而尚书省诸司员外郎为从六品上,李华怎么可能于天宝二年为正九品上之秘书省校书郎,天宝五载前突然升五六阶之司封员外郎,天宝八载又突然降为正九品下之伊阙尉?

李良荐表中失实最为突出的是关于所谓李翰的记载。李翰为代宗时翰林学士,我曾撰有《唐代宗朝翰林学士考论》(载《中华文史论丛》2001年第3辑,上海古籍出版社),中有专节记述李翰生平。李翰,《旧唐书》卷一九〇下《文苑传》《新唐书》卷二〇三《文艺传》有传,但较简略。中唐前期古文名家梁肃有《补阙李君前集序》《送李补阙归少室养疾序》(《全唐文》卷五一八)。梁肃与李翰为同时之友人,因此所记之事是可信的。梁肃《补阙李君前集序》记李翰"弱冠进士登科,

唐翰林学士传论

解褐卫县尉"。又李翰自作《殷太师比干文》(《全唐文》卷四三二），称"天宝十祀，余尉于卫"。由此，则李翰登进士第年虽未能确知，但其登第后之首任官（即解褐）为卫县尉，而天宝十载（751）也还在卫县尉任。由此也可推知李翰登进士第当在天宝十载前几年，很可能即为天宝五载前后，时仅二十岁（弱冠）。这就与所谓作于天宝五年李良荐表所谓"前信州司仓参军李瀚"有冲突。据《元和郡县图志》卷二八，信州与饶州同属江南西道，邻近，则此李瀚暂时寄住于饶州，与刺史李良交往，亦合乎情理。问题是信州位居中州，中州之司仓参军为正八品上，而卫县县尉官阶仅为从九品上。如此，则李良此表所记与代宗时翰林学士李翰事迹有明显不合：一、按唐科举制，已任过官职者不能再举进士考试，如天宝五载前李翰已任过信州司仓参军，怎么能再举考呢？二、李翰于天宝五载前已为正八品上之信州司仓参军，何以天宝十载又降任为从九品上之卫县县尉？李良荐表中明确要求是希望"依资量授一职"，即在州司仓参军的官阶上再加提升，何以反而降阶？三、梁肃明确记李翰于进士登第后首任官（即解褐）为卫县尉，怎么在几年前已任为信州司仓参军？

　　从李翰事迹所考，可知所谓李良荐表作于天宝五年，是不可靠的。敦煌抄本是现存最早的传本，就只记"月日"，较为合理。由此应当得出这样的结论：一、李良荐表，李华序，其真实性是不成问题的，因敦煌本、元好问序都提及。二、日本所传诸本所记天宝五年，不可信，根据表中称李华时任司封员外郎，则当在肃宗上元时（760—761年）。三、《蒙求》作者为李瀚，敦煌本、元好问序、两宋时目录、《四库全书》本，及日本诸古本，都作瀚，从水，非代宗时翰林学士李翰。梁肃所作的两篇序，《全唐文》卷四三〇所载李翰文，及《新唐书·艺文志》，都未有一字提及《蒙求》一事。

《蒙求》流传与作者新考

最后，我想侧面提供一个信息：《文苑英华》卷三九八"中书制诰"，有常衮《授李瀚宗正少卿制》，《全唐文》卷四一二所收此文，亦作"李瀚"。据考，常衮于宝应元年（762）四月后入为翰林学士，代宗永泰元年（765）出任中书舍人，至大历九年（774）十二月改为礼部侍郎（参见前所提及的我所撰《唐代宗朝翰林学士考论》）。如此，则常衮此篇制文当为大历时所作，中称李瀚曾任银青光禄大夫、亳州刺史，现任宗正少卿。可见这一时期确有一个李瀚，瀚非通作翰。当然这一李瀚是否即为撰《蒙求》的李瀚，限于史料，未能确定，但常衮制文中称其"识精于理，才辨于政；祗服礼训，甄详事经"，也是颇有学识的。

（原载《寻根》2004年第6期，大象出版社，2004年12月）

唐翰林学士传论

岑仲勉《补僖昭哀三朝翰林学士记》正补

一

唐代翰林学士与唐代科举，都是研究唐代士人生活与社会文化的重要课题，自20世纪80年代以来，已多受学界关注，并陆续有研究成果问世。就史料来说，唐代翰林学士较唐代科举，有一优点，即保留的原始材料较多。唐代登科记，在唐代本是历年都有，在中唐穆宗长庆（821—824）前，就纂编有十几种，均系私人所编，后宣宗大中十年（856）还下令编撰官修登科记，成书十三卷。可惜，这些登科记，后都佚失。清道光时徐松著《登科记考》，只能从唐宋时期的史书、文集、笔记、类书中，辑集有关资料（参拙著《唐代科举与文学》第一章《材料叙述：唐登科记考索》，陕西人民出版社，1986年）。唐代翰林学士创建于开元二十六年（738），玄宗一朝，学士并不多，只八人，但已受到社会的重视。杜甫于天宝前期曾有《赠翰林张四学士垍》一诗（仇兆鳌《杜诗详注》卷二），称"天上张公子，宫中汉客星"。因学士院在宫内，靠近君主，故

岑仲勉《补僖昭哀三朝翰林学士记》正补

杜甫认为犹如天上客星，极赞其地位之亲高。也正因此，德宗时翰林学士韦执谊，就特撰有《翰林院故事》，把玄宗朝起的翰林学士姓名，及入院、出院所带的官衔，都逐一记录。此书虽撰于贞元二年（786），但后来仍有人继续著录，直至宪宗元和末。但韦氏所记，仅有姓名、官衔，未记入、出的年月。后就有元稹《承旨学士院记》、丁居晦《重修承旨学士壁记》，补记有年月日，且丁氏所记，直至晚唐懿宗咸通十五年（874）。当然，韦、元、丁三家所记，也间有疏失，如人名漏略，年月错误，官衔不当，等等。但这三书仍从总体上提供自开元盛唐至咸通晚唐一百三十余年的翰林学士名录，这是唐登科记都已佚失所不能比的。

遗憾的是，唐代自僖宗朝起，进入连续兵乱时期，京师长安更迭遭破坏。这样，僖宗、昭宗、哀帝三朝（874—907），三十余年间，就没有翰林壁记，成为一个空段。二十世纪三四十年代间，前辈唐史学家岑仲勉先生，就毅然下决心广辑资料，将这空段补起来，撰有《补僖昭哀三朝翰林学士记》（原载《历史语言研究所集刊》第十一本，1943年，后编列于《郎官石柱题名新考订》，上海古籍出版社，1984年）。这篇四万余字的长文考出僖宗朝二十人，昭宗朝三十人，哀帝朝四人，除有三人重见，共检考出五十一位翰林学士姓名及入院、出院的时间，这是很不容易的。如僖宗时徐彦若，虽两《唐书》有传，且在昭宗朝曾居相位，但两《唐书》本传却无一字提及其为翰林学士，岑仲勉先生（按：以下均简称岑氏）就从五代时刘崇远所作的笔记《金华子杂编》，考出其于乾符、光启间为翰林学士。岑氏涉及的面很广，如从《唐摭言》考出王彦昌，从《桂苑笔耕集》考出侯翱，从《册府元龟》考出封渭，同时更多情况则从《文苑英华》《全唐文》所载的制文检寻出线索。这样，使我们对唐代翰林学士的研究，有一个完整

唐翰林学士传论

的史料结构。前辈学者这种学术奉献和沉潜功力，确令人敬钦。

但可能限于各种客观条件，岑氏在考索中，仍有所疏失，有些是明显的疏忽，如昭宗朝杨注，岑氏简略地谓："注，《旧唐书》卷一七七附见其父收传。"实则《旧唐书·杨收传》明确记杨收有三子：鉴、钜、鏻；收又有弟严，严有子二：涉、注。《新唐书》卷一八四《杨收传》与卷七一下《宰相世系表》所载均同。又如昭宗朝吴融，岑氏有援引其所撰制文《授孙德昭安南都护府充清江军节度使制》，此处"清江"应作"静海"（参郁贤皓《唐刺史考全编》卷三一，安徽大学出版社，2000年）。除这些简略而明显的疏忽外，在考索中还有好几处误失或缺漏。鉴于岑氏此文对研究唐末三朝翰林学士颇有参考价值，且其所考也多为人援引，为更准确掌握这三朝翰林学士史事，今特作此正补，谨供文史学界参阅并指正。

二

岑氏有时所考，未细核原文，只从文题便匆促作出误断。如列为僖宗朝翰林学士的郑延昌，《新唐书》卷一八二有传，记其于懿宗咸通末进士登第后，即在郑畋凤翔幕府。《新唐书》本传接云："（郑）畋再秉政，擢司勋员外郎、翰林学士。"据《新唐书》卷六三《宰相年表》，郑畋于僖宗中和元年（881）六月拜相，并兼京城四面行营都统，十一月罢为太子少傅、分司东都；二年二月，又为司空兼门下侍郎同中书门下平章事，三年七月又罢为检校司徒、守太子太保。《通鉴》卷二五四、二五五所记同。时僖宗因黄巢兵据长安，就一直屯驻于蜀中，郑畋也当由凤翔至成都，居相位。《新唐书》郑延昌传既云"畋再秉政，擢司勋员外郎、翰林学士"，则当于中和二

岑仲勉《补僖昭哀三朝翰林学士记》正补

年（882）二月郑畋又任宰相时，即被推荐为学士，并以司勋员外郎入。

但岑氏据《文苑英华》卷三八二所载刘崇望《授翰林学士郑延昌守本官兼中书舍人制》，判定郑延昌为光启初（885）入，其所据为刘崇望任翰林学士的时间为光启二年（886）至文德元年（888），其所草拟的制文即在此期间，因此推断为光启元年入院，至二年末又加兼中书舍人。这看起来似有所据，但实际上却未细研制文原意，以致与事实本身不合。

按：刘崇望此制，《文苑英华》卷三八二、《全唐文》卷八一二均载，文云："勑：以尔影缨著称，梦笔为文，富以美才，披其禁闼。典由中之诏，成布下之言，方谓得人，雅当入侍。盖闻羊祜谋议，是草皆焚；周仁厚重，其言不泄。亲近之地，慎密为先，尔既不能，何爽居外。西省亦吾教诰之地，戒之可矣。可依前件。"应当说，此制的含义是很明显的。文中先是赞誉其文采，故云"方谓得人，雅当入侍"。但翰学之地，当以"慎密为先"，而郑延昌却于此"不能"，于是只好"居外"。"西省"即中书省之别称，也就是为了照顾，还是使其任中书舍人。这就是说，此篇制文乃使其出院，而并不是使其在任翰林学士期间又兼中书舍人。岑氏未研文义，故所作的判断与事实相反。

又，如前所述，郑延昌为郑畋再任宰相时推荐入院，而郑畋又由于当时的人事原因，于第二年（即中和三年）二月罢相，则郑延昌可能受此影响，也于中和三年二月后出院。这还可举一佐证，即僖宗因广明元年（880）十二月黄巢入据长安，出奔至成都；中和三年（883）四月，唐军收复长安，但僖宗在成都仍再停留一年多，于光启元年（885）正月才启程离蜀返京。宋黄休复《益州名画录》卷上《常重胤》条，记僖宗返回前，令重胤写其真容及随从文武臣僚于成都行宫中和院，其

唐翰林学士传论

遣从臣僚有记其姓名及官衔，当时记翰林学士的，有乐朋龟等五人，并无郑延昌。由此可见，光启元年前一年即中和四年（884）年底前，郑延昌已不在翰林学士任，这与上述他因受郑畋于中和三年二月罢相之牵连而出院相合。由此可见岑氏仅据刘崇望《授翰林学士郑延昌守本官兼中书舍人制》而定于光启初入，确实不切。

又，岑氏在考另一翰林学士崔凝时，也引及刘崇望另一制文《授中书舍人崔凝、右补阙沈仁伟并守本官充翰林学士制》。如前所述，他已提及刘崇望任翰林学士在光启二年末至文德元年，而此为崔凝、沈仁伟始授翰林学士的制文，那就是崔、沈之任翰林学士只能在光启二年末以后，但前已提及的《益州名画录》卷上，光启元年前的中和四年末记于中和院壁上，已有翰林学士崔凝、沈仁伟之名。岑氏倒是注意到了这时间上的冲突，因此曾提出："岂凝及仁伟之制非崇望所为而《英华》误署其名？"但这里仅提疑问，未作进一步考索，而在记述郑延昌时，却又排除这一疑义，肯定刘崇望作制在光启二年。今查《新唐书》卷六〇《艺文志》四，著录有刘崇望《中和制集》十卷，明确定其所作制文乃在中和年间，非光启时。这就可以佐证，前所提及的刘崇望所作授郑延昌、崔凝、沈仁伟等翰林学士制文乃作于中和时，他可能在蜀任司勋、吏部员外郎时又兼知制诰，故可起草制文，且数量也不少，北宋前期尚存有十卷。这些，岑氏都未考及。

另一例，关于赵光逢。赵光逢为昭宗时翰林学士，新旧《唐书》、新旧《五代史》皆有传。《旧唐书》卷一七八本传记其为僖宗乾符五年（878）登进士第，登第后曾出为外镇幕府，后入朝，"历礼部、司勋、吏部三员外郎，集贤殿学士，转礼部郎中"。按：充职于集贤殿学士，官阶需在五品以上，尚书诸司员外郎为从六品上，只能为"直集贤殿学士"，这里《旧

岑仲勉《补僖昭哀三朝翰林学士记》正补

传》当缺一"直"字,惜中华书局点校本未校出。

《旧传》接云:"景福中,以祠部郎中、知制诰,寻召充翰林学士。"景福为昭宗立朝后第三个年号(890—891)。但岑氏又另引黄滔《赵员外启》(《全唐文》卷八二四),谓此书启中有三次称赵光逢为员外、学士,则赵光逢当由员外郎入,《旧唐书》只提"祠部郎中",当为"从略",即《旧传》漏略赵光逢先由员外郎入,后迁升为郎中。这又是岑氏未细读原文误作判断。按:黄滔《启》中有云:"伏以曦辔流辉,已侵穷腊;禹门飞浪,即到登时。莫不禺多士之精诚,仵有司之新命。"按:唐代进士、明经等常科考试,一般在年初进行,但各地州府所贡的举子在秋冬之际(最迟在十月)即陆续集中于京都,进行报到及行卷、求荐等活动(参拙著《唐代科举与文学》第四章《举子到京后活动概况》,陕西人民出版社,1986年)。黄滔此处所述的"已侵穷腊""即到登时",当是他作为应试的举子,已在京师,快到年底,表现一种期望登榜的心理。从这封书启中所述,他曾见到过这位赵员外、学士:"近者面获起居,亲叨然诺,自归旅舍,彻坐寒宵。"

问题是,黄滔曾多次应试不第,最终登第在昭宗乾宁二年(895)。如果此篇《赵员外启》在此次登第前所写,则当在乾宁元年(894)冬,而此时赵光逢已为翰林学士承旨、兵部侍郎(参见《旧唐书》卷二〇上《昭宗纪》乾宁二年三月),这就与称员外不合。据前所引《旧唐书》本传记载,赵光逢自僖宗于光启元年(885)返京后,历任太常博士,礼部、司勋、吏部三员外郎,并兼直集贤殿学士,即当僖宗末、昭宗初。黄滔这一《赵员外启》,也当在这一期间,其称学士者,并非指翰林学士,而是指直集贤殿学士,与时任员外郎相合。唐时如只称学士,不一定即为翰林学士,如黄滔另有《寄同年崔学士》诗(《全唐诗》卷七〇五),此即作诗寄其同年登第者崔仁

唐翰林学士传论

宝(见徐松《登科记考》卷二三),而崔仁宝未曾为翰林学士。因此不能仅据黄滔《赵员外启》中称员外、学士,而断定赵光逢为自员外郎入。《旧唐书》本传明确记述,赵光逢由员外郎入,后迁礼部郎中,又转祠部郎中、知制诰,这才入为翰林学士。岑氏这也是未研文意而致误断。

另一例,张玄晏。张玄晏,两《唐书》无传,《新唐书》卷六〇《艺文志》四,著录《张玄晏集》二卷,称其为"昭宗翰林学士"。岑氏在考述中援引钱珝《授右司郎中张玄晏翰林学士制》(《文苑英华》卷三八四),又据钱珝《舟中录序》,确定其任中书舍人在乾宁二年(895)十一月至光化三年(900)六月,也就是作此制文的时段。具体而言,此制文中有"吾越在关辅,不遑燕居",乃指唐昭宗因避凤翔兵逼,出驻华州,时在乾宁三年(896)七月,至光化元年(898)一月,因谓此"当是乾宁、光化间昭宗幸华州时之制"。这是对的。但岑氏不顾钱珝制文称张玄晏为右司郎中,而据张玄晏自己所作的《谢奉常仆射启》中所云"伏奉敕命授尚书驾部员外郎、知制诰,依前充职者",而定张玄晏为自员外郎充,这却不确。

按:《全唐文》卷八一八载有张玄晏好几篇书启,其中有《未召试前与孙相公启》,此孙相公为孙偓。据《新唐书》卷六三《宰相年表》,孙偓于乾宁二年(895)十月入相,四年(897)二月罢相,这正与张玄晏入为翰林学士时段相合。张玄晏当在正式入院前须先考试(此可参韩偓《金銮密记》,见《说郛》卷四),在试前乃先上书给宰相孙偓,对孙"许与之恩言""提拔之隆旨",深表感恩之情:"倍怀感激之心,冀竭效酬之节。"另有一篇《谢时相启》则是考试入院后又对宰相致谢:"某今日伏奉宣召,伏蒙圣慈令充职翰林者。"而岑氏所援引的《谢奉常仆射启》,则应为入院后历经数月又改官职所上,中有云:"寻过津涯,每惭觍冒,孰谓才逾累月,又陟华资,

岑仲勉《补僖昭哀三朝翰林学士记》正补

南宫秩换其词司，西掖名参予演绎。"应予注意的是，张玄晏另有一《谢时相启》，这一《谢时相启》，与前所述及的《谢时相启》，应当说对象相同，而时间不同，前所述及的《谢时相启》是刚入院所表示的谢意，此一《谢时相启》，乃云："顾惟鲰浅，寻过津涯，忽自秋而徂冬，每素飧而尸禄。"此云自秋至冬，与《谢奉常仆射启》所谓"才逾累月"相合，且这两封书启都有"寻过津涯"同一词语。可见这一《谢时相启》又与《谢奉常仆射启》为同时所作。这一奉常仆射，据郁贤皓、胡可先合著《唐九卿考》（中国社会科学出版社，2003年）108页所记，为乾宁三四年间任太常卿的孙储，而孙储又为孙偓亲兄。可见张玄晏乃于入院后数月，即自秋至冬，又上书给宰相孙偓，及孙偓之兄，时任太常卿、检校右仆射的孙储，乃在院期间迁升官衔而致谢意。可以注意的是，《全唐文》所载的此篇《谢时相启》即云："某伏奉今日敕，授尚书驾部郎中、知制诰，依前充职者。"而岑氏所引即与此《谢时相启》同时撰写的《谢奉常仆射启》却云："某伏奉敕命，授尚书驾部员外郎、知制诰，依前充职者。"此一为驾部郎中，一为驾部员外郎，同时所写，则必有一误，而岑氏则两者并存，归纳为张玄晏于乾宁三年秋先为驾部员外郎，于此年冬又改为驾部郎中。今查《文苑英华》卷六五三，亦载有张玄晏这篇《谢奉常仆射启》，则作："某伏奉敕命，授尚书驾部郎中、知制诰，依前充职者。"《全唐文》依据《文苑英华》录入，但误将"驾部郎中"改为"驾部员外郎"，岑氏仅据《全唐文》，未再核《文苑英华》，故致误断。应当说，据钱珝制文，张玄晏于乾宁三年由右司郎中入为翰林学士，至同年冬，又改为驾部郎中，不过又新加知制诰，这就与《谢奉常仆射启》所谓"才逾累月，又陟华资，南宫秩换其词司，西掖名参于演绎"相合：即右司郎中、驾部郎中均属尚书省，也就是同处"南宫"，所谓秩换，

唐翰林学士传论

也就是均为郎中，官秩均为从六品上，故仅云"换"；至于"西掖"，则喻中书舍人，知制诰乃为中书舍人之前阶，也可为中书舍人之别称。

又，从张玄晏这几篇书启中，可以提供给我们一个思考，即前些年，有关唐代翰林学士研究的论著，有些过分强调其所谓"内相"的地位与作用，认为翰林学士的实际职能已超过外廷宰相，而在晚唐，又与宰相、枢密使（即宦官）共同形成三大机构的中央政权。实际上，即使在翰林学士创建阶段唐玄宗时，有几位学士也是靠宰相杨国忠提拔、召入，并一直依附于杨国忠的；晚唐更是如此，张玄晏与前所记述的郑延昌就是明显的例子。又如《通鉴》卷二五四载，中和元年（883）正月，僖宗因黄巢进兵关中，仓皇出奔，"时百官未集，乏人草制，右拾遗乐朋龟谒田令孜而拜之，由是擢为翰林学士"。田令孜就是当时掌有兵权的宦官。晚唐僖宗、昭宗两朝，好几位翰林学士都是因附结宦官而擢迁的。这都值得我们思考，对唐代士人的政治趋向作求真务实的研索。

另一例，卢说。卢说，两《唐书》无传。岑氏就钱珝所作《翰林学士兵部侍郎卢说妻博陵郡君崔氏进封博陵郡夫人制》（《文苑英华》卷四一九），提出卢说曾为翰林学士、兵部侍郎。又钱珝任中书舍人为乾宁二年（895）十一月至光化三年（900）六月，岑氏再据卢说仅存一文《授马殷湖南节度使制》（《文苑英华》卷四五八），断定卢说为昭宗乾宁末人为翰林学士，后历任兵部侍郎。按：《文苑英华》所载此制，其题实为《授李思敬马殷湖南节度使制》，《全唐文》卷八二一同。岑氏则将此题仅录马殷一人，漏"李思敬"之名。不过他在论述中还是考及李思敬，但文意不清，据《文苑英华》所载制文的文题，将李思敬与马殷同任湖南节度使来考，认为两《唐书》本纪与《通鉴》所记互异，未能有确切的把握。但他仍据此制，

岑仲勉《补僖昭哀三朝翰林学士记》正补

定卢说于乾宁末入院。

按：《通鉴》卷二六〇，乾宁三年（896）三月，"保大节度使李思孝表请致仕，荐弟思敬自代，诏以思孝为太师，思敬为保大留后"；同年九月，即"以保大留后李思敬为节度使"。这是李思敬事。《通鉴》于同年九月又载："以湖南留后马殷判湖南军府事。"关于湖南事，《旧唐书》卷二〇上《昭宗纪》有较详的记载：同年（即乾宁三年）四月，"湖南军乱，杀其帅刘建锋，三军立其部将权知邵州刺史马殷为兵马留后"。由此，则可知乾宁三年四月，湖南军乱，其主帅、湖南节度使刘建锋被杀，部将推奉马殷为兵马留后，至同年九月，朝廷正式任命其判湖南军府事，也就是实际任为湖南节度使。按：保大节度使治鄜州，唐时属关内道，即在陕中。由此可见，卢说此制，所任实为二人，一在北，一在南，称保大为"束神京襟带"，称湖南为"扼衡越咽喉"，非常清晰。其叙李思敬，制中称"有以难兄告老，沥恳以闻，俾偕内举之诚，爰颁试守之命"，即乾宁三年三月保大节度使李思孝表请致仕，荐其弟思敬，乃授以为保大留后。后叙马殷，称："有以元戎殒丧，军俗上陈，言其以得士心，可使为帅，姑徇人欲，爰假武将。"也与该年四月湖南事合。制文在叙上述事后，一称"或曾未报期"，一称"或始逾星纪"，即不到半年，至九月，各授正职。由此可以考定，此制当撰于乾宁三年九月，因二人同任节度使，故可在同一制文中颁发，这在唐代制文中常有。由此，则其制题实应为《授李思敬保大节度使、马殷湖南节度使制》，此当为《文苑英华》漏略，岑氏未注意于此。而且乾宁纪年为894—898，共五年，卢说既于乾宁三年九月已撰有制文，则其入院当更在此前，故岑氏断其为乾宁末入，也不确。

三

　　这里再举数例,正补其误断和缺漏。
　　昭宗时翰林学士薛贻矩,新旧《唐书》无传,新旧《五代史》却有传。据有关记载及岑氏所考,薛贻矩曾两次入院,先是于昭宗乾宁元年(894)由起居舍人入,于乾宁二年(895)七月出,后又于同年冬以中书舍人入,在职期间历户部、兵部侍郎,并为学士承旨。此后,据《旧唐书》卷一七七《崔胤传》,时任宰相的崔胤与朱全忠交结,操纵朝政,排斥异己,贬陆扆为沂王傅,王溥为太子宾客,又贬出翰林学士三人,即薛贻矩夔州司户,韩偓濮州司户,姚洎景王府咨议。岑氏在叙及薛贻矩贬夔州司户时,引有吴融《送薛学士赴任峡州》及贯休《送薛侍郎贬峡州司马》二诗,应当说这是研究唐代翰林与文学的很好材料。但岑氏谓"唐无峡州,有硖州",因此认为薛是贬硖州,《旧唐书·崔胤传》所谓贬夔州有误,或"后来累贬",即先贬硖州,后贬夔州。岑氏所谓唐无峡州,并无论证,实则著于中唐时李吉甫的《元和郡县图志》,后传世整理本《阙卷逸文》卷一,就有峡州,州内并有夷陵县、西陵峡等(见贺次君点校本,中华书局,1983年),与贯休诗"夷陵山水称闲游"合。《新唐书》卷四〇《地理志·山南道》,也有峡州夷陵郡。《全唐诗》卷五八八又有李频《峡州送清彻上人归浙西》,李频也为晚唐人。因此不能说唐无峡州。夔州与峡州邻近,故吴融、贯休所送诗均概称峡州。
　　另,杜晓是昭宗后期的翰林学士,为僖宗时翰林学士杜让能子。《新唐书》卷九六《杜让能传》曾略有记,但未记其曾为翰林学士。《旧五代史》卷一八、《新五代史》卷三四则有杜晓传,所记较详。据新旧《五代史》本传,杜晓早年仕宦曾得

岑仲勉《补僖昭哀三朝翰林学士记》正补

到宰相崔远的扶助,很可能其人为翰林学士,也由崔远的推荐。也正因此,《旧五代史》本传云:"及崔远得罪,出守本官。"按:据《通鉴》卷二六五,天祐二年(905)五月,当时的宰相柳璨"恃朱全忠之势,恣为威福",排斥异己,就贬崔远为莱州刺史;六月,崔远等又被迫自尽而死。岑氏据此,即谓杜晓"(天祐)二年五月,出守本官",后即不叙,似杜晓于唐末即再未入朝。实际上,《旧五代史》本传接云:"居数月,以本官知制诰,俄又召为学士,迁郎中充职。"这就是说,杜晓于天祐二年秋冬,又入为翰林学士,并由员外郎升为郎中,仍在职。岑氏只记其天祐二年五月出院,未再核《旧五代史》,故有缺漏。

李磎,岑氏曾于僖宗朝、昭宗朝两次记其入院,是。按:李磎于僖宗后期曾任翰林学士,后辞归华阴。《旧唐书》卷一五七本传接云:"王铎镇滑台,杖策诣之。铎表荐于朝,昭宗雅重之,复召入翰林为学士。"据此,则李磎于昭宗时再入,乃由王铎所荐。而据《旧唐书》卷一九下《僖宗纪》,王铎为滑州刺史、郑滑观察处置使,在中和元年(881)七月,至四年(884)十一月又改为沧州刺史,而中和年间李磎正在淮南高骈幕府,不可能又至北方向王铎求荐。且《旧纪》又载,中和四年十二月,新除沧德节度使王铎为魏博节度使乐彦祯所杀,《通鉴》卷二五六同。中和四年距昭宗即位,尚有四年,王铎怎么可能向昭宗推荐李磎,李磎因而又入为翰林学士呢?《旧传》此处所记显误,但如不予考核,很可能就以为李磎之所以能于昭宗时再次入院,乃因地方节镇王铎所荐。岑氏于此忽略,故本文借此予以补正。

四

岑氏考述时，有时未注意考查较早的出处。这里拟举数例，并加论证。

侯翩，两《唐书》无一字有记，岑氏就崔致远《桂苑笔耕集》卷四《与翰林侯翩学士书》，考出僖宗中和二年（882）时有翰林学士侯翩，这是很难得的。按：此时僖宗因避黄巢兵，尚居于蜀中成都；新罗人崔致远时在淮南高骈幕府，代高骈致书与侯翩，感谢所草的制文。岑氏又接引《益州名画录》卷上《常重胤》条，记僖宗于光启元年（885）正月离蜀前中和院壁上有翰林学士中书舍人侯翩（关于《益州名画录》所载中和院画像及记姓名事，已见前引）。岑氏即谓："据此知翩在中和、光启间以中舍充学士。"但又云："至何时，何官出，他无可考。"

其实，关于侯翩事，还另有材料可加补证。五代后期孙光宪所撰《北梦琐言》，就记有两条。其书卷五《淮浙解纷诏》有云："唐僖宗皇帝，蒙尘于蜀，朝士未集，缺人掌诰。乐朋龟、侯翩辈虽居翰林，而排难解纷之才，非所长也。高太尉镇淮南，拥兵不进，与浙西周宝不睦，表章递奏，各述短长。朝廷欲降诏和之，学士草制，殊不惬旨。"此处明确记述唐僖宗在蜀时有翰林学士乐朋龟、侯翩。乐朋龟，《新唐书·艺文志》四著录其文集，并明载其为"僖宗翰林学士"。而僖宗在蜀时翰林学士未有两个姓侯的，且《北梦琐言》此处所记乐朋龟、侯翩所草制文，即与高骈在淮南之事有关，可见侯翩、侯翩实为一人。《北梦琐言》卷五另有《符载侯翩归隐》条，又记侯翩为成都人，"僖皇播迁，擢拜中书舍人，翰林学士"；但后"僖宗归阙，除郡不赴，归隐导江别墅"；此后王建镇蜀，建立

岑仲勉《补僖昭哀三朝翰林学士记》正补

地方政权,又聘侯翾,"屈致幕府"。由此可见,《益州名画录》卷上所记中和院壁上虽尚有侯翾之名,但据严耕望《唐仆尚丞郎表》卷六所考,此画之作实在中和四年(884)九、十月间。也就是说,中和四年九、十月间僖宗即将离蜀,将随驾在蜀的文武臣僚姓名记于壁上,此时侯翾尚在;但僖宗于第二年即光启元年(885)正月启程,侯翾则在此前辞职留蜀,后即在王建幕府。这就可以补岑氏所谓何时、何官出院之无考。又,清吴任臣《十国春秋》卷四四"前蜀诸臣列传",也有侯翾专传,所据即《北梦琐言》所载。至于其名,翾、翾何者为是,则俟考。

又如沈仁伟,两《唐书》也无一字记载,岑氏援引赵崇望《授中书舍人崔凝、右补阙沈仁伟并守本官充翰林学士制》,又据《益州名画录》卷上中和院壁写真,考出沈仁伟约僖宗年间为翰林学士,是。但赵崇望所撰制文中有"三代丝纶,一门冠盖,不坠其业者,伊仁伟有之",岑氏只云"考唐代沈氏两代翰林知制诰者惟传师、询父子为然",未提及沈仁伟。确实,新旧《唐书·沈询传》,都未提及沈询有子。今查《北梦琐言》卷五《沈蒋人物》条,记有沈询,并特为加注:"沈询子仁伟,官至丞郎,人物酷似先德,所谓世济其美。"(上海古籍出版社《唐五代笔记小说大观》本,2000年)这就可与《元和姓纂》卷七参证。由此即可补证赵崇望制文中"三代丝纶,一门冠盖"。

与此有联系,应查核较早出处的,还有昭宗时翰林学士令狐涣。按:令狐涣为令狐楚孙,令狐绹子,其事附见于《旧唐书》卷一七二、《新唐书》卷一六六《令狐楚传》。但两《唐书》均未记令狐涣任翰林学士事,岑氏就清徐松《登科记考》卷二四大顺二年(891)进士登第者罗衮名下,检出《永乐大典》所引《临邛续志》,记有"蜀先主致书于翰林令狐学士",

唐翰林学士传论

由是考析此令狐学士为令狐涣。这当然是一条好线索，但实际上记罗衮及令狐涣此事，较早者为《北梦琐言》，即其书卷五《罗衮不就西川辟》条。《永乐大典》所引《临邛续志》，当纂修于元、明际，则其所载此事当即承袭此前三四百年的《北梦琐言》。

  我们对某一事作判断，确应多查资料。如昭宗时翰林学士杨钜，著有《翰林学士院旧规》，这也是唐人所著有关唐翰林学士一部很好的史料书，后编入宋洪遵《翰苑群书》。但岑氏提及此事曾有说，谓有一本记此书为李愚作，并引《旧规》内所记"契丹书头云，敕契丹王阿保机"，进而论述，谓阿保机是辽太祖名，其称王（帝）始天祐四年（907），直至后唐明宗天成元年（924）乃卒，而李愚于五代后唐时为翰林学士。岑氏乃云："其书与（李）愚完全无关，亦未惬当。"即杨钜作此书当在唐末任翰林学士时，不可能记有辽王阿保机，此书有可能为五代后唐时翰林学士李愚所作。

  按：杨钜附见于两《唐书·杨收传》后，所记甚略，《旧唐书》传所记，甚至谓"从昭宗东迁，为散骑常侍，卒"。按：昭宗由于朱全忠所迫，于天祐元年（904）正月由长安迁移洛阳，当年八月即被害。由此，则杨钜当即卒于唐末天祐年间。且岑氏又谓杨钜此书所记，其标明时日最晚者为天复三年（903）七月二十一日，则与所记"契丹王阿保机"不合。这看起来似有一定道理，但《旧唐书》传所记实有误。今查《全唐文》卷八一九有杨钜所作《唐御史里行虞鼎墓志铭》，文中称虞鼎生于会昌元年，卒同光元年，年八十三。文中又记虞鼎卒前曾嘱其子请杨钜为作墓志，钜在文后云："况钜与公同年，知公为最深，铭安得而辞耶？"此所谓同年，按唐登科通例，乃同年登进士第者，墓志特别标出虞鼎"登咸通十年进士"。由此可知此文确出于杨钜之手。而墓志称虞卒于同光元年，同

岑仲勉《补僖昭哀三朝翰林学士记》正补

光为五代后唐庄宗年号，元年为公元923年。由此可以确定，杨钜于后唐同光元年尚在世，此时距唐之亡（907）已有十几年。由此可证《旧唐书》所谓杨钜随昭宗东迁后即卒，实误。由此并可推知，杨钜作此《翰林学士院旧规》，当自昭宗时任翰林学士起着手，出院后在五代时仍陆续撰写，故记天祐四年（907）阿保机称王，也与杨钜身历不发生冲突。岑氏未注意杨钜所作的这篇墓志，故有不确切的判断。

又，杨钜此篇墓志还可纠正徐松《登科记考》之误。徐《考》卷二三，据《永乐大典》所引《苏州府志》，谓杨钜与钱珝同于僖宗广明元年（880）登第。《永乐大典》所引《苏州府志》并无具体说明，而杨钜所作墓志，明确记虞鼎为咸通十年（869）登进士第，而自己又与其同年登第，交情又深，故愿为其撰作墓志。这是非常确切的，当可信从（按：2003年北京燕山出版社出版的孟二冬《登科记考补正》于此也未提出）。

岑氏对翰林学士有制文传世的，也对其撰写年月有所考核，但有些却未作判断。如昭宗时翰林学士韩仪（韩偓之兄），有《授朱朴平章事制》，岑氏已据《文苑英华》卷四五〇所载，谓文末署乾宁三年八月，又引《新唐书》卷一〇《昭宗纪》《新唐书》卷六三《宰相年表》，均记朱朴于乾宁三年（896）八月拜相，但又谓《旧唐书·昭宗纪》则记朱朴拜相在乾宁四年（897）五月己亥朔，对此时间互异，岑氏未予考析。按：朱朴入相事，《通鉴》卷二六〇有较详的记述，乾宁三年七月，水部郎中何迎、道士许岩士等皆荐朱朴"有经济才"；同年八月，昭宗"愤天下之乱，思得奇杰之士不次用之"，此时任为国子博士的朱朴又自我表荐，昭宗即任以为相。后各书又记朱朴与孙偓于乾宁四年二月罢相，由此则《旧纪》记朱朴于乾宁四年五月拜相，明显有误。这牵涉到此制文的撰写年月，且《通鉴》等所记甚明，不知何以岑氏却未作考析。

唐翰林学士传论

　　唐末昭宗、哀帝二朝，距五代梁朝很近，因此有好几个翰林学士继续就仕于梁，不像韩偓那样以忠节自持，毅然离开京洛，长期居于南方，即使有征召也不返。因此我们现在记述当时的翰林学士，要注意五代史的材料。岑氏对此也有引及，不过也有忽略。如姚洎，据有关史料，于昭宗天复元年（901）入，兼中书舍人，天复三年（903）二月因受宰相崔胤谋害，与韩偓等同时贬出，姚贬为景王府咨议（参见《旧唐书》卷一七七《崔胤传》）。岑氏于此后即无考，并援引《唐摭言》卷一三所记："梁太祖受禅，姚洎为学士。"即谓："则洎逮事朱梁，其终官不可考。"实际上，姚洎虽于天复三年（903）二月出为景王府咨议，但不久又入为中书舍人，《旧唐书》卷二〇下《哀帝纪》，天祐二年（905）八月，"戊子，制中书舍人姚洎可尚书户部侍郎，充元帅府判官，从（朱）全忠奏也"。姚洎当受朱全忠的信重，天复三年（903）二月虽因受崔胤之陷而被迫出院，但崔胤不久又为朱全忠谋杀，姚洎即又复为中书舍人，并迁升为户部侍郎。所谓"充元帅府判官"，即在朱全忠的军中幕府。又《旧五代史》卷四《梁太祖纪》开平二年二月，"兵部侍郎姚洎为卤簿使"。按：开平二年为908年，即朱全忠立朝后的第二年，此时朱全忠拟巡视洛阳，姚洎随行，即任其为卤簿使。按：元帅府判官、卤簿使，都不可能为翰林学士兼任的，因此《唐摭言》所谓"梁太祖受禅，姚洎为学士"，不确。同时，《旧五代史》卷八《梁末帝纪》，乾化三年（913）"秋九月甲辰，以光禄大夫、守御史大夫、吴兴郡开国侯姚洎为中书侍郎、平章事"（《新五代史》卷三《末帝纪》同）。新旧《五代史》虽未有姚洎传，但由以上所引，姚洎在梁的仕迹是甚为显贵的。由此则岑氏所谓姚洎逮事朱梁，其终官不可考，不确。

岑仲勉《补僖昭哀三朝翰林学士记》正补

五

岑氏所考，有两位是否真为翰林学士，甚可疑，今特提出，供进一步查考。

一个是郑彀。岑氏于僖宗朝翰林学士列有郑彀，所据仅为《北里志》郑举举条。按：长安平康里，为当时歌妓所居地，有所谓三曲，特别是南曲、中曲，多居"妓中有铮铮者"。郑举举，就是居于曲中"善令章""巧谈谐"的歌妓。岑氏所引为下一段："今左谏王致君调、右貂郑礼臣彀、夕拜孙文府储、小天赵为山崇皆在席。时礼臣初入内庭，矜夸不已，致君已下，倦不能对，甚减欢情。举举知之，乃下筹指礼臣曰：'学士语太多。翰林学士虽甚贵甚美，亦在人耳，至如李鹗、刘允承、雍章亦尝为之，又岂能增其声价耶。'"岑氏谓："按：唐末未闻郑彀其人，郑毂见《郎官柱》封外，当即其人。"岑氏将《北里志》所述的郑彀移为郑毂，这仅是无凭据的猜测，且即使郑毂，也无任翰林学士的记载。据《新唐书》卷一八五《郑畋传》，记郑薰有子毂，"方畋秉政，擢为给事中，至侍郎"。《新唐书》卷一七七《郑薰传》，更未记其子事。郑畋秉政（即居相位）在僖宗中和元年至三年间（881—883），而孙棨之《北里志》自序，署为中和甲辰，即中和四年（884）。中和年间正是僖宗在蜀，长安为黄巢兵所据，正处于兵荒马乱中，郑毂怎能于此时在长安宴聚于北里呢？又孙棨在序中明确地说："诸妓皆居平康里，举子、新及第进士、三司幕府但未通朝籍未直馆阁者，咸可就诣。"就是说，一些年轻的应试举子，新及第进士，以及刚入仕但尚未能至文馆、殿阁者，才能到妓女处去，可见当时身居宥密之地的翰林学士，是不可能随便到平康里聚宴的。《北里志》此处所记，只是一种趣闻，而

唐翰林学士传论

所谓郑毂或郑縠,无任何一条材料可以佐证其曾为翰林学士。

另一个是杜荀鹤。杜荀鹤为晚唐后期著名诗人,他长期居住于现在的安徽一带(本为池州人),写有不少反映民生疾苦、表现自我忧愤的诗篇。从五代后期及宋初起,就有一些笔记记述他依附于朱全忠,写诗谀颂,后即由朱全忠表荐为翰林学士。现在一般文学史著作,在记述杜荀鹤生平时,也都记其为翰林学士,岑氏更明确定为天祐元年(904)以主客员外郎、知制诰充,不过又云"无何卒",即卒于天祐元年。其实,杜荀鹤之任翰林学士,极可疑,对过去的记载应重新考虑。

首先是杜荀鹤本人的作品从未涉及他曾任翰林学士,也不像僖宗、昭宗朝一些学士尚存有在职期间所撰的制词。有些早期的笔记,其记叙也与杜荀鹤经历不合。如北宋初期张齐贤《洛阳搢绅旧闻记》卷一《梁太祖优待文士》条,记杜与朱全忠之关系甚详,也多为后人援引。此条先写"梁祖之初兼四镇也,英威刚很",而此时"进士杜荀鹤以所业投之,且乞一见"。按唐时习俗,如只称进士,是尚未及第的举子,这就是说杜荀鹤当时为求及第,前去拜谒朱全忠,请其荐引。后朱全忠接见他,这时正好下雨,朱"仰首视之,天无片云,雨点甚大",就对杜说:"此所谓无云而雨,谓之天泣,不知是何祥也。"意谓是不祥的征兆。杜就马上献上一诗:"同是乾坤事不同,雨点飞洒日轮中。若教阴朗都相似,争表梁王造化功。"这首诗明显是想化解朱对无云而雨的揣恐心理,并借以表达其对朱的赞仰之情,因此朱特为开宴,"极欢而散"。按:据《旧唐书·昭宗纪》及《通鉴》卷二六四,朱全忠晋爵封梁王在天复三年(903)二月,《新唐书·昭宗纪》及新旧《五代史·梁太祖纪》则记为天复元年(901)正月。又《通鉴》卷二六二天复元年五月,又明确记朱全忠兼领宣武、宣义、天平、护国四镇节度使。这都是天复元年、三年间事。而杜荀鹤登进士第则

岑仲勉《补僖昭哀三朝翰林学士记》正补

早在昭宗大顺二年（891），为天复元年前的十年。由此可见，《洛阳搢绅旧闻记》记杜荀鹤在登第前去拜见朱全忠，这时朱已兼四镇节度使，且所作诗中称朱为梁王，与杜荀鹤的行迹均不合。由此可见过去所记杜曾拜谒朱全忠并为其作"争表梁王造化功"一诗，完全出于传闻，并不合实际。

关于杜荀鹤任翰林学士，正史所记的有《旧五代史》卷二四杜本传，称杜荀鹤"既擢第，复还旧山。时田頵在宣州，甚重之。頵将起兵，乃阴令以笺问至太祖，遇之颇厚。及頵遇祸，太祖以其才表之，寻授翰林学士、主客员外郎。既而恃太祖之势，凡缙绅间己所不悦者，日屈指怒数，将谋尽杀之。苞蓄未及泄，丁重疾，旬日而卒。"这里所述，时间历程不清楚，今据《通鉴》等所载，具述如下：田頵为宁国军节度使（治安徽宣州），与淮南扬州节镇杨行密争夺地盘，常有交战。昭宗天复三年（903）八月，田頵拟与寿州奉国节度使朱延寿联合，这时正好杜荀鹤在其幕府，就派遣杜先至寿州（在皖北），后至大梁（即河南开封），先后与朱延寿、朱全忠交结。但此年九月，朱延寿为杨行密所杀，十二月，田頵也因兵败，坠马而死，由此，则第二年（即天祐元年，904）杜荀鹤就留在朱全忠军中。据《旧五代史》，朱"即以其才表之，寻授翰林学士、主客员外郎"。按唐通例，翰林学士须在朝廷宫中、皇帝左右供职的，而据《旧五代史》及有关笔记等所记，天祐元年杜荀鹤一直在朱全忠的元帅幕府。我们可以举另一例子，即与杜同时，也为朱全忠表荐的一位翰林学士，来作比较。此人名张策，新旧《五代史》均有传。据《旧五代史》卷一八《张策传》，张策前期在西北节镇王行瑜、韩建军幕府，后应聘至朱全忠处，为朱全忠赏识，"天祐初，表其才，拜职方郎中、兼史馆修撰，俄召入为翰林学士。转兵部侍郎、知制诰，依前修史；未几，迁中书舍人，职如故"。这就是说，张策为朱全忠

唐翰林学士传论

所荐,为翰林学士,遂入唐廷宫中。又,据《旧唐书》卷二〇下《哀帝纪》,天祐四年(907)三月,朱全忠逼哀帝传位,时朱在大梁,哀帝在洛阳,哀帝就"以中书侍郎、平章事杨涉押传国宝使,翰林学士、中书舍人张策为副",由洛阳赴大梁。这是明显的例证,说明张策由朱全忠所荐,为翰林学士,就入于唐哀帝宫中,并不在梁王府内。而杜荀鹤,天复三年(903)秋冬至大梁,天祐元年(904)即因重疾而卒,不到一年,一直未在洛阳,这就不可能在翰林学士院内供职。据现有《旧五代史》等所记,有可能朱全忠曾表荐其为翰林学士,但杜荀鹤当因病未赴职,不久即卒。至于《旧五代史》记杜在朱的幕府,恃朱之权势,拟谋杀缙绅间己所不悦者,也无据,且与杜之经历、性情不合,因杜荀鹤长期在东南,与中原洛阳、大梁等地之缙绅并无交往。且此事别的书有相反的记载,如南宋的《唐诗纪事》《郡斋读书志》都记为杜因倚朱权势,"侮易缙绅,众怒欲杀之"。可见杜荀鹤晚年的行迹,多有互相矛盾之记,揣测不实之词,应予清理。限于篇幅,这里仅就翰林学士事予以辨析,其他可再考索。

(原载《唐研究》第十卷,北京大学出版社,2004年)

《翰学三书》编纂小记

　　《翰学三书》是一部古籍整理著作，书名是我起的，它实际上包括三部书，即宋洪遵《翰苑群书》，明黄佐《翰林记》，清鄂尔泰、张廷玉《词林典故》。关于翰林院和翰林学士，唐以后各朝正史中的职官志都有所记叙，但较为简略，历代文集、笔记也有记载，但较为分散。《翰学三书》所辑集的这三部书则既较为系统，又十分具体，记载唐、宋、明、清翰林学士院的建置、沿革，以及这几个朝代翰林学士的职能、作用，可以说是我们今天研究翰林学士的基本史料。此书由我与台湾学者施纯德先生合作编纂，由辽宁教育出版社出版。

　　1984年冬，我撰成《唐代科举与文学》（陕西人民出版社，1986年）一书，在自序中曾述及，拟通过科举考试这一中介环节，从一个侧面来探讨有唐一代知识分子的生活方式和心理状态，序言中还提到："如果可能，还可以从事这样两个专题的研究，一是唐代士人是怎样在地方节镇内做幕僚的，二是唐代的翰林院和翰林学士。这两项专题的内容，其重点也是知识分子的生活。"在这之后，戴伟华教授即从事于唐代方镇幕府与文学的研究。我曾为戴著《唐方镇文职僚佐考》（天津

唐翰林学士传论

古籍出版社,1994年)一书作序,序言中再次提及唐代的翰林学士与方镇幕僚,对前者,则较《唐代科举与文学》自序多说了几句,谓:"翰林学士,那是接近于朝政核心的一部分,他们宠荣有加,但随之而来的则是险境丛生,不时有降职、贬谪,甚至丧生的遭遇。他们的人数虽然不多,但看看这一类知识分子,几经奋斗,历尽艰辛,得以升高位,享殊荣,而一旦败亡,则丧身破家。这是虽以文采名世而实为政治型的知识分子。"

这是我就唐朝而言的。唐朝的翰林学士是文士参预政治的最高层次,对其生活、思想及文学创作,都有很大影响。宋代,则随科举制的进一步发展,翰林学士不但人数增多,且与文化的关系更为深切。明清两代,翰林学士虽已不像唐代那样能密切参预政治,但其名望却一直很高。明代时,"非进士不入翰林,非翰林不入内阁"(《明史·选举志》)。在清代,殿试后只有一甲中式前三名,才能进入翰林院修撰、编修,"翰林官七品,甚卑,然为天子文学侍从,故仪制同于大臣"(朱克敬《暝庵二识》卷二《翰林仪品记》)。作为社会政治文化的一种重要现象,作为封建时代文人的必然就仕之途,科举制与翰林院,进士与翰林学士,是研究唐至清一千二三百年历史文化所不可回避的。惟其如此,我近几年来即集中研究唐代的翰林学士,已写有《唐玄肃两朝翰林学士考论》(《文学遗产》2000年第4期)、《李白任翰林学士辨》(《文学评论》2000年第5期)、《唐代宗朝翰林学士考论》(《中华文史论丛》2001年第3辑)、《唐德宗朝翰林学士考论》(与施纯德先生合撰,《燕京学报》新第10期,2001年5月),《唐永贞年间翰林学士考论》(《中国文化研究》2001年秋之卷)等专文。与此同时,我又从事于文献资料的整理,这是我们作专题研究的基础工作。以下即简要介绍《翰苑群书》《翰林记》《词林典故》的编纂情

《翰学三书》编纂小记

况。

《翰苑群书》，南宋时洪遵编。洪遵为洪皓子，其兄适，其弟迈，父子四人均为当时著名文士，其事迹见《宋史》卷三七三《洪皓传》。洪遵于南宋初高宗时中博学宏词，赐进士出身，绍兴二十五年（1155）权直学士院，后孝宗时为翰林学士承旨。南宋时陈振孙《直斋书录解题》记其书为三卷，云："自李肇而下十一家及年表、中兴后题名共为一书，而以其所录遗事附其末，总为三卷。"（卷六职官类）《直斋》虽未具体著录所包含的书名，但确切记述"自李肇而下十一家"，而附以年表及中兴后题名。清朝中期的《知不足斋丛书》所收《翰苑群书》为二卷，清乾隆时所修《四库全书》则编为十二卷，卷数虽不同，所收的书则相同，即李肇《翰林志》、元稹《承旨学士院记》、韦处厚《翰林学士记》、韦执谊《翰林院故事》、杨钜《翰林学士院旧规》、丁居晦《重修承旨学士壁记》、李昉《禁林宴会集》、苏易简《续翰林志》、苏耆《次续翰林志》、洪遵《翰苑遗事》，及记北宋时的《学士年表》，记南宋前期的《翰苑题名》。以上诸家，李肇、元稹、韦处厚、韦执谊、杨钜、丁居晦为唐人，李昉、苏易简、苏耆及洪遵为宋人。

关于清时所见的《翰苑群书》所收书的种数，清乾隆时《四库全书总目提要》曾提出疑问，说南宋时《直斋书录解题》明确提出为"自李肇而下十一家"，这十一家是不包括《学士年表》《翰苑题名》及洪遵自撰的《翰苑遗事》的，如此则清初所见实际只有九家，又据宋末元初的《文献通考》，记述翰林院的书，尚有唐张著《翰林盛事》一卷，宋李宗谔《翰苑杂记》一卷，因此《四库全书总目提要》说："若合此二家，正是十一家之数，岂原本有之而今本佚其一卷耶？"《四库全书总目提要》这里提出的疑问是有道理的，但说可以补张著、李宗谔两家之书，则纯为猜测之词。张、李二书在清初也已不存。

唐翰林学士传论

据《直斋》所记，张著的《翰林盛事》所录为唐初至天宝年间的"儒臣盛事"，且编录于卷五典故类，可见并非专记翰林学士之书（按：唐初至玄宗开元中期约一百年间是未设有翰林学士的）。倒是同为南宋时的晁公武，在《郡斋读书志》的"读书附志"职官类中著录《翰苑群书》，提供了值得探索的讯息，其提要中说，此书三卷，自李肇《翰林志》到李昉《禁林宴会集》为第一卷，苏易简、苏耆、洪遵等书为第三卷，这都与清时所传相同，中间一卷即第二卷，为钱惟演《金坡遗事》、晁迥《别书金坡遗事》、李宗谔《翰苑杂记》。此三人，《宋史》皆有传，此三书约至清初则皆已不存。可见《翰苑群书》在南宋时确为三卷，后佚失中间一卷。

我们这次重编，当然不可能编入钱、晁、李三书，但经考虑，另外补入三家，即唐代韦表微《翰林学士院新楼记》和杜元颖《翰林院使壁记》，及宋周必大《玉堂杂记》。这三家恐比已佚失的钱、晁、李三家之书，史料价值更高。唐代的韦、杜二文，是近代史学前辈岑仲勉先生于1943年《历史语言研究所集刊》第十一本一篇论文中提出来的。按：韦表微，《旧唐书》卷一八九下、《新唐书》卷一七七有传，他于唐德宗贞元时登进士第，穆宗长庆二年（822年）入为翰林学士，后文宗大和二年（828）又迁为翰林学士承旨。其所著《翰林学士院新楼记》载于《全唐文》卷六三三。据宋《宝刻丛编》，此文刊于大和元年十二月，记长庆二年以来新建的翰林学士院。杜元颖，《旧唐书》卷一六三、《新唐书》卷九六有传。其所著《翰林院使壁记》作于元和十五年（820），这时杜元颖正以中书舍人入充翰林学士。按：唐代于学士院中设有中使二人，以宦官中较高职位者充当，向翰林学士传达皇帝的密命，韦、杜二文于此都有具体记述，对研究唐代翰林学士的职能以及宦官所起的作用，很有参考价值。《玉堂杂记》著者周必大为南宋

《翰学三书》编纂小记

时著名学者，《宋史》卷三九一有传。他于孝宗时曾以礼部侍郎兼权直学士院，又为礼部尚书兼翰林学士，后曾拜右丞相。正因为他曾入为翰林学士，有亲身经历，因此所记南宋前期高宗、孝宗两朝翰林学士，内容十分具体。清《四库全书总目提要》认为，"得（周）必大此书"，"南渡后玉堂旧典亦庶几乎厘然具矣"。因此我以为，这次补入的韦、杜、周三书，对《翰苑群书》是一次新的充实。

《翰苑群书》，今传有《知不足斋丛书》本（作二卷），《四库全书》本（作十二卷）。此次即以影印文渊阁《四库全书》本作底本，校以《知不足斋丛书》本，并将杜元颖、韦表微、周必大三书依时代先后插入相应位置。李肇《翰林志》另有《百川学海》本，此次也作为参校。《玉堂杂记》以清道光欧阳荣刊、咸丰元年续刊的《庐陵周益国文忠公集》作为底本。

《翰林记》二十卷，《四库提要》卷七九史部职官类著录，最初说"不著撰人名氏"，后据《明史·艺文志》所载，则谓黄佐撰。《岭南丛书》本之伍元薇于道光十一年辛卯（1831）跋，谓明焦竑《国史经籍志》已明载为黄佐所作。按：黄佐，《明史》卷二八七有传，广东香山人，明嘉靖时历任翰林编修、侍读，后又掌南京学士院，因此对明代中期以前翰林学士的官制、职掌等甚为熟悉。《四库提要》所评较为客观、实际，云："所载皆明一代翰林掌故，始自洪武，迄于正德、嘉靖间。每事各有标目，凡二百二十条，本末赅具，首尾贯串，叙次颇为详悉。……其十七、十八两卷具列馆阁题名，尤足以见一代人才升降之概。"此次整理，以《岭南丛书》本作底本，校以文渊阁《四库全书》本，凡底本有误，即据《四库》本改正，如卷三《擢用耆俊》条"世疑诸四皓"，"疑"应作"拟"；卷五《优老》条"谕令风雨及大寒暑免朝"，"谕"应作"仍"；同上条"俾耆寿俊在厥服"，应作"俾膳饮从于游"；卷八《论荐》

唐翰林学士传论

条"荐都督许贵往果平贵",应作"荐都督许贵果往平靖之"等,可见《四库全书》本还是有一定校勘价值的。

关于《词林典故》:清乾隆九年(1744)十月,以重建翰林院落成,乾隆皇帝亲临其地,与翰林学士等共同宴饮、赋诗,即命当时掌院学士鄂尔泰、张廷玉等编纂此书。历经三年,乾隆十二年(1747)春编成并奏上,后即收入《四库全书》。全书共八卷。卷一《临幸盛典》,记述乾隆九年君臣在翰林院宴饮、唱和盛况。卷二《官制》、卷三《职掌》,从汉代开始叙述至清朝前期,以表明翰林词臣为皇帝起草制诏,是从汉代开端的,而从唐开始则对翰林学士的官制与职掌有具体的记述。卷四《恩遇》,记述从唐玄宗起,历宋元明清,君主对翰林学士一直十分看重,屡加奖谕恩赐。卷五《艺文》主要辑集唐至清历代君臣的有关诗文。卷六上《仪式》、卷六下《廨署》,也与前《官制》《职掌》一样,作具体的记述。卷七、卷八均为《题名》,自顺治初至乾隆十年,记载历年、历科的掌院学士、教习庶吉士、经筵讲官、日讲起居注官、南书房入直、馆选等姓名,类似于唐代丁居晦《重修承旨学士壁记》。此书因奉乾隆之命而作,故对清朝皇帝特别是乾隆帝,多有感恩奉谀之辞。但此书仍有两大特点:一是按门类(如官制、职掌、仪式、廨署),作历史沿革的纵述,并且引用了自唐至明的不少杂史、笔记,使我们可以对翰林学士有一个历史性的全面了解;二是重点记述清代前期翰林学士的情况,特别是最后两卷题名,有助于对这一时期翰林院内主要成员作具体的考索和研讨。

2001 年 6 月

下

編

玄宗朝翰林学士传

吕　向

　　吕向，《新唐书》卷二〇二《文艺传》中有传，云："吕向字子回，亡其世贯，或曰泾州人。"据《元和郡县图志》卷三，泾州属当时关内道，治所保定县在今甘肃东部泾川县。传又云："少孤，托外祖母隐陆浑山。"但《旧唐书》卷一一一《房琯传》称"东平吕向"，谓琯少好学，"性好隐遁，与东平吕向于陆浑伊阳山中读书为事，凡十余岁"。据《元和郡县图志》卷十，东平为郓州州治所在县，在今山东省西南。《旧唐书·吕向传》仅谓"或曰泾州人"，而《旧唐书·房琯传》则明确称"东平吕向"。又中唐德宗时窦臮所作《述书赋》也提及吕向，称为东平人（《全唐文》卷四四七）。则吕向当为东平人。世系不明，当出身于一般平民。

　　又《新唐书》卷六〇《艺文志》四载《五臣注文选》三十卷，云："衢州常山尉吕延济、都水使者刘承祖男良、处士张铣、吕向、李周翰注，开元六年工部侍郎吕延祚上之。"《全唐

唐翰林学士传论

文》卷三〇〇有吕延祚《进集注文选表》，中云："乃求得衢州常山县尉臣吕延济、都水使者刘承祖男臣良、处士臣张铣、臣吕向、臣李周翰等，或艺术精远，尘游不杂，或词论颖曜，岩居自修，相与三复乃词，周知秘旨，一贯于理，杳测澄怀……记其所善，名曰集注，并具字音，复三十卷。"这里"词论颖曜，岩居自修"，当指吕向。可惜这里提到的几个人，除吕向外，两《唐书》皆无传。这里可以注意的是，《文选》五臣注于开元六年（718）上，成书当在此前数年间，这时吕向为"处士"，与前所述吕向与房琯隐于陆浑山合。由此亦可知吕向早年即参与《文选》注，尚未出仕。这与《新传》所云"强志于学，每卖药，即市阅书，遂通古今"，也相合。可见吕向早年即有文名，且善于书法："工草隶，能一笔环写百字，若萦发然，世号'连锦书'。"（《新唐书》本传）大约因此，遂于开元十年被召入翰林院，为翰林供奉。

《新唐书》吕向本传明确记载："玄宗开元十年（722），召入翰林，兼集贤院校理，侍太子及诸王为文章。"又《旧唐书》卷一九〇中《文苑中·贺知章传》："开元十年，兵部尚书张说为丽正殿修书使，奏请知章及秘书员外监徐坚、监察御史赵冬曦皆入书院，同撰《六典》及《文纂》等。"《新唐书》卷二〇〇《儒学下·赵冬曦传》："开元初，迁监察御史，坐事流岳州。召还复官，与秘书少监贺知章、校书郎孙季良、大理评事咸廙业入集贤院修撰。是时，将仕郎王嗣琳、四门助教范仙厦为校勘，翰林供奉吕向、东方颢为校理。"由此可见，开元十年，张说为丽正殿修书使，推荐贺知章等入丽正殿修书，其中有吕向，而吕向此时为翰林供奉。这都可证实，吕向确于开元十年入为翰林供奉，而《翰林院故事》认为是"首充"，则翰林供奉可能是开元十年正式建置的，在这之前曾有所谓翰林待诏，实未正式定名。

对此，还可举一佐证。宋人所编的两部类书，即《职官分纪》卷一五，《玉海》卷三一、卷一六七所引唐韦述《集贤记注》，有云：开元十一年，丽正学士张说（时为宰相）率丽正殿文士向皇上进献所赋诗，"上各赐赞以褒美之，敕曰：'得所进诗，甚有佳妙。风雅之道，斯为可观。并据才能，略为赞述。具如别纸，宜各领之。'上自以五色笺八分书之"。就是说，玄宗读到各文士的诗作，甚为欣赏，就按各人的"才能"分别赐以赞词，如张说为："德重和鼎，功逾济川。词林秀逸，翰苑光鲜。"贺知章为："礼乐之司，文章之苑。学优艺博，才高思远。"其中也有吕向，注为"校理"。其赞词为："族茂飞熊，才方班马。考理篇籍，抑扬风雅。"应当说，校理的品阶并不高，在学士之下，但这四句的评语却是不低的。在赐赞词后，玄宗又令画像，藏于书院，有张说、徐坚、贺知章等十八人，其中也有吕向，见《历代名画记》卷九。这真有如唐太宗于武德九年（626）令阎立本画杜如晦、房玄龄等十八学士像，立于宫中，因此当时称能入文学馆者，谓之"登瀛州"（见《唐会要》卷六四，《历代名画记》卷九）。由此可见，吕向当时的翰林供奉之地位与境遇，是大大优于天宝初同为翰林供奉的李白。[1]

《新唐书·吕向传》在记开元十年召入翰林后，接云："时帝岁遣使采择天下姝好，内之后宫，号'花鸟使'。（吕）向因奏《美人赋》以讽，帝善之，擢左拾遗。"此《美人赋》见《全唐文》卷三〇一，从文中看不出写作时间。按：吕向于开元十三年（725）春已为左补阙（见后）。左右拾遗为从八品上，左右补阙为从七品上。吕向当由左拾遗迁为左补阙，则其因进《美人赋》而擢为左拾遗，当在开元十一二年间。由此可见，翰林供奉，其本身就须带有一定官衔，以后设置翰林学士时也是如此。这就是说，吕向于开元十年召入为翰林供奉，当

唐翰林学士传论

带有官衔，不久迁为左拾遗，后又升为左补阙，而其职事则仍为翰林供奉。

清王昶《金石萃编》卷七五著录有《述圣颂并序》，题下署为："京兆府富平县尉达奚珣撰序，左补阙、集贤殿直学士吕向撰颂并书。"又引《石墨镌华》，云："碑在华阴县岳庙中，达奚珣撰序，吕向撰颂并书，不著年月。"此云"不著年月"，实则可以考知。宋王应麟《玉海》卷三一《圣文·唐华阴祠碑阴》亦记此事，并引《会要》："开元十二年十一月四日庚午，上幸东都，十日至华州，命刺史徐知仁与信安王祎勒石华岳祠南道，上御制碑文，仍书之。"此事亦见《旧唐书》卷八《玄宗纪》上，开元十二年（724）"冬十一月庚申，幸东都，至华阴，上制岳庙文，勒之于石，立于祠南之道周"。《新唐书·吕向传》："天子数校猎渭川，向又献诗规讽，进左补阙。帝自为文，勒石西岳，诏向为镌勒使。"

从上述材料，可以确定，玄宗于开元十二年十一月庚申自长安赴洛阳，途中经华阴，为作华岳祠庙文。第二年，乃于祠庙南立碑（《玉海》卷三一引《通典》"十三年于华州岳祠南立碑"），即命吕向赴华阴刻石，吕向则因此与时任京兆府富平县尉的达奚珣为玄宗立碑而撰《述圣颂并序》，颂为吕向作，序为达奚珣作。达奚珣《华山述颂序》（《全唐文》卷三四五）即记皇上撰文，"藻翰自天，发挥神化，建碑于庙，以光宠焉"，于是"乃命朝英，实司其事"；文末谓："敢托吕补阙向为之颂云。"则吕向此时确带左补阙的官衔。

吕向此行的官衔与时间，还可有两个佐证。一为孙逖《春初送吕补阙往西岳勒碑》（《全唐诗》卷一一八），中有"语别梅初艳""往来春不尽"句，与诗题之"春初"合。二为徐安贞（开元中任中书舍人）诗《送吕向补阙西岳勒碑》（《全唐诗》卷一二四），有云："圣作西山颂，君其出使年……寒尽函关路，春归洛水边。"开元十三年春，玄宗仍在洛阳，吕向当奉命自洛阳赴华阴勒碑刻石，故徐安贞诗谓"春归洛水边"。大约吕向离洛阳时，朝中有好几位文士为之赠诗饯行的。时孙逖也任左补阙（见《旧唐书》卷一九〇中《文苑传》）。

《新唐书》本传接云："以起居舍人从帝东巡。帝引颉利发及蕃夷酋长入仗内，赐弓矢射禽。向上言……帝顺纳，诏蕃夷出仗。"吕向所议，《全唐文》卷三〇一题为《谏令突厥入仗驰射疏》。玄宗封禅泰山在开元十三年十月、十一月间，则吕向于此时已由从七品上的左补阙迁为从六品上的起居舍人。

《新唐书》本传又接云："久之，迁主客郎中，专侍皇太子，眷赍良异。"未载升迁时间。今查宋赵明诚《金石录》目录第一千三十一有《唐龙角山纪圣铭》，谓："明皇撰，并八分书，开元十七年九月。"清人胡聘之《山右石刻丛编》所记则较详，其书卷六著录有《大唐龙角山庆唐观纪圣之铭》，谓在浮山（今山西东部）。末署"开元十七年太岁己巳九月乙丑朔三日辛卯建"。《山右石刻丛编》录有全文（《全唐文》卷四一唐玄宗名下亦有《庆唐观纪圣铭并序》），文后有《庆唐观纪圣铭碑阴》，首列诸皇子及朝中大臣姓名、官衔，后有吕向，署为："敕建造模勒龙角山纪圣碑使、朝议郎、守尚书主客郎中、集贤院学士、翰林院供奉、轻车都尉、赞谕皇太子兼侍庆王忠王棣王鄂王荣王光王仪王颖王永王文章臣吕向奉敕题碑阴并建碑。"可见这次也如前开元十三年奉命赴华阴勒碑同样，吕向为建造模勒专使前往龙角山并题碑阴，此时他已为主客郎中。主客郎中为从五品上，因此可正式充任集贤院学士，但仍为翰林供奉，并兼皇太子及玄宗诸子侍读。

吕向在任主客郎中期间，诗人储光羲曾有诗献之。储光羲《贻主客吕郎中》（《全唐诗》卷一三九），题下自注："即皇太子赞谕。"此称主客郎中，又谓太子赞谕，皆与前所引庆唐观

唐翰林学士传论

碑阴题名相符,当即为吕向。诗云:"上士既开天,中朝得为贤。青云方羽翼,画省比神仙。委佩云霄里,含香日月前。君王倘借问,客有《上林》篇。"按:储光羲于开元十四年进士登第,登第后尚有几年未释褐入仕,现可知者约开元十八年官安宜县尉。开元十九年迁下邽县尉。[2]而吕向于开元十九、二十年间已改为都官郎中(详后)。储光羲另有《洛阳道五首献吕四郎中》(《全唐诗》卷一三九),有云:"少年不得志,走马游新市。"孟浩然有和作《同储十二洛阳道中作》,据佟培基《孟浩然诗集注》[3]卷中,谓储、孟二诗均作于开元十五年春,时二人均在洛阳。此说可信。储光羲此前虽已登进士第,但未得入仕,故有求于吕向,希望他向上推荐("君王倘借问,客有《上林》篇"),并将吕向赞誉为"开天"之"上士","画省"之"神仙",由此也可看出当时士人对翰林供奉能亲近君主的地位已相当看重。

《旧唐书》卷一九四上《突厥传》上记云:"(开元)二十年,阙特勒死,诏金吾将军张吉逸、都官郎中吕向赍玺书入蕃吊祭,并为立碑。"《新唐书》卷二一五下《突厥传》下亦记此事,谓:"使金吾将军张吉逸、都官郎中吕向奉玺诏吊祭,帝为刻辞于碑。"但《新唐书》记为开元十九年,与《通鉴》卷二一三所记同,《通鉴》记开元十九年"三月,突厥左贤王阙特勒卒,赐书吊之"。当时唐朝为与突厥修好关系,故其左贤王阙特勒卒,特遣朝臣吊丧,并为刻石立碑。此时吕向已改为都官郎中。

《新唐书》吕向本传接着记其父卒,"向终丧,再迁中书舍人"。据前所述,吕向于开元十九年三月已为都官郎中,开元二十六年以中书舍人为翰林学士(详后),则其守丧及免丧后迁为中书舍人,当在此数年间。《贞元续开元释教录》有记云:"故金刚智三藏行记一卷,右灌顶弟子正议大夫、行中书舍人、

玄宗朝翰林学士传

侍皇太子诸王文章、集贤院学士吕向敬师三藏，因而纪之。"吕向为金刚智法师作传记，又见于中唐时权德舆《唐大兴善寺故大宏教大辩正三藏和尚影堂碣铭并序》(《全唐文》卷五〇六)，中云："初先大师之灭也，吕工部向、杜卫公鸿渐为之记。"按：吕向、杜鸿渐所作记文，今皆不传。《宋高僧传》则有传，其书卷一《唐洛阳广福寺金刚智传》记金刚智于开元二十一年"八月既望"卒，"其年十一月七日葬于龙门南伊川之右"。[4]据此，则吕向任中书舍人约在开元二十二三年间。

韦执谊《翰林院故事》记玄宗于开元二十六年建翰林学士院，以"太常少卿张垍、起居舍人刘光谦等首居之"。此不确。[5]丁居晦《重修承旨学士壁记》，记"开元后八人"，首二人即为吕向、尹愔，记吕向为："中书舍人充供奉，出院拜工部侍郎。"此处"供奉"二字衍，因吕向此前早已是供奉，开元二十六年是入为学士。吕向在这之前已有文名，此时已为中书舍人（正五品上）。中书舍人本来就是为皇帝起草诏诰文书的，在建立翰林学士时，吕向以中书舍人入充，理所当然。在以后中晚唐时，翰林学士于任期内往往是以升迁中书舍人为荣的。

《新唐书》本传云："向终丧，再迁中书舍人，改工部侍郎，卒，赠华阴太守。"丁居晦所记，则以吕向后出院，任工部侍郎（官阶为正四品下，高于中书舍人）。但何时出院，何年卒，未有确记。宋佚名《宝刻类编》卷三，录有吕向所作碑目五件，其中《龙兴寺法现禅师碑》，天宝元年九月立；《长安令韦坚德政颂》，天宝元年立；《寿春太守卢公德政碑》，天宝二年建。又《隋唐五代墓志汇编》陕西卷第一册有《大唐故银青光禄大夫太仆卿驸马都尉中山郡开国公豆卢公（建）墓志铭并序》[6]，署为"正议大夫、行中书舍人、侍皇太子及诸王文章、集贤院学士吕向撰"。据文中所记，豆卢建卒于天宝三载

唐翰林学士传论

(744)三月廿四日，同年八月葬，则此时吕向尚为中书舍人，未出院。其出为工部侍郎，及卒，则当在天宝三载或稍后。

　　吕向自开元十年为翰林供奉，至二十六年正式为翰林学士，其间虽有居丧，但其在翰林供奉任职，总有十余年，可以说是唐代建立翰林院后供职最早、任期最长的一位。就他在这期间的作为来看，当时的翰林供奉，并不是如后世所记仅系工艺书画之徒，及僧道、医官、占星等（参顾炎武《日知录》卷二四《翰林》条）。据《新唐书·百官志》所记，翰林供奉在开元二十六年前，"与集贤院学士分掌制诏书敕"，即行使中书舍人的部分职能。此外，就吕向的有关材料，翰林供奉还有以下一些情况：一、为皇帝勒碑刻石，做文字方面的服务工作。如吕向开元十三年至华阴，开元十七年至浮山，均为玄宗所作碑文书写刻石，发挥其书法才艺。可见这是翰林供奉、翰林学士作为文士所行使的职务。至于开元十九年奉命出使突厥，虽是专使之命，但也是奉皇帝之命去刻辞立碑的。二、翰林供奉处于宫中，接近皇上，也就因此而能参预政事，进行规谏。如吕向于开元十年刚召入为翰林供奉，就因玄宗常遣使"采择天下姝好，内之后宫"，特地写上《美人赋》加以劝谏。《新唐书》本传说是"帝善之，擢左拾遗"。但据德宗时窦臮《述书赋》所记，吕向这一举动当时是有风险的，说他奉上此赋，"忤上"，即触怒了皇帝。据《述书赋》自注所引张说谏文，玄宗甚至因此而想将吕向杀死。张说所作的谏文中说："陛下纵不能用，容可杀乎？使陛下后代有愎谏之名，而（吕）向得敢谏之直，与小子为便耳，不如释之。"[7]玄宗因张说进言，才改变态度，对吕向给予赏赐，这使吕向如《述书赋》注中所说，"翰林待诏，频上赋颂，皆主讽谏"。这也是以后翰林学士参政议事的先兆。三、作翰林供奉者一般有较高的文化素养。如吕向，年轻时就参与《昭明文选》的注释，成为后世有影响的

玄宗朝翰林学士传

《五臣注文选》作者之一。他尤善于书法。《述书赋》称为："吕公欧钟相杂,自是一调。虽则筋骨干枯,终是精神险峭。其于小楷,尤更巧妙。"其注文更赞其"文词学业,当代莫比"。正因此,开元时以诗文著称的徐安贞、王翰及储光羲等,都与之有诗文交往。中晚唐时,有些翰林学士本身即为诗文名家,有些则与其他文士素有交往,这在开元时即有开端。四、《新唐书》卷六〇《艺文志》四,记有《严从集》三卷,云:"(严)从卒,诏求其稿,吕向集而进焉。"严从,两《唐书》无传,生平不详。宋晁公武《郡斋读书志》卷一七录有严从《中黄子集》三卷,云"右唐严从,开元中为著作郎,春宫侍读,集贤院学士卒。自号中黄子。当时命太子侍文吕向访遗文于家,得《训考》《经颂》等八篇,序为三卷。"严从于开元中为太子侍读,又为集贤院学士,与吕向同职,当为同时友人,故吕向奉命为其编集。从中唐开始,翰林学士奉皇帝之命编前世或当世诗文集者,其例甚多,著名者如令狐楚奉宪宗之命编大历前后诗作《御览集》,今传世。[8]

注释

[1] 李白于天宝元年至三载为翰林供奉的情况,请参阅我的另一篇论文:《李白任翰林学士辨》,见本书上编。

[2] 见《唐才子传校笺》卷一《储光羲传》,陈铁民笺。《唐才子传校笺》第一册,傅璇琮主编,中华书局,1987年。

[3] 上海古籍出版社,2000年。

[4] 《宋高僧传》,范祥雍校点,中华书局,1987年。

[5] 详见后有关刘光谦、张垍传辨析。

[6] 天津古籍出版社,1991年。

[7] 按:张说此文,今不存。

[8] 见傅璇琮:《唐人选唐诗新编》,陕西人民教育出版

唐翰林学士传论

社，1996年。

尹 愔

　　尹愔，附见于《新唐书》卷二〇〇《儒学传》下《赵冬曦传》后，因赵冬曦于开元中曾为集贤院直学士，故于传末云："开元集贤学士，又有尹愔、陆坚、郑钦悦、卢僎，名稍著。"其后即附尹愔等四人简传。

　　据传，尹愔为秦州天水（今属甘肃）人。其父名思贞，"明《春秋》，擢高第"，曾因张说之荐，为四门助教。尹愔之父治儒学，而尹愔本人则专攻道家玄学，传称其"博学，尤通老子书"，后遂为道士。《太平广记》卷二六《叶法善》条，记叶于庚申六月三日卒于长安景龙观，时"弟子既齐物、尹愔，睹真仙下降之事，秘而不言"。按：叶法善自曾祖起，三代均为道士，唐高宗时即有声名。《旧唐书》卷一九一《方伎传》有专传，谓"自高宗、则天、中宗历十五年，常往来名山，数召入禁中，尽礼问道"。玄宗初，"仍依旧为道士，止于京师之景龙观"，"当时尊宠，莫与为比"。卒于开元八年。开元八年即庚申（720），与《太平广记》所载卒年合。由此可见尹愔于此时也已为道士，为名家叶法善弟子。

　　又《全唐文》卷九二七载尹愔所撰《五厨经气法序》一文，文末署："开元二十三年十二月十一日，京肃明观道士臣尹愔上。"文中有云："伏读此经五章，尽修身卫生之要。全和含一，精义可以入神；坐忘遗照，安身可以崇德。研味滋久，辄为训注。臣草茅微贱，恩霈特深，天光不违，自忘鄙陋。俯伏惭惧，徊徨如失。臣愔顿首顿首。"此段文字甚可注意：一、自称为道士，时间是开元二十三年（735）十二月十一日。二、这不是一般性的序文，文末所署，于姓名后特标为"上"，文中好几处都自称为"臣"，且云"恩霈特深，天光不违"，显然是因受皇上恩眷，特以所注之书进献。这就与韦执谊《翰林院故事》所载开元中设置翰林供奉，吕向与尹愔"首充"相合。不过韦执谊所记，二人为翰林供奉时，吕向为中书舍人，尹愔为谏议大夫，有误，吕向事，前已辨析，尹愔事详后。

吕向于开元十年（722）入为翰林供奉，尹愔何时为翰林供奉，限于史料，未可确知，但从上引《五厨经气法序》，则开元二十三年（735）以前当已任翰林供奉。

这里有一个问题，即道士是否能充翰林供奉。《新唐书·百官志》一，只说"乃选文学之士，号翰林供奉"，实际上唐代的翰林供奉，范围是相当广的。司马光《资治通鉴》卷二一七天宝十三载正月有记，谓："上（指玄宗）即位，始置翰林院，密迩禁廷，延文章之士，下至僧、道、书、画、琴、棋、数术之工皆处之，谓之待诏。"清顾炎武《日知录》卷二四《翰林》条，据两《唐书》，记唐列朝工艺书画之徒，及僧人、道士、医官、占星等，均入"待诏翰林"之列，而这些人又称之为翰林供奉。尹愔于开元中后期虽为道士，但也入翰林院为供奉，他之编注《五厨经气法》，可能也是受命而作的。《全唐文》卷九二七载丁政观《谢赐天师碑铭状》，中云："敕内肃明观道士尹愔宣敕，内出御文，赐臣师主。臣跪奉天章，仰瞻宸翰，以惶以喜。"此也正可证实尹愔虽为道士，实在宫中任职，即翰林供奉。

《旧唐书》卷九《玄宗纪》下，开元二十五年正月，"癸卯，道士尹愔为谏议大夫、集贤学士兼知史馆事"。关于此事，《新唐书》尹愔本传有具体的记述："初为道士，玄宗尚玄言，有荐愔者，召对，喜甚，厚礼之，拜谏议大夫、集贤院学士，兼修国史，固辞不起。有诏以道士服视事，乃就职，颛领集

唐翰林学士传论

贤、史馆图书。"从上引《五厨经气法序》，开元二十三年十二月，尹愔已为京肃明观道士，并为翰林供奉，但未署有官衔，这次明确给予正五品上的谏议大夫，他以为要自道士退出，因此固辞，但玄宗仍允许其以道士身份从职，并可穿道服，他就服从。这时孙逖为中书舍人（见《旧唐书》卷一九○中《文苑传》），有他起草的《授尹愔谏议大夫制》（《全唐文》卷三○八），有云："道士尹愔，识洞微妙，心游淡泊，祇服玄言，宠敷圣教。虽浑齐万物，独谙于清真；而博通九流，兼达于儒墨。……可朝请大夫、守谏议大夫、集贤院学士、兼知史官事。"对其治学之精与博是极赞扬的。不过当时人对他也有一定的看法，如《新唐书》卷三四《五行志》一，记云："开元二十五年正月，道士尹愔为谏议大夫，衣道士服视事，亦服妖也。"

尹愔自以翰林供奉为谏议大夫并兼修国史，颇积极从事。如《旧唐书》卷四三《职官志》二"史馆"下，有记云："开元二十五年三月，右相李林甫以中书地切枢密，记事者官宜附近，史官尹愔奏移史馆于中书省北，以旧尚药院充馆也。"按：张九龄于开元二十四年（736）十一月罢相，李林甫兼中书令，遂集大权于一身，为控制史官记事权，就建议将史馆移近于中书省，尹愔则亦附和其议，就进言"移史馆于中书省北"，而当时中书省即在宫内。因此王维《和尹谏议史馆山池》诗（《全唐诗》卷一二六），首云："云馆接天居，霓裳侍玉除。"云馆指史馆，谓此时史馆靠近皇帝居住之地，即在宫中。王维诗又表示对尹愔能以"霓裳"（即道服）而侍奉君王的羡慕之情。

按：王维此诗，已称尹愔为谏议，且称其从职之地"史馆山池"，则当作于开元二十五年正月以后。诗中又有"春池百子外"，即在春日。王维约于开元二十三年三月前后在朝中任右拾遗，二十五年秋赴河西节度使幕为监察御史兼节度判官，二十八年冬以殿中侍御史知南选，出使岭南。[1]据此，则王维此诗很可能即作于开元二十五年春（开元二十八年尹愔已卒，见后）。王维此诗末云："君恩深汉帝，且莫上空虚。"意谓皇上恩眷既如此之深，则不应再弃官从仙。由此可见王维对尹愔的境遇也是很看重的。

于是，开元二十六年玄宗创建翰林学士，就将吕向与尹愔作为首批引入。值得注意的是，尹愔当时是道士，而吕向又服膺于佛学，其于开元二十一二年间为高僧金刚智所作行记，自称"灌顶弟子"。玄宗作为一国之君，把这两位释、道之士召为翰林学士，可见开元盛世确有开放之气度，这对于研究唐代初创阶段的翰林学士制度，也颇值得思考。

不过尹愔在入翰林学士院后，未有事迹记述，可能因其不久即卒。《新唐书》本传记云："开元末卒，赠散骑常侍。"未有确切年月。今查宋佚名《宝刻类编》卷三"名臣·唐"，于韩择木所书诸项，有《左散骑常侍尹愔碑》，下云："吴巩撰，八分书，开元二十八年，京兆。"这是意外的发现。岑仲勉为丁居晦《重修承旨学士壁记》作补注，在考证有关学士事迹时也曾引及《宝刻类编》，但可惜于此处却失之交臂，未考及尹愔的卒年。今从《宝刻类编》著录的碑目，可知尹愔卒于开元二十八年（740）或稍前，他任翰林学士大约只二年。

尹愔著述，除《全唐文》所载《五厨经气法序》外，其他未见。上引王维《和尹谏议史馆山池》，是为和作，则尹愔亦曾有诗，且能为当时已有诗名的王维所和，可见尹愔在当时文士中亦颇有声誉。

唐翰林学士传论

注释

〔1〕参见《唐才子传校笺》卷二《王维传》陈铁民笺，中华书局，1987年。

刘光谦

刘光谦，两《唐书》无传，其他材料也少，因此其字号、籍贯、生卒年均不可知。现仅就其翰林学士任职事，加以考述。

韦执谊《翰林院故事》、丁居晦《重修承旨学士壁记》均记刘光谦由起居舍人入为翰林学士。在唐人史料中，最早记刘光谦为起居舍人的是李林甫《进御刊定礼记月令表》（《全唐文》卷三四五），中云："乃命集贤院学士、尚书左仆射兼右相、吏部尚书李林甫，门下侍郎陈希烈，中书侍郎徐安贞，直学士、起居舍人刘光谦，宣城郡司马齐光义，河南府仓曹参军陆善经，修撰官家令寺丞兼知太子监事史玄晏，待制官安定郡别驾梁令瓒等，为之注解。"

岑仲勉为丁居晦《重修承旨学士壁记》作《注补》，曾提及此。但他据清徐松《登科记考》卷九，谓李林甫此表"系天宝五载所上"，似不确。按：《登科记考》卷九天宝五载（746），据《册府元龟》《唐会要》，载正月二十三日诏，中云"其《礼记·月令》，宜改为《时令》"，后即引李林甫此表，岑氏《注补》即据此系于天宝五载。按：《唐会要》卷七七《论经义》确有此诏，但此诏的重点是改《礼记·月令》为《时令》，而李林甫所上表，则仍肯定《月令》之宗旨，他不过邀集陈希烈、徐安贞、刘光谦等为皇上的刊定本作注解，则应在天宝五载正月之前。

玄宗朝翰林学士传

《旧唐书》卷九《玄宗纪》下，天宝元年（742）二月丙申，祭天地于南郊，赦天下，"改侍中为左相，中书令为右相，左右丞相依旧为仆射"，"天下诸州改为郡，刺史改为太守"。《通鉴》卷二一五所记同。李林甫表中自称"尚书左仆射兼右相"，称齐光乂为"宣城郡司马"，则当在天宝元年二月以后。又称陈希烈为门下侍郎，据《旧唐书》卷四三《职官志》二，"门下侍郎"下注云："隋曰黄门侍郎，龙朔为东台侍郎，咸亨改为黄门侍郎，垂拱改为鸾台侍郎，天宝二年改为门下侍郎。"由此，则李林甫此表当上于天宝二年以后，天宝五载正月以前，这也就是刘光谦任起居舍人、直学士的时间。又，起居舍人官阶为从六品上，按规定，五品以上官才能为集贤院学士，六品以下在集贤院称直学士，故刘光谦这时只是直学士。

但仅据此还不能断定刘光谦何时入院。今查宋孙逢吉《职官分纪》卷一五引唐韦述于天宝时所作的《集贤记注》，于"习艺馆内"下有注云："刘光谦，开元二十九年以习艺馆内入院校理。"[1]《玉海》卷一六五亦引此，于"内"下增"教"字，作"习艺馆内教"。校理是直学士以下的职务。韩愈于宪宗元和时有《送郑十校理序》[2]，称"郑生涵始以长安尉为校理"。据《旧唐书》卷四二《职官志》一，京兆、河南、太原府诸县尉为正九品下。韩愈文中又谓："其他学士皆达官也，校理则用天下之名能文学者。"就是说，集贤院中凡学士、直学士，都有一定高度的官阶，校理则只因其有文名而用之，"苟在选，不计其秩次"。从郑涵以正九品下的长安尉入为校理，可见刘光谦于开元二十九年（741）入院为校理，只不过习艺馆内教，不可能已为起居舍人。韦执谊《翰林院故事》谓开元二十六年（738）建立翰林学士院，"太常少卿张垍、起居舍人刘光谦等首居之"。就刘光谦来说，他这时还不可能任起居舍人，因此也不能首批进入学士院（张垍，见后），《翰林院

唐翰林学士传论

故事》此说不确。如前吕向、尹愔传所考,尹愔于开元二十八年或稍前卒,吕向于天宝三载或稍后卒,院内乏人,刘光谦当于天宝四五载间以起居舍人充。

韦执谊记刘光谦为:"自起(居舍)人充,累以司中,又充。"丁居晦《壁记》记为:"起居舍人充,累迁司封郎中。"岑仲勉《注补》有所考,谓:"今《郎官柱》封中有刘光谦,次于杨玄章之前,据《郎官考》五,天宝九载,玄章尚是殿中侍御史,则光谦官封中,当在天宝后半叶。"岑氏的意思是,杨玄章于天宝九载尚为殿中侍御史,从七品上,而司封郎中为从五品上,则其为司封郎中当在天宝九载以后,而刘光谦在杨之前,则其为司封郎中当在天宝九载前后。岑氏的推测有一定道理。这里还可补一佐证,《郎官考》卷五司封郎中,刘光谦之前有李磺,据《旧唐书·礼仪志》四,天宝十载正月,李磺为大理少卿。按:大理少卿系从四品上,则此时李磺已由司封郎中(从五品上)升迁,刘光谦在其后,亦可证其由起居舍人进为司封郎中,当在天宝中后期。

不过刘光谦何时出院,则不可知。岑氏《注补》谓:"至光谦是否因天宝乱出院,或其他事故,不得而详。"限于史料,确也如此。但有一点可以注意,前引李林甫的上表,由他领衔,邀集贤院诸人参与注解《礼记·月令》,其中陈希烈明显为其助手,是李林甫将其"引为宰相,同知政事,相得甚欢";"李之阴谋奸画足以自固,亦希烈佐佑唱和之力"(《旧唐书》卷九七《陈希烈传》)。而徐安贞,他较长时间任中书舍人,"在中书省久,是时李林甫用事,或言计议多所参助"(《新唐书》卷二〇〇《儒学传》下)。这就可以作如下的推测:一、刘光谦于天宝前期以起居舍人入为翰林学士,当由李林甫所荐。这与天宝后期翰林学士张渐、窦华依附于宰相杨国忠一样,当时的翰林学士并无独立的政治地位与作用,只能依靠执政、掌权者。二、李林甫于天宝十一载（752）十一月卒，杨国忠随即专权，诬告李林甫与外族阿布思谋反，遂由玄宗下令制削李林甫官爵，子孙除名外流，"近亲及党与坐贬者五十余人"（《通鉴》卷二一六天宝十二载二月）。刘光谦或于此前已卒，或即于李林甫卒后，受此牵累而外出。这可能也是其事迹所载甚少的原因。

注释

〔1〕中华书局 1988 年 2 月据商务印书馆影印文渊阁《四库全书》本。

〔2〕《韩昌黎文集校注》卷四，上海古籍出版社，1986 年。

张　垍

张垍为张说子，其传附见于《旧唐书》卷九七、《新唐书》卷一二五《张说传》后。张说有子三人，即均、垍、㘶。垍、㘶为玄宗朝翰林学士。

张说在玄宗朝曾"三登左右丞相，三作中书令"（《唐语林》卷四《容止》）。"前后三秉大政，掌文学之任凡三十年，为文俊丽，用思精密"，为"朝廷大手笔"，"当时荣宠，莫与为比"（《旧唐书》本传）。这就是张垍兄弟在开元时仕历荣显的基础。

张垍早年最大的机遇是做驸马都尉。《旧唐书》卷十《肃宗纪》，记肃宗李亨为玄宗第三子，"母曰元献皇后杨氏，景云二年乙亥生"；"开元十五年正月，封忠王"。《旧唐书》卷五二《后妃下·杨氏传》，杨氏生肃宗后，又生一女，后封为宁亲公

唐翰林学士传论

主,"张说以旧恩特承宠异,说亦奇忠王仪表,心知运历所钟,故宁亲公主降说子垍"。其时在开元十六年(728)。《唐大诏令集》卷四一《封唐昌公主等制》,下署"开元十六年",中云:"今选婚华族,待礼笄年,宜加玺绶之典,俾开汤沐之赋。第四女可封唐昌公主,第六女可封常山公主,第八女可封宁亲公主,各食实封五百户。唐昌公主出降张垍,俱用八月十九日。"[1]此处提供公主下降的确切日期,但"唐昌公主出降张垍"有误。[2]《新唐书》卷八三《诸帝公主传》,记玄宗女二十九人,其中唐昌公主嫁薛锈,宁亲公主嫁张垍,常山公主嫁薛谭。《唐大诏令集》此处当为:"唐昌公主出降薛锈,常山公主出降薛谭,宁亲公主出降张垍,俱用八月十九日。"

《旧唐书》卷八《玄宗纪》上,开元十八年(730)四月,"壬戌,幸宁亲公主第,即日还宫"。可见唐玄宗对其女嫁于张说之子,是很重视的。其《答张说谢赐碑额表批》,还特地说:"方接婚姻之礼,长荣带砺之族。"(《全唐文》卷三七)后张说于开元十八年十二月病逝,二十年八月墓葬,张九龄为作《张公墓志铭》(《全唐文》卷二九二),文末提及:"长子均,中书舍人;次曰垍,驸马都尉、卫尉卿;季曰垍,符宝郎。"卫尉卿官品为从三品,是相当高的。但据《通鉴》卷二一四开元二十三年(735)六月所记:"驸马皆除三品员外官,而不任以职事。"则张垍之为卫尉卿,只是一个虚衔。

张垍于开元中为驸马都尉、卫尉卿,至开元末(二十九年),史书中未记有其他官职。韦执谊《翰林院故事》:"至(开元)二十六年,始以翰林供奉改称学士,由是遂建学士,俾专内命,太常少卿张垍、起居舍人刘光谦等首居之。"但具体开列的名单,"开元已后",前四名依次为吕向、尹愔、刘光谦、张垍。张垍名下云:"自太常卿充,贬卢溪郡司马。"丁居晦《壁记》,前云"学士姓名,此本据院中壁上写",即翰林学士院墙壁上记有入院名单次序。其"开元后八人",前四名次序也同韦执谊《翰林院故事》,于张垍名下云:"太常卿充。"这就是说,首批入院的,是吕向、尹愔,于开元二十六年入,详见前吕、尹传,而开元二十年至二十九年,却未有记张垍为太常卿或太常少卿的,并有相反的例证,即《通鉴》卷二一五天宝四载(745)五月记:"李适之与李林甫争权有隙。适之领兵部尚书,驸马张垍为侍郎,林甫亦恶之,使人发兵部铨曹奸利事,收吏六十余人付京兆与御史对鞫之。"按:《新唐书》卷六二《宰相年表》中,李适之于天宝元年(742)八月入为左相,同月又兼兵部尚书。很可能李适之兼兵部尚书后即荐引张垍为兵部侍郎。由于李林甫与李适之争权,设法陷害,李适之于天宝五载四月罢相,张垍则亦同时由掌实权的兵部侍郎转为虚职的太常少卿(或太常卿)。兵部侍郎为正四品下,太常少卿为正四品上,太常卿为正三品。按官阶升迁惯例,张垍不可能在兵部侍郎之前为太常少卿或太常卿。这就是说,天宝四载五月之前,张垍不可能任太常少卿或太常卿,也就是在这之前他不可能是翰林学士。与张垍同时入院的刘光谦,也是天宝四五年间才入院的(详见前刘光谦传)。

又《通鉴》卷二一五天宝六载十一月,李林甫"以杨钊(按:即以后改名之杨国忠)有掖庭之亲,出入禁闼,所言多听,乃引以为援,擢为御史","钊因得逞其私志,所挤陷诛夷者数百家","幸太子仁孝谨静,张垍、高力士常保护于上前,故林甫终不能间也"。《通鉴考异》引《明皇杂录》《新书·李林甫传》,言李林甫数危太子(即后肃宗),意欲动摇其太子地位。据此,则张垍此时当已入翰林,故能在宫中,亲近皇帝,保护太子,如在外庭,无论如何高官,也不可能做到的。

另可注意的是杜甫奉赠张垍的诗,明确写其为翰林学士:《赠翰林张四学士垍》(仇兆鳌《杜诗详注》卷二,又见《钱注

唐翰林学士传论

杜诗》卷九）。而据诸家年谱，杜甫是天宝五载才入长安的（详参闻一多《少陵先生年谱会笺》[3]）。此诗前四句将翰林学士的地位写得极高："翰林逼华盖，鲸力破沧溟。天上张公子，宫中汉客星。"学士院逼近皇宫，身为学士的张公子，就犹如天上客星。诗的后半篇云："无复随高凤，空余泣聚萤。此生任春草，垂老独漂萍。倘忆山阳会，悲歌在一听。"是杜甫感叹自身坎坷不遇，希望张垍为之荐引。这可以说是有唐一朝第一个写翰林学士的诗，也是唐代不少文人向翰林学士求援的首篇。《杜诗详注》卷六又有《送翰林张司马南海勒碑》："冠冕通南极，文章落上台。诏从三殿（原校：一云天上）去，碑到百蛮开。野馆秾花发，春帆细雨来。不知沧海使，天遣几时回。"诗题中"司马"，下有校"一云学士"。当作"学士"，且亦为张垍。吕向于开元中期为翰林供奉时，亦曾出使为皇帝勒碑（详见前吕向传）。张垍当在任职期间，曾出使海南，杜甫特作诗送之。由此可见杜甫与张垍有所交往，也是当时翰林学士文学交往一个很好的例证。又《旧唐书》卷一〇二《韦述传》末有记萧颖士事，称萧"富词学，有名于时，贾曾、席豫、张垍及（韦）述皆引为谈客"。萧颖士是中唐时古文运动的先驱，天宝时已颇有文名，张垍这时也"引为谈客"，可见张垍与文士是很有交往的。

李肇《国史补》卷上又记有："张均、张垍兄弟俱在翰林，垍以尚主，独赐珍玩，以夸于（张）均。均笑曰：'此乃妇翁与女婿，固非天子赐学士也。'"《旧唐书》张垍本传也有记："垍，以主婿，玄宗特深恩宠，许于禁中置内宅，侍为文章，赏赐珍玩，不可胜数。"由此可见玄宗对张垍是很眷顾的，他之入翰林，当也出于玄宗之意。张垍是唐朝以驸马都尉入翰林的首例，也是兄弟二人同任学士之职的首例，这也是值得注意的。

但张垍与其兄张均于天宝时先受到李林甫的排挤,后受到杨国忠的陷害。《旧唐书》本传记张均"自以才名当为宰辅,常为李林甫所抑";李林甫卒,杨国忠用事,又"心颇恶之","仍以均为大理卿。均大失望,意常郁郁"。张垍的境遇也如此,终于遭致天宝十三载(754)贬斥。《旧唐书·玄宗纪》天宝十三载:"三月丁酉,太常卿张垍贬卢溪郡司马,垍兄宪部尚书均贬建安太守。"关于此事,中唐元和时刘肃所撰《大唐新语》,所记既简括又确切:"驸马张垍,以太常卿、翰林院供奉官赞相礼仪,雍容有度。玄宗心悦之,谓垍曰:'朕罢(陈)希烈相,以卿代之。'垍谢不能当。杨贵妃知之,以告杨国忠,杨国忠深忌之。时安禄山入朝,玄宗将加宰相,命垍草诏。国忠谏曰:'禄山不识文字,命之为相,恐四夷轻于唐。'玄宗乃止。及安禄山归范阳,诏高力士送于长乐坡。力士归,玄宗问曰:'禄山喜乎?'力士对曰:'禄山恨不得宰相,颇有言。'国忠遽曰:'此张垍告之也。'玄宗不察国忠之诬,疑垍漏泄,大怒。黜垍为卢溪郡司马,兄均为建安郡司马,弟埱(按:当作㙉)为宜春郡司马。"此后两《唐书》本传及《通鉴》均有所载。

《旧唐书·张垍传》:"岁中召还,再迁为太常卿。"杜甫另有《奉赠太常张卿垍二十韵》(《杜诗详注》卷三),闻一多《少陵先生年谱会笺》系于天宝十三载,以为:"岁中,张垍自卢溪召还,再迁为太常卿,公复上诗求助。"又引前杜甫《赠翰林张四学士垍》诗"倘忆山阳会"句,又引此诗"桃阴想旧蹊"句,谓"张必公之旧交";又引此诗"几时陪羽猎,应指钓璜溪",谓"是仍望其汲引也"。[4] 可见杜甫与张垍是颇有交谊的。不过张垍虽于当年召还,仍为太常卿,当不再入翰林学士院,其出院时间在天宝十三载三月。

关于张垍与李白,这里说明两点:一、李白于天宝元年

唐翰林学士传论

（742）就应诏入长安，为翰林供奉；天宝三载（744）春，因不得意，离开长安。关于出走的原因，中晚唐之际刘全白《唐故翰林学士李君碣记》谓"同列者所谤"，魏颢《李翰林集序》谓"以张垍谗逐"。刘、魏二人都以李白为翰林学士，而张垍此时亦在院中，因此是"同列"，李白乃受张垍之忌，被谗而出。这是不可靠的，因李白此时在长安为翰林供奉，非翰林学士；[5]又据上所考，天宝元年至三年，张垍尚在兵部侍郎任，未曾以太常卿或太常少卿而入为翰林学士。这一长时期的误解现在可以澄清。二、李白有《玉真公主别馆苦雨赠卫尉张卿二首》，研究者有以此诗系李白于开元十八年第一次入长安时作，此张卿为张垍，但也有不同意见。此与张垍任翰林学士的时间无甚关系，限于篇幅，这里不加讨论。

现在记述张均、张垍的结局。天宝十四载（755）十月安禄山起兵南下，十五载（756）六月攻陷潼关，唐玄宗仓皇出奔。张均、张垍却未随从。据《旧传》《通鉴》等所记，当玄宗至剑州普安郡时，刑部侍郎房琯随至，玄宗问及张均兄弟，琯曰："臣离京时，亦过其舍，比约同行，均报曰已于城南取马。观其趣向，来意不切。"由此可见张均兄弟的意向。后安禄山将留在长安的张均、张垍徙往洛阳，任张均为中书令，张垍则与陈希烈同时为宰相，于是"贼势大炽"（《通鉴》卷二一八至德元载，即天宝十五载）。正因如此，造成玄宗对二人的忿恨。肃宗至德二载（757），唐军收复长安、洛阳后，处分为安禄山所任伪职的官员。《旧唐书》卷十《肃宗纪》，至德二载十二月下制："达奚珣等一十八人，并宜处斩；陈希烈等七人，并赐自尽；前大理卿张均特宜免死，配流合浦郡。"这里只提及张均，且是免死。但据《通鉴》卷二二〇所记，肃宗特向玄宗为张均兄弟说情（肃宗之妹宁亲公主即嫁于张垍），玄宗即做出决定："张垍为汝长流岭表，张均必不可活，汝更勿救。"

肃宗只得"泣而从命"。这就与前所引《旧唐书·肃宗纪》不合。而两《唐书》张均本传，则谓张垍已早死于安禄山占据洛阳时，张均则特为免死，长流合浦郡。关于这方面的记载，其他一些笔记，也多有不同，看来还是两《唐书》本传所记较合于情理。

《新唐书》卷六〇《艺文志》四，著录《张均集》二十卷，但身为翰林学士的张垍，据现有史料，无诗文传世。又据宋陈思《宝刻丛编》卷八"陕西永兴军路·京兆府·万年县"，有《唐兴唐寺金字大般若经藏铭》，著录为："唐张垍撰，李仙行书，天宝中立。"则当是张垍于翰林学士时作，但此文也不传。

注释

〔1〕（宋）宋敏求编《唐大诏令集》，商务印书馆，1959年4月排印本。

〔2〕岑仲勉《唐史余瀋》亦已指出此句"必有夺误，否则不应云'俱用八月十九日'"（卷二"玄宗诸女"条），上海古籍出版社，1979年。

〔3〕闻一多《唐诗杂论》，上海古籍出版社《蓬莱阁丛书》本，1998年。

〔4〕此又可参见《唐五代文学编年史》初盛唐卷，系于天宝十四载十月，辽海出版社，1998年。

〔5〕参傅璇琮《李白任翰林学士辨》，见本书上编。

张　垍

张垍，为张说子，张均、张垍弟。两《唐书》无专传，其事迹附见《旧唐书》卷九七、《新唐书》卷一二五《张说传》

唐翰林学士传论

后，其名作坖，偏旁为"土"。但《新唐书》卷七二下《宰相世系表》二下，《唐郎官石柱题名考》卷一六金部员外郎，均作"㘱"，当不确。

张坖事，所记甚少。作于开元二十年（732）的张九龄《故开府仪同三司行尚书左丞燕国公张太师张公墓志铭并序》（《全唐文》卷二九二），文末记张说三子："长子均，中书舍人；次曰垍，驸马都尉、卫尉卿；季曰坖，符宝郎。"据《旧唐书》卷四二《职官志》一，符宝郎，为从六品上，与尚书诸司员外郎同阶（又可参见宋孙逢吉《职官分纪》卷六）。其时张坖恐仅二十岁左右，有从六品上的官阶，已不算低。此当因张说曾为宰相，张垍为驸马都尉，而赐此虚衔。

在此以后，就未有记。韦执谊《翰林院故事》在记吕向、尹愔、刘光谦、张垍后，云："自后给事中张坖、中书舍人张渐、窦华等相继而入焉。"丁居晦《重修承旨学士壁记》也记张坖为"给事中充"。给事中为正五品上，与中书舍人同阶，属门下省。又前所考，张垍约于天宝四五年后入院，张坖当在其后，天宝中期。

天宝十三载（754）三月，张垍因受杨国忠之陷害，被贬为卢溪郡司马（见前张垍传），"坖自给事中为宜春郡司马"（《新唐书·张说传》）。当于此时即出院。后张垍于岁中召还，再迁为太常卿，张坖当也召回，是否复原职，不详。

安史乱起，长安陷，张均、张垍受伪职，肃宗至德二载受严惩（详见前传）。张坖情况，则不可知。在玄宗朝翰林学士中，张坖事迹是记载最少的，也无诗文传世。

又，李白有《夜别张五》一诗，岑仲勉《唐人行第录》曾提出此张五为张坖，谓："首四句云：'吾多张公子，别酌酣高堂。听歌舞银烛，把酒轻罗霜。'擘首即称公子，继而叙述华侈，活现贵家气概。今既知垍为张四，故疑张五为垍弟坖也，

· 206 ·

待证之。"此处岑氏仅以张四为张垍而推论张五为垍弟㙇,并无其他证据,故只以疑问提出,并云"待证之"。

李白《夜别张五》诗云:"吾多张公子,别酌酣高堂。听歌舞银烛,把酒轻罗霜。横笛罗秋月,琵琶弹陌桑。龙泉解锦带,为尔倾千觞。"从诗的本身看不出此张公子的具体身份,也未能确定写作时间。现在有些研究者则即据岑氏《唐人行第录》而确定此张五为张㙇。安旗主编的《李白全集编年笺注》,因定《玉真公主别馆苦雨赠卫尉张卿二首》为开元十八年李白第一次赴长安时所作,遂将《夜别张五》也编于开元十八年,[1]似李白于该年也与张㙇相聚。这些只能备参,未能如杜甫赠张垍几首诗那样可以确定。

注释

〔1〕见安旗主编《李白全集编年笺注》,巴蜀书社,1990年,第138页。

张　渐

张渐,两《唐书》无传,其事迹的记载也极少,且很分散。从《旧唐书》卷一〇〇《苏晋传》得到一个线索,谓张渐之父名仲之,仲之兄循之,洛阳人。《旧唐书·苏晋传》云:"晋与洛阳人张循之、仲之兄弟友善。"据《旧传》,苏晋父苏珦,在武则天专政时,连任监察官(监察御史、御史大夫),对时政累有切谏;神龙初,武三思擅权,更受到排挤。苏晋则年轻时就有文名,时人誉为"此后来王粲"。玄宗即位初,苏晋任中书舍人,"每有制命,皆令晋及贾曾为之"。由此可见,与其交友并为其所善的张循之、仲之,确"以学业著名"。

唐翰林学士传论

张渐少时,即经历其父被杀的不幸遭遇。《旧唐书·苏晋传》记:"(张)循之,则天时上书忤旨被诛。仲之,神龙中谋杀武三思,为友人宋之逊所发,下狱死。"此事,《旧唐书》卷一〇六《王琚传》、卷一八六下《酷吏·姚绍之传》、卷一九〇中《文苑·宋之问传》,及《新唐书》卷一九一《忠义·王同皎传》、卷二〇二《文艺·宋之问传》、卷二〇九《酷吏·姚绍之传》皆有记,多有异同。比较起来,以《通鉴》卷二〇八中宗神龙二年(706)三月所记较为确切:"初,少府监丞弘农宋之问及弟兖州司仓之逊皆坐附会张易之贬岭南,逃归东都,匿于友人光禄卿、驸马都尉王同皎家。同皎疾武三思及韦后所为,每与所亲言之,辄切齿。之逊于帘下闻之,密遣其子昙及甥校书郎李悛告三思,欲以自赎。三思使昙、悛及抚州司仓冉祖雍上书告同皎与洛阳人张仲之、祖延庆、武当丞寿春周憬等潜结壮士,谋杀三思,因勒兵诣阙,废皇后。上命御史大夫李承嘉、监察御史姚绍之按其事,又命杨再思、李峤、韦巨源参验。(张)仲之言三思罪状,事连宫壸。再思、巨源阳寐不听,峤与绍之命反接送狱。仲之还顾,言不已,绍之命捶之,折其臂。仲之大呼曰:'吾已负汝,死当讼汝于天!'庚戌,同皎等皆坐斩,籍没其家。"《通鉴》并有《考异》,引及《御史台记》《朝野佥载》及《唐历》《统记》等,又可参见拙编《唐才子传校笺》卷一《宋之问传》及第五册《补正》。[1]

由此可见,张仲之反对武三思是很坚决的,而所受的遭遇又甚惨,在处死前即已被捶断臂。幸亏其下狱死后,其子张渐受到苏晋的抚养,"晋厚抚仲之子渐,有如己子,教之书记,为营婚宦"(《旧唐书·苏晋传》)。这时,神龙二年(706),张渐当还是孩童,其生年或在700年左右。苏晋卒于开元二十二年(734),"及晋卒,渐制犹子之服,时人甚以此称之"(同上)。时当三十余岁。

开元及天宝前期,张渐仕历不明。《唐尚书省郎官石柱题名考》卷一六金部员外郎,有张渐,或在天宝前期。据《严州图经》卷一"题名":"张渐,天宝九载十月自饶州刺史拜";"张朏,天宝十载三月十日自抚州刺史拜"。则天宝九载(750)十月前,张渐曾任江西鄱阳郡太守(饶州刺史),九载十月至十载三月任浙江新定郡太守(严州刺史),此后即入朝依附于杨国忠。

据《旧唐书》卷九《玄宗纪》下,天宝十载(751)五月,"剑南节度使鲜于仲通将兵六万讨云南,与云南王阁罗凤战于泸川,官军大败"。杨国忠时为御史大夫兼兵部侍郎,掩匿鲜于仲通之败,自请兼领剑南节度使,时为天宝十载十一月。《新唐书》卷二〇六《外戚·杨国忠传》:"俄加本道兼山南西道采访处置使,开幕府,引窦华、张渐、宋昱、郑昂、魏仲犀等自佐,而留京师。"就是说,杨国忠于天宝十载、十一载之际,身在京师,而遥领剑南、山南西道,并借开设幕府之名,将窦华、张渐引入。又《旧唐书》卷一一五《赵国珍传》:"天宝中,以军功累迁黔府都督,兼本管经略等使。时南蛮阁罗凤叛,宰相杨国忠兼剑南节度,遥制其务,屡丧师徒。中书舍人张渐荐国珍有武略,习知南方地形,国忠遂奏用之。"此当也在天宝十载、十一载间(参郁贤皓《唐刺史考全编》卷一七五"黔州")。据此,则张渐当已以中书舍人而在杨国忠剑南幕府,但仍在长安。又据《旧唐书·赵国珍传》,赵在黔中是有政绩的,"在五溪凡十余年,中原兴师,唯黔中封境无虞"。可见张渐有一定见识。

天宝后期又有一值得注意的事。刘太真《送萧颖士赴东府序》(《全唐文》卷三九五),中云:"顷东倭之人,逾海来宾,举其国俗,愿师于夫子。非敢私请,表闻于天子,夫子辞以疾而不之从也。"有唐一朝,日本屡有遣唐使来中国,进行文化

唐翰林学士传论

交流。他们当仰慕萧颖士的文名，请其到日本讲学，这应当说是件好事。《旧唐书》卷一九〇中《文苑下·萧颖士传》《新唐书》卷二〇二《文艺中·萧颖士传》都记有此事，不过《新唐书》本传记为新罗人来聘。据陈铁民《萧颖士系年考证》[2]，当以东倭即古日本为是，其时在天宝十二载（753）三月。当时萧颖士在长安，待制史官。刘太真《序》是说萧颖士自己"辞以疾而不之从"，而《新唐书·萧颖士传》则谓："倭国遣使入朝，自陈国人愿得萧夫子为师者，中书舍人张渐等谏不可而止。"则天宝十二载三月，张渐仍为中书舍人。

据韦执谊《翰林院故事》、丁居晦《重修承旨学士壁记》，张渐是"以中书舍人充"，即先已任中书舍人，后以中书舍人入为翰林学士。很可能杨国忠于天宝十一载十一月李林甫卒后居相位，撤原来的剑南幕府，遂荐张渐以中书舍人入翰林学士院。日本使者请萧颖士赴日，确是要正式上表的，张渐因已在翰林禁中，接近皇上，故有可能对此表示意见。不过他为何反对萧颖士赴日，尚待研究。

清顾燮光《梦碧簃石言》卷二录有唐玄宗第五孙女墓志（原名为《皇第五孙女墓志铭并序》），署为"中大夫、行中书舍人、翰林院待制、上柱国臣张渐撰，朝议郎、行太子宫门郎、翰林院供奉臣刘秦书"。文中称："以天宝十三载岁次甲午十一月七日丁酉，恬然委顺，时春秋廿一岁……以其载十一月廿九日庚寅法葬于京兆咸宁县义本乡之铜人原，乃命小臣志于幽壤。"这里称张渐为翰林院待制，实即翰林学士。另据韦执谊《翰林院故事》，董晋于肃宗时曾以校书郎入充翰林学士（丁居晦《壁记》同）。韩愈《董公行状》亦记有"拜秘书省校书郎，入翰林为学士"（《韩昌黎文集校注》卷八）。而《旧唐书》卷一四五《董晋传》则记为："授校书郎、翰林待制。"可见唐代玄、肃两朝，亦即翰林学士前期，翰林学士也可称翰林待制。由此，则天宝十三载（754）十一月，张渐已在翰林学士任上。

上述墓志的撰写也是翰林学士的职务之一，这也是张渐传存的惟一文章，但《全唐文》未载。[3]《全唐诗》卷一二一录有其所作诗一首，题《朗月行》："朗月照帘幌，清夜有余姿。洞房怨孤枕，挟琴爱前墀……"按：写闺怨之情也是盛唐诗常见的基调，王昌龄七绝如《长信秋词》《青楼曲》《闺怨》，都是名作。张渐此诗，如"去岁草始荣，与君新相知。今年花未落，谁分生别离"，文词清新，情意真切。可以注意的是，与张渐、窦华共同依附杨国忠的宋昱，天宝后期也任中书舍人。《全唐诗》卷一二一录其《晓次荆江》《樟亭观涛》等作，如"秋色湖上山，归心日边树"，"向夕垂钓晚，吾从落潮去"，也可称为佳句。

这些大约都是早年所作，后来他们身居要位，心境就不同了。《旧唐书》卷一〇六《杨国忠传》："国忠之党翰林学士张渐、窦华，中书舍人宋昱，吏部郎中郑昂等，凭国忠之势，招来赂遗，车马盈门，财货山积。"正因如此，天宝十五载（至德元载，756）六月，杨国忠随从唐玄宗匆忙西出，"其党翰林学士张渐、窦华，中书舍人宋昱，吏部郎中郑昂，俱走山谷，民争其赀，富埒国忠。（宋）昱恋赀产，窃入都，为乱兵所杀；余坐诛"（《新唐书》卷二〇六《杨国忠传》）。《旧唐书·杨国忠传》也谓张渐等"及国忠败，皆坐诛灭"。很可能马嵬驿之变，杨国忠被杀，其亲信如张渐、窦华等也被杀。

注释

〔1〕《唐才子传校笺》第一册，中华书局，1987年；第五册，1995年。

〔2〕载《文史》第37辑，中华书局，1993年2月。

唐翰林学士传论

〔3〕宋陈思《宝刻丛编》卷八"陕西永兴军路·京兆府·万年县",著录有《唐青城县令曹琳墓志》,谓唐张渐撰,天宝六年。则当另有一文,但也未传存。

窦 华

窦华,两《唐书》无传。《元和姓纂》卷九河南洛阳窦氏,记有:"诫盈,青州刺史。生庭芝、庭华。庭华,中书舍人。"岑仲勉《元和姓纂四校记》谓:"《翰林院故事》《重修壁记》暨《会要》五七有窦华,官翰林学士、中书舍人,应即此庭华。"[1]岑说是。两《唐书》的有关记载,均记作窦华。惟《新唐书》卷七一下《宰相世系表》一下,仍记为窦庭华,其父诫盈,"青州刺史",四子:庭芝,太府少卿;庭华,中书舍人;庭蕙,扬府长史;庭芳,未注官职。

宋赵明诚《金石录》卷七有《唐北海太守窦诫盈碑》,下注云:"徐浩撰并八分书,题额李遇正书,天宝七载正月。"[2]据《元和郡县图志》卷十,河南道有青州,《新唐书》卷三八《地理志》二,河南道有青州北海郡。按:唐初,地方建制,改郡为州,太守为刺史,而玄宗天宝元年二月,"天下诸州以为郡,刺史改为太守"(《旧唐书》卷九《玄宗纪》下)。又据《元和郡县图志》卷十,青州是唐高祖武德二年建立的(相当于今山东潍坊、青州等地),而天宝元年又改为北海郡。《金石录》著录为"北海太守",又云"天宝七载正月",符合当时改州郡名体制,可信。可惜徐浩此碑碑文,现在未见,因此我们未能详知窦诫盈的生平与家世。按:李邕于天宝六载(747)正月在北海任上为李林甫陷害,被杀,则可能接任者为窦诫盈,而不久即卒,故徐浩所撰之碑在天宝七载立。徐浩擅长于

· 212 ·

玄宗朝翰林学士传

制诰文体，肃宗、代宗两朝连任中书舍人，"时天下事殷，诏令多出于浩"；"玄宗传位诰册，皆浩为之"（《旧唐书》卷一三七《徐浩传》）。天宝前期，徐浩约四十余岁，已有文名。由他来为这位北海太守撰写碑文，也可见窦诚盈当时已有声誉。

窦华早年仕历不详。清赵钺、劳格《唐御史台精舍题名考》（《月河精舍丛书》本）卷三"碑阴额题名"，有"知杂御史"，下注"自天宝元载已后"，有窦华名。"知杂御史"并不是专有官称，据《旧唐书》卷四四《职官志》三，"御史台"，其中有侍御史，其职务为"掌纠举百僚，推鞫狱讼"，有注云："侍御史年深者一人判台事，知公廨杂事。"又《新唐书》卷一三四《杨慎矜传》记杨于玄宗时"迁侍御史，知杂事"。《唐御史台精舍题名考》卷三"碑阴额题名·知杂御史"也有杨慎矜名。由此，则窦华当于天宝前期曾任侍御史。侍御史为从六品上。窦华于天宝七八年间丁父忧（见前徐浩所撰《窦诚盈碑》），不久即为杨国忠引入。

据《新唐书》卷二〇六《外戚·杨国忠传》，杨国忠在兼兵部侍郎时，曾遥领剑南节度使、山南西道采访处置使，"开幕府，引窦华、张渐、宋昱、郑昂、魏仲犀等自佐，而留京师"。时在天宝十载（751）、十一载（752）间（详见前张渐传）。天宝十一载十一月李林甫卒，杨国忠正式任宰相（右相），撤幕府，当于此时荐张渐、窦华以中书舍人入为翰林学士。韦执谊《翰林院故事》、丁居晦《重修承旨学士壁记》，在张渐后，记窦华由中书舍人充。又，《玉海》卷一六七《宫室院·唐集贤殿书院》引韦述《集贤记注》，中云："自贺知章至窦华，开元十三年至天宝十四载，集贤院学士、直学士三十三人。"集贤殿书院创设于开元十三年（725），是唐朝中央有盛誉的文化机构，五品以上才能入为学士，六品以下则称为直学士（《新唐书·百官志》二）。中书舍人为正五品上，窦华当于天宝十二载

唐翰林学士传论

起,既由中书舍人入为翰林学士,同时又兼集贤书院学士。又据前所引《新唐书·宰相世系表》,窦庭华之子"叔展,左拾遗"。宋孙逢吉所撰《职官分纪》卷一五有引《集贤记注》,称"(天宝)十三年,窦叔展以宜寿尉迁左拾遗,入院待制。叔展则中书舍人华之子,父子相次入院"。左拾遗为从八品上,故只能为待制,但父子相次入院,在当时是享有荣誉的。

窦华以中书舍人入为翰林学士,当在宫中值班,但仍依附于宰相杨国忠。《通鉴》卷二一七天宝十三载曾记有一事:"杨国忠忌陈希烈,希烈累表辞位。上欲以武部侍郎吉温代之,国忠以温附安禄山,奏言不可,以文部侍郎韦见素和雅易制,荐之。八月丙戌,以希烈为太子太师,罢政事,以见素为武部尚书、同平章事。"按:陈希烈于天宝五载(746)四月李适之为李林甫所排挤而荐引入相,至此则为杨国忠所忌而罢相。据《旧唐书》卷一〇八《韦见素传》:"国忠访于中书舍人窦华、宋昱等,华、昱言(韦)见素方雅,柔而易制。上亦以经事相王府,有旧恩,可之。"宰相人选,是朝中大事,虽最后由皇帝任命,但实际主意却是杨国忠征询窦华等而提出的。

这是杨国忠倚重于窦华等,而另一方面窦华等也就献媚于杨国忠。《旧唐书》卷一〇六《杨国忠传》载,杨国忠于天宝十一载后继李林甫为相,"以宰臣典选","故事,吏部三铨,三注三唱,自春及夏,才终其事。国忠使胥吏于私第暗定官员,集百僚于尚书省对注唱,一日令毕,以夸神速,资格差谬,无复伦序"。这样不按照规制办事,完全出于个人私意,而"其所昵京兆尹鲜于仲通、中书舍人窦华、侍御史郑昂讽选人于省门立碑,以颂国忠铨综之能"。正因如此,窦华与张渐、宋昱等"凭国忠之势,招来赂遗,车马盈门,财货山积"(同上)。翰林学士如此依附权贵,招赂聚财,在唐朝还是极少见的,这也是天宝后期整个腐败政局所造成的。

玄宗朝翰林学士传

　　这里还应提出的是，两《唐书》记窦华、张渐天宝后期的仕历，一般都称为中书舍人，很少称为翰林学士，这值得注意。这一方面因为唐代的翰林学士是一种差遣之职，并非官名。宋叶梦得《石林燕语》卷五谓："如翰林学士、侍讲学士、侍书学士，乃是职事之名耳。"清人钱大昕也说："学士无品秩，但以它官充选"，"学士亦差遣，非正官也"（《廿二史考异》卷四四）；又称翰林学士"有官则有品，官有迁转，而供职如故也"（同上，卷五八）。这就是说，一个翰林学士，他必须带有其他正式的官衔，这样，才有一定的品位，有一定的薪俸。韦执谊《翰林院故事》、丁居晦《重修承旨学士壁记》在记各朝翰林学士时，都记任期内官位的迁转。如前刘光谦传，丁氏《壁记》就记为："起居舍人充，累迁司封郎中。"就是说，刘光谦自起居舍人入为翰林学士，后又由起居舍人（从六品上）迁为司封郎中（从五品上），但仍在翰林学士任内。又如白居易自元和二年（807）至六年（811）在翰林学士任，他先以集贤校理为左拾遗，元和五年改为京兆府户曹参军。京兆府户曹参军为正七品下，比左拾遗（从八品）要高好几阶。正因如此，唐人往往就以翰林学士所带的官衔称呼。另一方面，唐代玄宗、肃宗两朝，中书舍人，其政治声望与文学声誉，是大大超过这一时期翰林学士的，如玄宗时期的孙逖、贾曾，肃宗时期的徐浩、贾至，凡册立帝位，发重要诏令，都出自这几位中书舍人之手。故两《唐书》多以中书舍人称时为翰林学士的窦华、张渐，可以理解。

　　天宝十五载（至德元载，756）六月，安禄山军攻陷潼关，玄宗西走，杨国忠于马嵬驿为众军所杀，窦华、张渐等也"皆坐诛灭"（《旧唐书·杨国忠传》），详见前张渐传。

　　又前所引《新唐书·宰相世系表》，记窦华兄庭芝，太府少卿。《通鉴》卷二一七记天宝十四载（755）十二月，安禄山起兵南下，时安西节度使封常清入朝，唐玄宗即任其为范阳、平卢节度使，赴洛阳抵御安军，但屡败，"封常清帅余众至陕，陕郡太守窦庭芝已奔河东，吏民皆散"。此又见《旧唐书·安禄山传》。则天宝后期，窦华之兄庭芝曾任陕郡太守。

窦华，无诗文传世。

注释

〔1〕《元和姓纂四校记》，郁贤皓、陶敏校订本，中华书局，1993年。

〔2〕《宋本金石录》，中华书局影印本，1991年。

裴士淹

裴士淹，两《唐书》无传。《新唐书》卷七一上《宰相世系表》一上，记裴士淹为礼部尚书、绛郡公；其祖知节，南和令；父倩，未注官职。颜真卿《正议大夫行国子司业上柱国金乡县开国男颜府君神道碑铭》（《全唐文》卷三四一），记颜允南之交友，中有"河南陆据，彭城刘悚、刘秩，陇西李揆，河东裴士淹，特敦莫逆之欢"。则裴士淹为河东人。

裴之早年仕历不详。清赵钺、劳格《唐郎官石柱题名考》卷六司封员外郎、卷七司勋郎中，皆记有裴士淹。卷七司勋郎中，裴士淹之后为韦咸、崔圆，而据《旧唐书》卷九《玄宗纪》下，天宝十五载（756）六月，"庚子，以司勋郎中、剑南节度留后崔圆为蜀郡长史、剑南节度副大使"。天宝十载、十一载之际，杨国忠遥领剑南节度，即将崔圆由司勋员外郎提升为司勋郎中，兼蜀大都督府左司马、知节度留后（《旧唐书》卷一〇八《崔圆传》）。裴士淹之名既在崔圆之前，则其任司勋郎中当在天宝中期。

韦执谊《翰林院故事》记"开元已后"翰林学士八人,最后一个是裴士淹:"自给中充,出为礼侍。"丁居晦《重修承旨学士壁记》记"开元后八人",第八位是裴士淹:"给事中充,知制诰。"就是说,裴士淹是由给事中入为翰林学士的。司勋郎中官阶为从五品上,给事中与中书舍人相等,为正五品上。很可能裴士淹于天宝十载(751)前后由司勋郎中升迁为给事中,不久,即以给事中入翰林学士院。

《旧唐书》卷九《玄宗纪》下,天宝十四载(755)三月,明确记载裴士淹以给事中身份出使河北等地:"(三月)癸未,遣给事中裴士淹等巡抚河南、河北、淮南等道。"此事,以《通鉴》所记较详。《通鉴》卷二一七,天宝十四载二月,记当时宰相韦见素、杨国忠对安禄山已有怀疑,"(韦)见素因极言禄山反已有迹";于是三月辛巳,"命给事中裴士淹宣慰河北",实际上是去视察。《通鉴》于此年四月接着记:"安禄山归至范阳,朝廷每遣使者至,皆称疾不出迎,盛陈武备,然后见之。裴士淹至范阳,二十余日乃得见,无复人臣礼。"此事,唐姚汝能《安禄山事迹》亦有记,大致相同:"禄山自归范阳,逆状渐露,惧朝廷诛之,使者将至,辄称疾不迎,严介士于前后,成备而后见之。士淹之至也,亦如之,令武士引入,无复人臣之礼,士淹宣旨而退。"

这是关于裴士淹仕历最早的记载。应当提出的是,《旧纪》《通鉴》及《安禄山事迹》虽然都称裴士淹为给事中,而裴士淹此时当已由给事中入为翰林学士。奉皇帝旨意,出外考察军情,这也是唐代翰林学士的职务之一。中唐时德宗皇帝遭"泾师之变",曾于兴元元年(784)派遣翰林学士陆贽至李怀光军中宣谕,陆贽即奉命与李晟、李怀光洽商军情(详见两《唐书·陆贽传》及《通鉴》有关记载)。

唐翰林学士传论

  与此相关的，还须辨析一事。《全唐诗》卷一二四载有裴士淹一诗，题为《白牡丹》，诗云："长安年少惜春残，争认慈恩紫牡丹。别有玉盘乘露冷，无人起就月中看。"关于此诗，中唐时段成式《酉阳杂俎》曾有记载，其书前集卷一九《广动植之四·草篇》记云："开元末，裴士淹为郎官，奉使幽冀回，至汾州众香寺，得白牡丹一窠，植于长安私第，天宝中，为都下奇赏。当时名公，有《裴给事宅看牡丹》诗，诗寻访未获。一本有诗云：'长安年少惜春残，争认慈恩紫牡丹。别有玉盘乘露冷，无人起就月中看。'太常博士张乘尝见裴通祭酒说。"这里提及的裴通，为裴士淹子，见《新唐书》卷五七《艺文志》一，经部《易》类："裴通《易书》一百五十卷：字又玄，士淹子，文宗访以《易》义，令进所撰书。"《新唐书·宰相世系表》一上，也载有裴士淹第二子通。由段成式所记，则关于裴士淹植白牡丹及所传之诗，乃得之于裴士淹子裴通之说，当可信。这就是说，裴士淹出使幽冀回，经汾州，得一白牡丹，移植于长安宅中，而为都下奇赏，当时就有一位名公，作有《裴给事宅看牡丹》一诗，此诗原本虽未见，但另有一诗相传。由此可见，诗为他人作，《全唐诗》列于裴士淹名下，误。不过由此也可看出，裴士淹作为翰林学士，与当时文士也有所交往。

  当然，《酉阳杂俎》此则所记裴士淹仕历，有不确之处。裴此次奉使幽冀，就前所考，为天宝十四载三月官给事中时，故当时名公所作诗，题也即为《裴给事宅看牡丹》，则《酉阳杂俎》所谓"开元末，裴士淹为郎官"而出使，即与史书所记不合。又谓此白牡丹乃"天宝中"为都下所赏，也不确，当在天宝末。按：裴士淹出使河北，在三月，四月返长安，这与诗中所谓"长安年少惜春残"，时节相符。

  天宝十五载（756）六月，安禄山军攻占潼关，向关中推进，唐玄宗仓皇西奔，后至四川成都。这次随从玄宗赴蜀的，翰林学士只裴士淹一人（张垍、张渐、窦华等，见前传），且得到玄宗的信重。作于宪宗元和初（807）的刘肃《大唐新语》卷八即记有："玄宗幸成都，给事中裴士淹从。士淹聪悟柔顺，颇精历代史。玄宗甚爱之，马上偕行，得备顾问。"晚唐李冗《独异志》卷下亦云："玄宗幸蜀，裴士淹从驾，马上以商较当时卿相。"关于此事，《新唐书》卷二二三上《奸臣上·李林甫传》所载较详："帝之幸蜀也，给事中裴士淹以辩学得幸。时肃宗在凤翔，每命宰相，辄启问。及房琯为将，帝曰：'此非破贼才也。若姚元崇在，贼不足灭。'至宋璟，曰：'彼卖直以取名耳。'因历评十余人，皆当。至（李）林甫，曰：'是子妒贤嫉能，举无比者。'士淹因曰：'陛下诚知之，何任之久邪？'帝默不应。"

  关于对房琯的议论，《唐语林》所记更为具体，其书卷三"品藻"类，有云："玄宗西幸，驾及古界，灵武递至，房琯新除宰相。玄宗于马上看除目，顾左右，谓裴士淹曰：'亦不是灭贼手。'士淹低语曰：'请陛下勿复言。'上色少愧。"前引《大唐新语》及《新唐书·李林甫传》在记述议论房琯事，均未记有裴士淹"低语"。按：据《旧纪》，玄宗于天宝十五载（756）七月"甲子（十二日），次普安郡，宪部侍郎房琯自后至，上与语甚悦，即日拜为吏部尚书、同中书门下平章事"，即任为相。八月癸未朔（初一）抵成都，癸巳（十一日）接到灵武来使，告知皇太子李亨即帝位，玄宗事先未知，因此时兵权已在李亨手中，他只得自称上皇，并命随身的宰臣韦见素、房琯奉册书赴灵武。房琯等见到肃宗（李亨），"肃宗以琯素有重名，倾意待之"，随即"诏加持节、招讨两京兼防御蒲潼两关兵马节度等使"（《旧唐书》卷一一一《房琯传》）。据此，则《唐语林》所谓玄宗在赴蜀途中，"灵武递至"，及"房琯新除

唐翰林学士传论

宰相"，均不确。但玄宗在成都闻知房琯掌握兵权，有所不悦，说了一句讥刺的话，裴士淹马上低语："请陛下勿复言。"当是裴士淹觉得这涉及肃宗，不利于玄宗当时的政治境遇。这也符合翰林学士在君主左右参政议政的身份。

正因如此，玄宗就于至德二载（757）春将裴士淹由给事中（正五品上）升迁为礼部侍郎（正四品下），并在成都主持贡举考试。据《唐语林》卷八"神龙元年已来累为主司者"，有裴士淹：至德二年、三年。按：至德二载春，长安尚为安禄山军占领，不过据徐松《登科记考》卷七，当时唐廷分别在江淮、成都府、江东诏试进士，在成都即由裴士淹知举。韦执谊《翰林院故事》记裴士淹"出为礼侍"。按唐朝惯例，翰林学士因在宫廷禁中，不能出外廷主持科试，一般是先出院，任礼部侍郎，然后知贡举。据此，则裴士淹当于至德元载末、二载初出为礼部侍郎。这也是唐朝翰林学士出知贡举试的首例，很值得注意。又，至德二载九月，唐军收复长安，第二年，至德三载，亦即乾元元年（758），春，裴士淹又在长安再次主持科举考试。本年进士登第者有柳伉，后为代宗时翰林学士，曾因上疏斩宦官程元振而闻名一时（详见后代宗朝柳伉传）。

裴士淹此后的仕历为：宝应二年（763）三月在兵部侍郎任，见《唐会要》卷一《帝号》上，记肃宗于宝应元年四月十八日卒，宝应二年三月庚午葬于建陵，庙号肃宗，哀册文由"兵部侍郎裴士淹撰"。文见《全唐文》卷四九裴士淹《肃宗大宣孝皇帝哀册文》。按：此文后有《章敬皇后哀册文》，亦裴士淹撰。据《旧唐书》卷五二《后妃传》下，章敬皇后吴氏为代宗生母，早在开元二十八年（740）即卒，因肃宗于宝应二年三月行施葬礼，代宗遂从宰臣郭子仪等建议，即将其母谥为章敬皇后，祔葬于肃宗皇陵。裴士淹《章敬皇后哀册文》也即宝应二年三月作。值得注意的是，裴士淹已于至德二载（757）

初春出翰林院，为礼部侍郎，知贡举，后于宝应二年（763）三月在兵部侍郎任，却仍能撰皇帝、皇后葬礼册文，而这时翰林学士已有董晋、于可封、苏源明等。可见唐朝前期，一些重要制诰册文，不一定非出于翰林学士之手。

唐代宗永泰二年（766）八月，裴士淹在礼部尚书任。《唐会要》卷三七《礼仪使》记云："永泰二年八月十三日，礼部尚书裴士淹除礼仪使。"又见于《旧唐书》卷十一《代宗纪》。礼部尚书（正三品）虽然官阶要高于兵部侍郎，但在唐朝，尚书一般均为虚衔，不如侍郎有实权。

大历五年（770）八月，贬官外出。《旧唐书·代宗纪》，大历五年五月，"庚辰，贬礼仪使、礼部尚书裴士淹为虔州刺史，户部侍郎、判度支第五琦为饶州刺史，皆鱼朝恩党也"。又《旧唐书》卷一八四《宦官·鱼朝恩传》末云："朝恩素待礼部尚书裴士淹、户部侍郎判度支第五琦，二人亦坐贬官。"按：代宗即位初，先后去除宦官李辅国、程元振，而重用鱼朝恩。《通鉴》卷二二三代宗广德元年（763）十二月记："以鱼朝恩为天下观军容宣慰处置使，总禁兵，权宠无比。"后来元载拜相，与鱼朝恩争权，代宗也嫉恨鱼朝恩骄横太甚，遂于大历五年三月，与元载谋议，暗杀之。裴士淹当因受牵累而出贬，但他如何受鱼朝恩信用，不详。

按：清王昶《金石萃编》卷七九载有《裴士淹题名》，注云"在华岳颂碑左侧"，记云："礼部尚书裴士淹出为饶州刺史，大（此下原注：庙讳）五年六月六日，于此礼谒。"所谓"庙讳"，当为"历"字，系避乾隆弘历名讳。又同卷有《华岳苏敦苏发等题名》："大历中，发任华阴县令，时礼部尚书河东裴公出牧鄱阳，敦与发、彻同送至此。……五年夏六月六日。"按：裴士淹于五月庚辰下制外贬，至六月六日才至华州，且有当地华阴县令陪登华岳，可见此次贬谪，并不很严。

唐翰林学士传论

此后行迹不详。郁贤皓《唐刺史考全编》卷一五〇江南东道温州,引顾况《祭裴尚书文》,定裴士淹于大历九年(774)卒于温州刺史任。此为推测,不一定确实。

裴士淹诗,前已考,《全唐诗》所载《白牡丹》诗非其所作;此外,近代学者孙望先生《全唐诗补逸》卷五尚补辑有《游石门洞》一诗,采自《永乐大典》卷一三〇七四(见《全唐诗补编》137页,中华书局,1992年10月)。按:此又见于《古今图书集成》卷一三三《方舆汇编·山川典》。但是否为其所作,尚待考。《全唐文》卷四〇九载其文五篇,除前所引《肃宗大宣孝皇帝哀册文》《章敬皇后哀册文》外,另有《内侍陈忠盛神道碑》,作于肃宗乾元三年(760)五月,在礼部尚书任。此当亦奉皇帝之命为宦官撰作碑文。其他两篇,《对大夫祭判》《对不供夷盘判》,似为吏部铨试时所作,具体年月不详。总之,其在翰林学士任期内,无诗文传世。

肃宗朝翰林学士传

董 晋

董晋是肃宗时首任翰林学士。其生平，两《唐书》有传，见《旧唐书》卷一四五，《新唐书》卷一五一。又有权德舆《唐故宣武军节度副大使知节度事……董公神道碑铭》(《权载之文集》卷一五)[1]，韩愈《赠太傅董公行状》(《韩昌黎文集校注》卷八)[2]。据上述所记，董晋字混成，河中虞乡万里人。权德舆《神道碑》称其"三代有令德，而无贵仕"，即非世族出身。

这里拟主要记二事，一是他前期任翰林学士的时间，二是他后期任宣武节度使时对韩愈文人群体形成的作用。

董晋一生仕历，即从以校书郎入为翰林学士起始。韦执谊《翰林院故事》记"至德已后"，第一位即董晋，云："自校书郎充，出为汾州司马。"丁居晦《重修承旨学士壁记》则仅云"秘书省校书郎充"，未记出院后任何职。权德舆所作《神道碑》，有记其任翰林学士事，云："初肃宗受端命以合兵车，思

唐翰林学士传论

欲去元元于汤火,致王度于金玉,以文告威让远猷密布之为重也,故公解巾披荆,校文视草,凡三徙官,被以采章。"权德舆赞誉其在学士院期间为皇帝草制文诰的业绩,其人在肃宗即位初,其间曾"三徙官",后出为御史监察官。但也与韦、丁二记相同,均未记有具体年月。

韩愈《赠太傅董公行状》所记较详,在记"少以明经及第"后,即云:"宣皇帝居原州,公在原州,宰相以公善为文,任翰林之选闻,召见,拜秘书省校书郎,入翰林为学士。三年出入左右,天子以为谨愿,赐绯鱼袋,累升为卫尉寺丞。出翰林,以疾辞,拜汾州司马。崔圆为扬州,诏以公为圆节度判官,摄殿中侍御史。以军事如京师朝,天子识之,拜殿中侍御史、内供奉。"韩愈于德宗贞元中曾在董晋节度幕府,故所作《行状》对其仕历所记较为具体,但其间也有误,如此处谓董晋于原州谒见肃宗,即不确。

《旧唐书·董晋传》记云:"至德初,肃宗自灵武幸彭原,晋上书谒见,授校书郎、翰林待制,再转卫尉卿,出为汾州司马。"(《册府元龟》卷九七《帝王部·奖善》所记同)这里牵涉到原州与彭原是否同一地,及肃宗在至德元载(756)六月以后的行迹。

据唐宪宗元和八年(813)撰成的李吉甫《元和郡县图志》卷三关内道有原州,另有宁州,彭原即为宁州所属县。[3]如此则为两地。又据《旧唐书》卷十《肃宗纪》,《通鉴》卷二一八,天宝十五载(756)六月,马嵬驿之变后,玄宗赴蜀,太子李亨(即肃宗)受命留关中抵御安禄山军。肃宗遂北上,先至彭原,后至平凉(即原州),在平凉只停留数日,即听取朔方留后杜鸿渐等建议,再北行,于七月初至灵武(今宁夏银川东南,黄河东岸),并于同月即帝位,改元至德。后又听李泌之议,应军事需要,又于九月自灵武南下,十月再至彭原,直

肃宗朝翰林学士传

至年底。第二年（即至德二载）正月初一，尚在彭原受朝贺，随后又南下至凤翔，直至九月收复长安，十月返京。

据此，则肃宗于至德元载六月北上时是经过原州的，但只停留几天，而九月南下，未经过原州，而于十月至明年元月，一直在彭原。因此《旧唐书·董晋传》谓"肃宗自灵武幸彭原，晋上书谒见"，是符合肃宗当时行止及地理方位的，韩愈《行状》云"宣皇帝居原州，公在原州"，不确。韩愈似误以彭原为原州，对当时的州县建置不甚清楚。

又据韩愈《行状》及《旧传》，董晋先以明经及第，但未记何年。大约董晋于明经及第后，未曾入仕，适值安禄山之乱，他正好又在彭原，遂于至德元载十月至十二月间向肃宗"上书谒见"。而据韩愈《行状》，"宰相以公善为文，任翰林之选闻，召见，拜秘书省校书郎"。此宰相似为崔圆。从董晋后出院时即受崔圆之聘为汾州司马，不久又随其赴扬州淮南节度使幕府（详见后）来看，他与崔圆关系是很密切的。崔圆于天宝十五载（即至德元载）六月在任剑南节度使时已由唐玄宗任为中书侍郎、同中书门下平章事，至德二载正月又自蜀来到彭原，仍在肃宗朝居相位。由此，很可能董晋先于至德元载十至十二月间因向肃宗上书，任为秘书省校书郎，崔圆于第二年即至德二载正月至彭原，又推荐董晋为翰林学士。据韩愈所作《行状》，董晋卒于贞元十五年（799），年七十六，则当生于开元十二年（724），至德二载（757）为三十四岁。据《通鉴》卷二一八所载，肃宗于灵武即帝位时，"文武官不满三十人"，可见人才极缺。董晋是肃宗在西北时惟一的翰林学士，这时尚未收复长安，军事紧张，因此权德舆所作《神道碑》称其"解巾披荆，校文视草"，职务繁重，可惜其所起草的诏诰文书未见存世。

韩愈《行状》谓"三年出入左右，天子以为谨愿，赐绯鱼

唐翰林学士传论

袋，累升为卫尉寺丞"。秘书省校书郎为正九品上，官阶是很低的，这大约是董晋原先由明经及第，未曾授其他官职。卫尉寺丞为从六品上，可见三年内升迁是很快的。

韩愈《行状》谓"三年出入左右"后，乃"出翰林，以疾辞，拜汾州司马。崔圆为扬州，诏以公为圆节度判官，摄殿中侍御史"。《旧唐书·董晋传》记与崔圆的关系更为明显，云："出为汾州司马。未几，刺史崔圆改淮南节度，奏晋以本官摄侍御史，充判官。"又韦执谊《翰林院故事》也记为："出为汾州司马。"由此可见，董晋出院时，先为汾州司马。若任职期三年，以至德二载（757）正月算起，则出院应是乾元二年（759）下半年或上元元年（760）初。

据《旧传》所叙，董晋出为汾州司马时，崔圆正在汾州刺史任，后崔圆改为淮南节度使，又聘他至扬州。又据《旧唐书》卷一〇八《崔圆传》及郁贤皓《唐刺史考全编》[4]，崔圆任汾州刺史当在上元元年、二年间（760—761），上元二年二月又改任淮南节度使（《旧唐书·肃宗纪》）。如此，则董晋约于乾元二年（759）下半年或上元元年（760）初离开翰林学士院，又受崔圆之聘，为汾州司马。由此可见，唐代文士之能入翰林学士院以及出院后之任职，宰相是起很大作用的，如同玄宗天宝时翰林学士张渐、窦华，就是因宰相杨国忠之荐而入。[5]

这里有一个问题需要讨论，即《全唐文》卷三六七贾至《授董晋殿中侍御史制》是否为贾至所作。制文云："汾州司马董晋，恪慎励精，详于吏事，饮冰将命，克有成绩。准绳之地，举直任能。俾彰善于使车，宜即真于宪简。可殿中侍御史。"贾至在玄、肃两朝曾任中书舍人，颇有文名。他在肃宗朝任中书舍人，为至德元载（756）八月至乾元元年（758）春，后因党争纠纷外出，至代宗于宝应元年（762）四月即位才又入朝复原职,但仅一年又以为尚书左丞。[6] 而据上所考,董晋出为汾州司马在乾元二年(759)下半年或上元元年(760)初,上元二年(761)二月后又改为淮南节度使判官。这就是说,董晋出院及改赴扬州期间,贾至都在外地,未在中书舍人任。可见《全唐文》所载《授董晋殿中侍御史制》,非出贾至之手,乃他人之作而误入贾至名下。

以上所考,主要为董晋入任翰林学士及出任其他官职的年月,这些,唐人所记及现代学者(如岑仲勉)所考,均未确切,本文理清一个大致轮廓。以下概述董晋此后的仕历,重点介绍其任汴州刺史、宣武节度使时韩愈的文学活动。

据韩愈《行状》、权德舆《神道碑》、两《唐书》本传、《新唐书·宰相年表》等记载,董晋在崔圆淮南幕府,不久,即入朝为殿中侍御史,德宗时又历任御史中丞、华州刺史、尚书左丞、太常卿。贞元五年(789)二月为门下侍郎、同平章事。这是唐朝翰林学士升迁至宰相的第一位,颇可注意。但过去研究者往往把翰林学士视为入相的阶梯,实际上并非如此。唐朝由翰林学士直接升为宰相,是极少数,大多则在离开学士院后,任其他官职,后因各种原因拜相,而其间翰林学士与宰相,没有必然的因果关系。如这第一位任相的董晋,其出院在乾元二年(759)或上元元年(760),入相为贞元五年(789),相隔有三十年,中间历任多种官职,又经过两个皇朝(代宗、德宗)。

贞元九年(793)五月,董晋罢相为礼部尚书,后为东都留守。贞元十二年(796)夏,汴州节度使李万荣病甚,其子李迺谋为乱,后为部下所执,送京师,德宗皇帝就于此年七月派遣董晋由东都留守改为宣武节度使。董晋赴任时,韩愈受聘从行。

按:韩愈于贞元八年(792)春登进士第,同年参加吏部

唐翰林学士传论

博学宏辞试，落第。[7]贞元九年、十年，又应吏部试，均未取。贞元十一年五月，离长安，在洛阳、河阳闲居。贞元十二年七月，即应董晋之聘赴汴州幕，任观察推官（带校书郎衔）。应予注意的是，韩愈入汴州幕，是他入仕的开端，也就是在此后几年，即有条件约集一些文士，进行有意识的文学交流活动。开始他与李翱交结，论道析文。李翱后在其所作《祭吏部韩侍郎文》有云："贞元十二，兄在汴州，我游自徐，始得兄交。视我无文，待予以友，讲文析道，为益之厚。"（《李文公集》卷十六）韩愈在《与冯宿论文书》中也谓："近李翱从仆学文，颇有所得。"（《韩昌黎文集校注》卷三）第二年，张籍由和州来汴，经孟郊介绍，与韩愈交友。韩愈《此日足可惜一首赠张籍》诗有云："念昔未知子，孟君自南方，自矜有所得，言子有文章。……开怀听其说，往往副所望。"（《韩昌黎诗系年集释》卷一）[8]上引《与冯宿论文书》在述及李翱后，又提及张籍："有张籍者，年长于翱，而亦学于仆，其文与仆相上下，一二年业之，庶几乎至也。"后又继续与孟郊、李翱论文说诗，相互唱和，贞元十四年，韩、孟、李有《远游联句》，韩愈有《答孟郊》《醉留东野》（均见《韩昌黎诗系年集释》卷一），孟郊有《汴州别韩愈》诗。[9]这时张籍曾有信致韩愈，劝其"弘广以接天下士，嗣孟轲、扬雄之作，辨扬墨老释之说，使圣人之道复见于唐"，韩愈则有《答张籍》《重答张籍书》（《韩昌黎文集校注》卷二）。这些，都为唐代使府与文学研究提供极好的材料，也是韩愈从事古文运动、主张诗格新变的开始。而这些，都是在董晋的节度幕府进行的。这是董晋在任翰林学士后，又一次在文学活动上所做出的贡献，虽时隔多年，但与早年的翰林学士文化职能不无关系。

董晋卒于贞元十五年（799）二月宣武节度使任。其所著，无诗，《全唐文》卷四四六载其文两篇：《冠冕制论》（即《旧传》所载)、《义阳王李公德政碑记》(在相位时所作)。又清陆心源《唐文拾遗》卷二三载文三篇:《昭德王皇后祔庙奏》《公主出嫁行册礼奏》《册公主典故奏》,皆贞元初期任太常卿时作。这就是说,他在翰林学士任期内,无诗文传世,这是很可惜的。

注释

〔1〕《权载之文集》,商务印书馆四部丛刊本。

〔2〕马其昶《韩昌黎文集校注》,上海古籍出版社,1986年12月。

〔3〕《元和郡县图志》,中华书局,1983年6月,贺次君点校本。

〔4〕《唐刺史考全编》第二册,1215页,安徽大学出版社,2000年1月。

〔5〕见前《玄宗朝翰林学士传》。

〔6〕关于贾至的生平仕历,参见傅璇琮《唐代诗人丛考·贾至考》,中华书局,1980年。

〔7〕本文所叙韩愈行迹,据李翱《韩公行状》,皇甫湜《韩文公墓铭》《神道碑》、两《唐书》本传,及宋人诸家年谱。

〔8〕钱仲联《韩昌黎诗系年集释》,上海古籍出版社,1984年。

〔9〕华忱之、喻学才《孟郊诗集校注》卷八,人民文学出版社,1995年。

于可封

于可封,两《唐书》无传。《新唐书》卷七二下《宰相世

唐翰林学士传论

系表》二下,有于可封,"国子司业";又记其父于汪,秘书监;汪子:公胄、庭顺、庭诲、庭谓、夐,后为可封。《元和姓纂》卷二略同。按:《新表》谓于氏从西魏孝武帝入关,遂为京兆长安人。但于夐子于頔,两《唐书》有传,《旧唐书》卷一五六《于頔传》记为河南人,《全唐文》卷六二一载有于可封文,小传称其为洛阳人。则于氏入唐后又有自长安东迁至河南洛阳的。

于可封之仕历不详。韦执谊《翰林院故事》"至德已后"第二人为于可封,云"自补阙充,出为司业"。丁居晦《重修承旨学士壁记》:"于可封:补阙充,迁礼部员外郎、知制诰,除国子司业,出院。"均未记其具体年月。岑仲勉《翰林学士壁记注补》[1],曾云:"其官司业,殆继苏源明。"按:据《通鉴》卷二二〇,苏源明于至德二载(757)十月由国子司业擢为考功郎中、知制诰(苏之事迹详见后苏源明传),但《旧唐书》卷四四《职官志》三,国子司业有二员,则于可封不一定非接苏源明之任不可。且至德二载十月为肃宗刚返回长安,此当为于可封入院之际,不可能即已出院继苏源明为国子司业。

据前董晋传,肃宗于至德元载(756)六月北上,七月至灵武即位,九月南下,十月至彭原,董晋在彭原上书谒见,后于至德二载正月因宰相崔圆之荐,入为翰林学士。此为肃宗朝第一个翰林学士。后唐军于至德二载九月收复长安,肃宗于十月返京,在这之前肃宗在彭原、凤翔等地,正处于战争交激之际,于可封不大可能在此时进入。于可封当于至德二载十月至十二月间,先为(左右)补阙,后入为翰林学士。

《翰林院故事》仅云"自补阙充,出为司业",丁氏《壁记》则增补其间"迁礼部员外郎、知制诰"。按:左右补阙为从七品上,礼部员外郎为从六品上。清赵钺、劳格《唐尚书省郎官石柱题名考》卷二〇礼部员外郎亦有于可封。按:翰林学

肃宗朝翰林学士传

士任职期间之升迁，一般为一年左右，于可封于至德二载冬入，则其迁礼部员外郎或在乾元元年（758）秋冬。国子司业为从四品下，较礼部员外郎高好几阶，其迁为国子司业可能在肃宗后期，即上元、宝应年间（760—762），肯定代宗广德元年（763）十月前已不在此职位。

按：代宗于宝应元年（762）四月即位，后数月间集中兵力东进，于十月收复曾再次为史朝义所据的洛阳；第二年广德元年正月，终于在河北中部消灭史朝义军，历经八年的安史之乱平定。但正因如此，唐朝在西部兵力空虚，吐蕃就乘机东进，于广德元年七月，"尽取河西、陇右之地"（《通鉴》卷二二三）。但这时掌握兵权的宦官程元振"皆不以闻"（同上）。吐蕃军遂于该年十月攻陷长安，代宗在此之前出奔陕州。据《旧唐书》卷十一《代宗纪》，十月"戊寅，吐蕃入京师，立广武王承宏为帝，仍逼前翰林学士于可封为制封拜"。《通鉴》卷二二三记吐蕃入长安后，"立故邠王守礼之孙承宏为帝，改元，置百官，以前翰林学士于可封等为相"。

据《旧唐书》卷八六《高宗中宗诸子传》，高宗第六子章怀太子李贤，贤有三子，其二为守礼，守礼有子承宏。《新唐书》卷八一《三宗诸子传》同。由此，则《通鉴》谓"守礼之孙承宏"，误。以行辈而论，承宏较代宗为高一辈。可能正由于此，郭子仪收复长安后，"送承宏于行在（陕州），上不之责，止于虢州"（《旧唐书》卷八六）。这可能也因吐蕃在长安只十余天，不久即退，承宏也仅为被迫，未有作为。

可能也正因此，于可封也未受责罚。《新唐书·宰相世系表》记其为国子司业，即为其终官。又宋陈思《宝刻丛编》卷十"陕西永兴军路·耀州"，有："《唐国子司业于立政碑》：撰人姓名残缺，陈道正八分书，调露元年十二月。"下注据《金石录》。[2] 紧接其后、与此并立者有："《国子司业于可封碑》：

唐翰林学士传论

弟淑之撰，调露元年立。"下注据《诸道石刻录》。[3] 按：调露元年（679）为高宗年号，时为高宗后期。于立政为于志宁子，于志宁在高宗时曾为相（见《旧唐书》卷七八《于志宁传》）。据此，则调露元年所立的于立政碑，合于时序，可信。但紧接其后的《国子司业于可封碑》，亦记为调露元年立，当如岑仲勉《注补》所言，因国子司业官职偶合，当时编金石者遂将于可封碑也误记为调露元年。不过由此可知，后人为于可封立碑，仍记其为国子司业，则确未受吐蕃入据长安之事的影响。

另，宋欧阳修《集古录跋》有一为他书所未及的材料，其书卷八有《唐于复神道碑》，为宪宗元和时立，卢景亮撰。此文未见于《全唐文》。[4] 据前所引《新唐书·宰相世系表》，于复为可封兄，其子于顗，两《唐书》有传，其本人事迹则不详。《集古录跋》引录其碑文二句："其弟可封好释氏，复每非之。"欧阳修并加评议："然可封之后不大显，而复之后甚盛，以此见释氏之教，信向者未必获福，毁贬者未必有祸也。"[5] 由此则于可封也是翰林学士中较信从于释氏的，与玄宗朝第一个翰林学士吕向相似。[6]

于可封无诗，《全唐文》卷六二一载其文一篇：《至人心镜赋》（题下注：以人心融道清鉴应物为韵），未详其作年，可能应试而作。首云："庄生有言曰，至人用心若镜，有旨哉是言也。"可见他也信从老庄之说。文接云："夫镜也者，以明为体，是故有来而必应；心也者，以静为照，亦可不思而元通。拂拭生光，挂新台而月满；罔象求得，映赤水而珠融。"颇含哲理，辞亦清新，较其前任董晋，显有文采。

注释

〔1〕附见《郎官石柱题名新考订》，上海古籍出版社，1984年5月。

〔2〕《宝刻丛编》，此据《丛书集成》据《十万卷楼丛书》本排印，云丛书只有此本。

〔3〕按：《宋本金石录》目录，第七百二十三有《唐国子司业于立政碑》，下注"撰人姓名残缺，陈道正八分书，调露元年十二月"（中华书局1991年影印本），但未记于可封碑。《诸道石刻录》已佚。

〔4〕《全唐文》卷四四五载有卢景亮所作之《照露盘赋》一文，小传称卢为德宗、宪宗时人。

〔5〕此《集古录跋》，据中华书局2001年点校本《欧阳修全集》卷一四一。

〔6〕见前《玄宗朝翰林学士传》。

苏源明

苏源明是唐玄、肃两朝翰林学士中文名最高，且与当时诗文名家交往最广的。韩愈于德宗贞元年间提出"物不得其平则鸣"的文学主张，就在这一名篇中，他将苏源明与陈子昂、元结、李白、杜甫等并提，云："唐之有天下，陈子昂、苏源明、元结、李白、杜甫、李观，皆以其所能鸣。"然后提及与他同时的孟郊、李翱、张籍，认为是承接以上的名人，"三子者之鸣信善也"（《送孟东野序》，《韩昌黎文集校注》卷四）。

苏源明，《新唐书》卷二〇二《文艺中》有传，云："苏源明，京兆武功人，初名预，字弱夫。"苏之改名，是为避代宗名讳。杜甫《怀旧》诗下自注："公前名预，避御讳，改名源明。"[1]按：据《旧唐书》卷十一《代宗纪》，代宗为玄宗孙，开元时初名俶；肃宗乾元元年（758）四月，立为皇太子，改名为豫；宝应元年（762）四月，肃宗卒，代宗即位。据此，

唐翰林学士传论

苏源明为避帝讳改名，当在宝应元年四月以后，也就是他大半生是以预名世的。因此，《宋本金石录》目录卷七，"第一千三百二十二《唐赠文部郎中薛悌碑》"，天宝十三载（754）立；"第一千三百六十一《唐五源太守郭英奇碑》"，乾元二年（759）三月立，皆著录为"苏预撰"。

《新唐书》本传称其"少孤，寓居徐兖"。关于其早年生活，杜甫后于夔州所作的《八哀诗·故秘书少监武功苏公源明》有具体的记述："武功少也孤，徒步客徐兖。读书东岳中，十载考坟典。时下莱芜郭，忍饥浮云岭。负米晚为身，每食脸必泫。夜字照爇薪，垢衣生碧藓。"唐代翰林学士，未有如苏源明那样早期如此贫苦的。

苏源明后于玄宗开元十五年（727）曾至洛阳应制举试。苏有《自举表》（《全唐文》卷三七三），自称"草莽臣"、"臣山东一布衣"，则尚未入仕。《表》中又云："伏奉今年正月五日制，诣阙自举。"按：《旧唐书》卷八《玄宗纪》上："（开元）十五年春正月戊寅，制草泽有文武高才，令诣阙自举。"据陈垣《二十史朔闰表》，该年正月戊寅，即为正月五日。又清徐松《登科记考》卷七开元十五年，据《册府元龟》，记为："九月庚辰，帝御雒城南门，亲试沉沦草泽、诣阙自举文武人等。"不过此次制举试，苏源明并未中选。上引杜甫《八哀诗》有云："制可题未干，乙科已大阐。"乙科为进士试。按：唐代科举试规定，凡制举试已中选者，即可入仕，这样就不能再应进士试。[2]杜诗意为此次举试不久，苏于进士试即大为顺利，也就是登第。《新传》以其于天宝间登进士第（《登科记考》同），当不确。杜甫于开元二十六年（738）前后曾东至齐赵，就与苏源明相识、共游，时苏已任监门胄曹。[3]杜甫《壮游》诗，中云："忤下考功第，独辞京尹堂。放荡齐赵间，裘马颇清狂。春歌丛台上，冬猎青丘旁。……苏侯（自注：监门胄曹苏预）据鞍喜，忽如携葛疆。"监门胄曹为京官，或此时正出使在齐赵，遂与杜甫相识，交游颇乐。由此亦可见苏源明在此之前已进士及第，并已入仕。

自开元后期至天宝前期，苏之仕历不明。现可知者，天宝九载（750）在河南令任，与元结结交，元结时隐居于商馀山。[4]天宝十二载（753）七月在东平太守任（见《全唐诗》卷二五五苏著《小洞庭洄源亭宴四郡太守诗并序》）。东平郡原即郓州，治所东平（即今山东东平县）。第二年（天宝十三载）秋入朝（见《全唐诗》同上卷《秋夜小洞庭离宴诗并序》，又见《新唐书》本传）。

《新传》接云："召源明为国子司业。"则苏源明于天宝十三载秋入朝即任国子司业，直到天宝末（十五载六月），在长安三年间，与郑虔、杜甫、独孤及等人交往。

按：郑虔，《新唐书》卷二〇二《文艺》中有传，杜甫《存殁口号二首》（《杜诗详注》卷一六）及唐张彦远《历代名画记》卷九，皆称其为"高士"。好书善画，尤长于作诗，据说唐玄宗曾因此称誉为"郑虔三绝"[5]。但郑虔一生坎坷，开元末、天宝初被人告"私撰国史"（此事见后），被外谪将近十年。天宝九载秋冬被召回，为广文馆博士。《唐会要》卷六六《广文馆》条："天宝九载七月十三日置，领国子监进士业者。博士、助教各一人，品秩同太学。以郑虔为博士，至今呼郑虔为郑广文。"又王定保《唐摭言》卷一《广文》条："天宝九年七月，诏于国子监别置广文馆，以举常修进士业者，斯亦救生徒之离散也。"这就是说，当时国子监、太学中生徒（学生）求学以备考进士试，有离散的现象，唐朝廷为补救这种情况，另设广文馆，品阶同太学，招收"修进士业者"，相当于进士考试的补习班。但当时广文馆虽新设于国子监，房舍却极破败。[6]天宝十三载（754）秋连续阴雨三个多月，房子多半倒

唐翰林学士传论

塌,主管部门不但未予修复,而且还打算撤毁,挪作别的用处。《新唐书》郑虔传亦载:"久之,雨坏庑舍,有司不复修完,寓治国子监。"当时杜甫也在长安(参见闻一多《少陵先生年谱会笺》),特地提到郑虔的苦难处境及苏源明对他的资助,其诗《戏简郑广文虔兼呈苏司业源明》(《杜诗详注》卷三)有云:"广文到官舍,系马堂阶下。醉则骑马归,颇遭官长骂。才名三十年,坐客寒无毡。赖有苏司业,时时与酒钱。"国子司业相当于国子祭酒的副职,从四品下,而广文博士为正六品上,因此可以说苏源明是郑虔的上级,但两人仍为平等相处的文友。

  苏源明与郑虔学术交流,还有一事值得一提。《封氏闻见记》卷十《赞成》条云:"天宝初,协律郎郑虔采集异闻,著书八十余卷。人有窃窥其草案,告虔私修国史,虔闻而遽焚之。由是贬谪十余年,方从调选,授广文馆博士。虔所焚书,既无别本,后更纂录,率多遗忘,犹成四十余卷,书未有名。及为广文博士,询于国子司业苏源明,源明请名《会粹》,取《尔雅》序'会粹旧说'也。"杜甫《八哀诗·荥阳郑公虔》也曾提及此书,写作"荟蕞",文义相通。这实是一种类书体。晚唐懿宗时段公路所著笔记《北户录》,辑有《会粹》佚文二十余则,其内容以记植物为多,又有记动物、文具等,各条涉及地域有江南越州,岭南交州、溱州、高州、西域河西、安西,及勃律国、大食国等。[7]由此可见《会粹》一书在晚唐时尚存,但后世不传。就《北户录》所引,可见郑虔此书极为博洽,苏源明将此书定名为"会粹",也足见其见识之精,及其与郑虔交谊之深。

  前已述及,杜甫于开元二十六年前后曾与苏源明有齐赵之游。从上述杜甫记郑虔之诗,也可见出苏源明天宝后期在长安,与杜甫相交更切。杜甫后于《哭台州郑司户苏少监》诗,

首二句即云："故旧谁怜我，平生郑与苏。"（《杜诗详注》卷十四）

　　苏源明这时与之交友者，还有中唐前期享有盛名的古文家独孤及。德宗时翰林学士、古文名家梁肃，为独孤及的弟子，其所作《金鱼袋独孤公行状》（《全唐文》卷五二二）有云："天宝十三载，应诏至京师。……以洞晓玄经对策高第，解褐拜华阴尉。……赵郡李华、扶风苏源明并称公为'词宗'，由是翰林风动，名振天下。"据徐松《登科记考》卷九，该年试洞晓玄经等制举，在十月一日。此时苏源明已在长安任职。据梁肃所作《行状》，则苏源明此时与李华亦有交往，曾共同对独孤及加以赞许，由此使独孤及"名振天下"，此亦可见苏源明当时在文坛上的地位与影响。另，李华《三贤论》（《全唐文》卷三一七），三贤为元德秀、萧颖士、刘迅，其中述及元德秀时，特别提到苏源明对他的称许："若司业苏公，可谓贤人矣，每谓当时名士曰：'使仆不幸生于衰俗；所不耻者，识元紫芝。'"此亦被载于《新唐书》卷一九四《卓行·元德秀传》。元德秀为元结从兄。

　　又，苏源明于天宝时期的文友还有权倕、席预。《新唐书》卷一九四《权皋传》："父倕与席预、苏源明以艺文相友。"权倕为德宗贞元中期诗文名家权德舆之祖父。席预，《旧唐书》卷一九〇中《文苑》有传，玄宗时曾任中书舍人，"与弟晋俱以词藻见称"。可见苏源明于天宝时以文会友，颇广。

　　以下叙苏源明后半生，即主要任翰林学士事。

　　《新唐书》本传："安禄山陷京师，源明以病不受伪署。肃宗复两京，擢考功郎中、知制诰。"按：安禄山军于天宝十五载（756）六月占据长安，此时苏源明当因病未能随玄宗出走，但也不受安禄山伪职，故肃宗于至德二载（757）十月自凤翔返京后，即授以考功郎中、知制诰（《通鉴》卷二二〇即明确

唐翰林学士传论

记于至德二载十月)。

韦执谊《翰林院故事》"至德已后",第三人为苏源明,记云:"自中书舍人充。"丁居晦《重修承旨学士壁记》同。但均未记年月。唐代往往以尚书诸司郎中兼知制诰作为中书舍人的预备官阶,不久即正除中书舍人。《通鉴》卷二二〇乾元元年(758)提供一个线索:该年五月记:"张后生兴王(李)佋,才数岁,欲以为嗣,上疑未决,从容谓考功郎中、知制诰李揆曰:'成王(按:即后代宗)长,且有功,朕欲立为太子,卿意为何?'揆再拜贺曰:'此社稷之福,臣不胜大庆。'上喜曰:'朕意决矣。'"《旧唐书·肃宗纪》即记乾元元年五月"庚寅,立成王俶为皇太子"。据此,则李揆于乾元元年五月已为考功郎中、知制诰,当在此之前已接苏源明任,由此亦大致可定,苏源明于至德二载(757)十月为考功郎中、知制诰,第二年(乾元元年)五月前由考功郎中、知制诰正除中书舍人,后即以中书舍人入为翰林学士。

苏源明在任翰林学士期间,其所作为有两大特点,一是积极参预政事,评议时政之失,二是尽力推荐人才,特别是文学之士。《新唐书》本传载:"是时,承大盗之余,国用乏屈,宰相王玙以祈祷进,禁中祷祀穷日夜,中官用事,给养繁靡,群臣莫敢切诤。昭应令梁镇上书劝帝罢淫祀,其它不暇及也。源明数陈政治得失。"按:肃宗于至德二载尚停留在凤翔时,即已"常使僧数百人为道场于内,晨夜诵佛"(《通鉴》卷二一九)。收复长安返朝后,这种崇信鬼神的风习更进一步发展。"太常少卿王玙专依鬼神以求媚,每议礼仪,多杂以巫祝俚俗。"肃宗竟因此擢迁其入相,为中书侍郎、同平章事(见《通鉴》卷二二〇乾元元年五月)。同时他又宠用宦官李辅国,使其专掌兵权,甚至朝中所发的制敕官文,都须经李辅国签署,才能施行,"常于银台门决天下事,事无大小,辅国口为制敕，写付外施行，事毕闻奏"（《通鉴》同上，乾元二年四月）。按：右银台门内即翰林学士院，由此可见，李辅国实际上已能监督和控制翰林学士的政治作为。但即使如此，苏源明还敢于直言上疏，指斥政失。乾元二年（759）九月，史思明再度率兵南下，攻占洛阳；十月，肃宗表示要亲征。《旧唐书·苏源明传》记"源明因上疏极谏"，其奏文又详载于《全唐文》卷三七三。这一奏议谓当时朝政之失，造成"饿夫执役，仆于行间，日见二三；市井馁惇求食，死于路旁，日见四五"。又谓当今"大河南北，举为寇盗"，影响一般官员的薪俸和将士的粮食供应，而另一方面却是"中官冗食，不减往年，梨园杂技，愈盛今日"。这应该说只有在翰林学士院内，靠近皇宫，才能上言，如仍为考功郎中，虽兼知制诰，仍在外廷，是没有条件能使肃宗见到的。《旧传》记："帝嘉其切直，遂罢东幸。"也可见翰林学士参政议政所能起的作用。这也是唐玄、肃两朝翰林学士参预政事最为突出的。

与此同时，诗人元结也有上书，作《时议》三篇，斥言当今"百姓疾苦，时有不闻"，而"厩刍良马，宫籍美女，舆服礼物，休符瑞谍，日月充备"，且"朝廷歌颂盛德大业，听而不厌"，甚至"凡有诏令丁宁，事皆不行，空言一再，颇类谐戏"。应该说，元结与苏源明是有同感而发的。正因如此，当肃宗召见苏源明，"问天下士，（苏）荐结可用"（以上见《新唐书》卷一四三《元结传》）。按：苏源明于天宝中即已赞赏元结，见前所引《集古录目》，又颜真卿《元君表墓碑铭并序》（《颜鲁公文集》卷五）也记有："尝著《说楚赋》三篇，中行子苏源明骇之曰：'子居今而作真淳之语，难哉！然世自浇浮，何伤元子。'"[8]不过当时只赞叹而已，未有实效，乾元二年苏源明在宫中任职，身居学士要位，经他推荐，元结在上《时议》后，不久即被任命为右金吾兵曹参军、摄监察御史，充山

唐翰林学士传论

南东道节度参谋。可见翰林学士在推荐人才过程中所起的实际作用。中晚唐时，不少文士多有求荐于翰林学士，可以说苏源明起了良好的开端。

苏源明何时出院，未能确知。《翰林院故事》只记其入院，"自中书舍人充"；丁居晦《重修承旨学士壁记》则在"中书舍人充"后云"出守本官"，即出院时仍为中书舍人。《新传》则谓"后以秘书少监终"。中书舍人为正五品上，秘书少监为从四品上，是升了两阶的。其出院可能在肃宗末、代宗初，其卒则在代宗广德二年（764）。杜甫在成都，有《哭台州郑司户苏少监》(《杜诗详注》卷十四），谓"凶问一年俱"。仇注引宋黄鹤注，谓"苏、郑（虔）同是广德二年卒"。又杜甫《八哀诗·故秘书少监武功苏公源明》(《杜诗详注》卷十六）记苏卒时情景，有云："呜呼子逝日，始泰则终蹇，长安米万钱，凋丧尽余喘。"前人即有认为苏源明是因饥饿而死的，仇注引胡夏客曰："武功少孤忍饥，为官又以饥终，读此不禁三叹。"《旧唐书》卷十一《代宗纪》，广德二年有记："是秋，蝗食田殆尽，关辅尤甚，米计千钱。"此年秋关辅确有蝗灾，杜甫当因传闻而表示对挚友的悼念之情。

关于苏源明的著述，《新唐书》卷六〇《艺文志》四别集类著录为："《苏源明前集》三十卷。"何以云"前集"，不可解，但即使这三十卷前集，后亦不存。今存苏源明诗仅二首，见《全唐诗》卷二五五在东平所作的《小洞庭洄源亭宴四郡太守诗》《秋夜小洞庭离宴诗》。看来苏源明所长还在于文，《全唐文》卷三七三载文五篇，除前已记述的《自举表》《谏幸东京疏》外，有为《元包》一书所作的传文三篇（详后）。按：《宋本金石录》目录记有其文之篇目，为："第一千三百二十二《唐赠文部郎中薛悌碑》：苏预撰，徐浩八分书，天宝十三载二月"；"第一千三百六十一《唐五源太守郭英奇碑》：苏预撰铭，顾诚奢八分书,韦述撰序,乾元二年五月";"第一千三百七十五《唐渭南令路公遗爱表》:苏源明撰,行书,上元二年"。上述《唐赠文部郎中薛悌碑》,宋陈思《宝刻丛编》卷十"陕西永兴军路·河中府"亦有著录,并有内容介绍:"悌,长卢人,中宗时为雍州司兵参军,坐魏元忠流死雍州。天宝中,子伯连为咸宁令,追赠悌文部郎中。"薛悌,《新唐书》卷七三下《宰相世系表》三下仅记其名,别无记述。《宝刻丛编》卷八"陕西永兴军路·京兆府·万年县"又著录有《唐代宗赐建法和尚塔额碑》,下注:"唐苏源明撰,段光献行书,大历六年。"以上从石刻书目中所见的篇目,皆未见于《全唐文》。苏源明文绝大部分佚失,确甚可惜。

《全唐文》卷三七三载有苏源明《〈元包〉首传》《〈元包〉五行传》《〈元包〉说源》三文。关于《元包》一书,《新唐书》卷五七《艺文志》一,《易》类,有记云:"卫元嵩《元包》十卷。苏源明传,李江注。"南宋时晁公武《郡斋读书志》(卷一)、陈振孙《直斋书录解题》(卷一)也均列于《易》类,而清修《四库全书总目》却列于卷一〇八子部术数类。卫元嵩为北周人,《直斋》对其书评价不高,谓"其书以八卦为八篇首。……用意僻怪,文意险涩,不可深晓。"而为之作注、稍后于苏源明的李江,却对此书甚为赞许,书前其序云:"包之为书也,广大含弘,三才悉备,言乎天道,有日月焉,有雷雨焉;言乎地道,有山泽焉,有水火焉;言乎人道,有君臣焉,有父子焉。理国理家,为政之尤者。"对苏源明所作"传",评价更高:"秘书少监武功苏源明,洗心澄思,为之修传,解纷以释之,索隐以明之。帝王之道,昭然著见,有以见理乱之兆,有以见成败之端。"可见苏源明之"传",是能将《易》理与治国之道相结合的。但《全唐文》仅录其"传"三篇,实际上据文渊阁《四库全书》,所存五卷本《元包》,差不多每卷都有苏

唐翰林学士传论

"传",可见苏源明对哲理的探索极感兴趣,故其《〈元包〉说源》有云:"哲人观象立言,垂范作则,将以究索厥理,匡赞皇极,推吉凶于卦象,陈理乱于邦家。广论《易》道,冀稗帝业,盖时尚质之书也。"

注释

〔1〕仇兆鳌《杜诗详注》卷一四,中华书局 1979 年,下所引同。

〔2〕见傅璇琮《唐代科举与文学》第六章《制举》,陕西人民出版社,1986 年。

〔3〕参见闻一多《少陵先生年谱会笺》(上海古籍出版社,1998 年《唐诗杂论》本);又《唐五代文学编年史》初盛唐卷开元二十六年条(辽海出版社,1998 年)。

〔4〕参见孙望《元次山年谱》,中华书局上海编辑所,1962 年;又《唐五代文学编年史》初盛唐卷天宝九载。

〔5〕见《新唐书》郑虔本传,唐张怀瓘《书断》卷三,及杜甫《八哀诗·故著作郎贬台州司户荥阳郑公虔》:"昔献书画图,新诗亦俱往。沧洲动玉陛,宣鹤误一响。三绝自御题,四方尤所仰。"

〔6〕见《唐语林》卷五所记,周勋初校证本,中华书局,1987 年。

〔7〕参见《唐才子传校笺》第五册郑虔条,陈尚君所作补正。

〔8〕《颜鲁公文集》,商务印书馆四部丛刊本。

赵 昂

赵昂,两《唐书》无传。《元和姓纂》卷七有记:"司封郎

肃宗朝翰林学士传

中赵昂,冯翊郃阳人。"郃阳,今陕西合阳县东南。

赵昂,仅见于韦执谊《翰林院故事》,其"至德已后"第四人为赵昂,云:"自太博充,祠外又充,卒于驾外。"丁居晦《重修承旨学士壁记》未有记,当为漏略。

清陆增祥《八琼室金石补正》卷五九录有《故朝议郎行内侍省内侍伯上柱国刘府君(奉芝)墓志铭并序》,下署:"宣义郎、行左金吾卫仓曹参军、翰林院学士赐绯鱼袋赵昂撰,从侄朝议郎、行卫尉寺丞、翰林待诏秦书。"据文中所述,刘奉芝卒于上元元年(760)十二月十九日,葬于上元二年(761)正月十一日。此时赵昂已为翰林学士,则其入院当在此之前。据前苏源明传所述,苏源明入为翰林学士当在乾元元年(758)上半年,赵昂入院名次接于苏后,则当在乾元元年、二年间。

据《八琼室金石补正》所署,赵昂此时所带官衔为左金吾卫仓曹参军。《旧唐书》卷四四《职官志》三:"左右金吾卫之职,掌宫中及京城昼夜巡警之法,以执御非违。"赵昂作为文臣,当然不可能去行使这种巡警职务,但翰林学士所带官衔有属于武官,则为少见。又据《旧唐书·职官志》,仓曹参军为正八品下,而太常博士为从七品上,如此,则赵昂当先由仓曹参军入,再迁为太常博士,后又升迁为祠部员外郎(从六品上)。《翰林院故事》记赵昂"自太(常)博(士)充",误。

又据《八琼室金石补正》所署,墓志书写者刘秦为翰林待诏,即翰林供奉。刘秦所带之官衔为卫尉寺丞,其官阶为从六品上,则较赵昂所带之仓曹参军要高好几阶。由此可见,翰林供奉(翰林待诏),其声望与职务待遇乃低于翰林学士,但其所带之官衔却有高于学士的,当由各人具体情况而定。这一事例颇可注意。

赵昂所撰刘奉芝志,《全唐文》未收,清末陆心源《唐文拾遗》有载,见卷二七,当据《八琼室金石补正》。据赵昂所

唐翰林学士传论

撰《志》，刘奉芝为宦官，"出入宫禁，周游里闾，望之俨然，真天子之近臣矣"。据《旧唐书》卷一八四、《新唐书》卷二〇七《高力士传》，高力士所属的宦者十余人中，有刘奉庭。这些人"并内供奉，或外监节度军，修功德，市鸟兽，皆为之使，使还，所裒获，动巨万计，京师甲第池园，占者十六"（《新唐书·高力士传》）。刘奉庭当为刘奉芝兄，因据赵昂所撰《志》，刘奉芝为其父第二子，又云其兄时任右监门卫大将军伯。不过赵昂所记刘奉芝之品行尚可，称其"夙奉严训，早闻诗礼，谦和仁厚，履信资忠，口不茹荤，心唯奉佛"；"自出身事主廿余年，三命益恭，四知尤慎，言辞谨密"。赵昂于文末自称"昂学旧史事，书法不隐，举善无遗，庶旌恭友之风，以成褒贬之义"。意谓是按修史之法，不隐恶，不遗善。但由此也可见，唐朝翰林学士多有为宦官撰墓志碑传的，这当也是奉皇帝之命，而成为学士的一种职务，中晚唐时类似情况不少，赵昂此文当为先例。

《翰林院故事》云"卒于驾外"，意谓卒于驾部员外郎任内。但《元和姓纂》记为"司封郎中赵昂"，意谓司封郎中当其终官。《唐尚书省郎官石柱题名考》卷五司封郎中亦记有赵昂。司封郎中为从五品上，又较员外郎高几阶，赵昂当由祠部员外郎迁为司封郎中。"驾外"误。但其卒于何年，则不可考。

赵昂所著，除前述《刘志》外，《全唐文》卷六二二载文两篇：《浮萍赋》《攻玉赋》（题下注：以他山之石为韵）。当为应试或唱酬之作。

潘　炎

潘炎，附见于两《唐书》其子潘孟阳传。《旧唐书》卷一六二《潘孟阳传》仅一句:"礼部侍郎炎之子也。"《新唐书》卷一六〇《潘孟阳传》所叙则起自大历后期,肃宗时未记,当然更无记翰林学士事。

《新唐书·潘孟阳传》谓"史亡何所人"。《元和姓纂》卷四则记为:"唐监察御史潘玠,世居信都,称相乐之后。玠生炎,礼部侍郎。"潘玠,两《唐书》亦未有记载。据《元和郡县图志》卷一七,信都县属冀州(今河北冀州市)。

潘炎早年仕历,即起自韦执谊、丁居晦所记的翰林学士。《翰林院故事》"至德已后"第五人,也即肃宗朝翰林学士最后一位,潘炎:"自左骁卫兵曹充,累改驾中,又充,中人又充,出守本官。"《重修承旨学士壁记》略同,惟"左骁卫"之"左"为"右",又中间未记"累改驾中"。按:《旧唐书》卷四四《职官志》三,左右骁卫兵曹参军,官阶为正八品下,可见其入院之品阶不高。又据前赵昂传所述,赵昂约于乾元元年、二年间(758—759)以仓曹参军入,潘炎接靠其后,且同为武官衔,又同为正八品下,则很可能同时或稍后入为翰林学士。

潘炎入院后,曾迁为驾部郎中(从五品上)、中书舍人(正五品上),后即以中书舍人出院。按:《唐大诏令集》卷二八有《册雍王为皇太子文》,下署为潘炎撰,首云:"维广德二年岁次甲辰,三月戊辰朔,二日己巳。"《全唐文》卷四四二所载潘炎文,亦有此作。此云广德二年(764)三月二日。《通鉴》卷二二三广德二年则记为:"(正月)乙卯,立雍王适为皇太子。"与《新唐书·宰相年表》同,当以《通鉴》所记为是。

据《新唐书·潘孟阳传》,潘炎为肃、代两朝理财名臣刘晏之婿,惟正因如此,潘炎后半生即受当时党争之累而坎坷不止。在上述草拟《册雍王为皇太子文》后,刘晏即为人所告,谓与宦官程元振交结,程元振因吐蕃入侵长安而得罪,刘晏也就罢相,时在广德二年正月癸亥(据《旧唐书·代宗纪》《新唐

唐翰林学士传论

书·宰相年表》及《旧唐书》卷一二三《刘晏传》）。潘炎既为刘晏之婿，则当也受牵连而出院，其册太子文即为其在翰林学士任期最后一篇诰文。也就是说，潘炎于肃宗后期入为翰林学士，延续至代宗初，广德二年正月以中书舍人出院。

此后仕迹，《新唐书·潘孟阳传》有述，谓："大历末官右庶子，为元载所恶，久不迁。（元）载诛，进礼部侍郎。"按：代宗即位初，元载就居相位，颇专权，亦忌刘晏之才。大历十二年（777）三月，元载为代宗所嫉恨，罢相，被诛。当时审讯元载，即由吏部尚书刘晏主持。同年四月，潘炎即由右庶子迁为礼部侍郎（《旧唐书·代宗纪》）。又据《唐语林》卷八，潘炎于大历十三、十四年连续两年知举。大历年间，连续两年、三年知科举贡试者，有潘炎、常衮，潘、常二人在此之前都曾任翰林学士。权德舆《唐故朝散大夫守秘书少监致仕周君墓志铭并序》（《全唐文》卷五〇六），记周渭于大历十四年登进士第，文中有云："大历末，常、潘继居小宗伯，号为得士。"这也可见翰林学士在科举取士中所起的作用。

《唐语林》卷三又有记曰："潘炎，德宗时为翰林学士，恩渥极异。其妻刘氏，晏之女也。京尹某有故，伺候累日，不得见，乃遗阍者三百缣。夫人知之，谓潘曰：'岂有人臣，京尹愿一见，遗奴三百缣帛？其危可知也。'遽劝潘公避位。"此又见于《幽闲鼓吹》《南部新书》等书。所云潘炎为德宗时翰林学士，时代不合，显然有误。所记之事在潘炎任翰林学士时还是知贡举时，尚未能定。唐代，特别是中晚唐时期，礼部知举这种干谒之风是很盛的。

潘炎的结局，也仍然受刘晏之累。《新唐书·潘孟阳传》："（刘）晏得罪，坐贬澧州司马，时舆疾上道，不自言。于邵高其介，申救，不见听。"按：代宗于大历十四年（779）五月卒，德宗即位，于八月召杨炎为相。杨炎原也受元载之累而外贬，此时复入为相，就为元载复仇，首先把矛头指向刘晏，向德宗进言。刘晏遂于建中元年（780）正月罢相，二月贬忠州刺史，七月被缢死。《旧唐书·刘晏传》载，刘晏贬出时，"家属徙岭表，连累者数十人"。潘炎为其家属，当然贬出。澧州，治所澧阳县，唐时属武陵郡（见《元和郡县图志·阙卷逸文》），在今湖南澧县。

《全唐诗》卷二七二载潘炎诗一首：《清如玉壶冰》（五言排律），似为应试时所作。《全唐文》卷四四二所载，除上述《册雍王为皇太子文》外，尚有数篇。又《全唐文补遗》（三秦出版社，2000年）第七辑载有潘炎所作高力士墓志铭，署"尚书驾部员外郎、知制诰潘炎奉勅撰"。此为《全唐文》等未载。

唐翰林学士传论

代宗朝翰林学士传

常 衮

常衮,两《唐书》有传,见《旧唐书》卷一一九,《新唐书》卷一五〇。又《新唐书》卷七五下《宰相世系表》五下载其世系,其曾祖毅,杞王府司马;祖楚珪,雍王府文学。楚珪有子四人,依次为无名,礼部员外郎;无为,三原令;无欲,未记官职;无求,右补阙。常衮为无为子。但常衮有《叔父故礼部员外郎墓志铭》(《全唐文》卷四二〇),称其叔无名"即文学之第三子"。如此,则《新传》记无名为长子,并为常衮父无为之兄,误。又《旧传》载"常衮,京兆人也",《新传》同,而上述《叔父故礼部员外郎墓志铭》称"河内温人也"。此当为郡望,《新传》谓"唐有新丰常氏",据《元和郡县图志》卷一,新丰即属京兆府。则两《唐书》本传称其为京兆人,是。又于邵有《与常相公书》(《全唐文》卷四二六),称己与常衮同里,且同年登进士第:"昔尝陪相公乡里之举,时应神州甲乙之选。"《旧唐书》卷一三七《于邵传》即称其为京兆万年人。

两《唐书》本传皆载常衮"天宝末举进士",徐松《登科记考》卷九即据此记常衮登玄宗天宝十四载(755)进士第。《旧唐书·于邵传》亦记于邵"天宝末进士登科",亦与《与常相公书》所记合。按:据《旧唐书》本传所载,衮卒于德宗建中四年(783),年五十五,则生于玄宗开元十七年(729),天宝十四载(755)登进士第时年仅二十七岁。

《旧唐书·常衮传》在记其进士登第后,叙其仕历为:"历太子正字,累授补阙、起居郎。宝应二年,选为翰林学士、考功员外、郎中、知制诰,依前翰林学士。永泰元年,迁中书舍人。"《新唐书·常衮传》则极简略,关于这段时期的官职迁转,只两句话:"由太子正字,累为中书舍人。"一字未提任翰林学士之事,值得推究。

又,《颜鲁公文集》卷一《皇帝即位贺上皇表》,为至德元载(756)七月颜真卿向时在成都的唐玄宗所上,文后有"上皇批答"几行文字,注谓"常衮行"。[1]则此时常衮随玄宗在蜀,替皇帝起草对臣下奏议的批答。按:此年为其进士登科后第二年,即使随玄宗入蜀,也不可能在皇帝身边对大臣所上表起草批答。《全唐文》卷四一五确也载有常衮此文(题为《玄宗答颜真卿贺肃宗即位表》)。清劳格《读书杂识》卷六《文苑英华辨证补》即认为《全唐文》此处为误载。[2]

韦执谊《翰林院故事》记宝应(762—763)以后翰林学士六人,首为常衮,记云:"自补阙充,迁考中,又充,出知制诰。"丁居晦《重修承旨学士壁记》所记宝应后六人,亦首列常衮,云:"右补阙充,累加工部员外郎、知制诰,出守本官。"二者所记,稍有差异,而最大的问题,则均未记载常衮入翰林学士院与出翰林学士院之年月。岑仲勉《翰林学士壁记注补》对此有所考证。今参岑氏《注补》,考述如下。

唐翰林学士传论

《旧传》明确提及常衮于宝应二年（763）选为翰林学士。按：代宗于宝应元年（762）四月其父肃宗卒后即位，宝应是肃宗的年号，第二年七月壬子改元广德，广德则为代宗的年号。这就是说，凡广德元年正月至六月，当时人是称宝应二年的。据前韦执谊、丁居晦所记，常衮以补阙为翰林学士，而据《旧传》，入学士后，又由补阙迁为起居郎，后又为考功员外郎、考功郎中。补阙为从七品上，起居郎为从六品上，郎中则为从五品上。可见常衮是按正常程序升迁的。堪可注意的是，《全唐文》卷四一七载有常衮《谢除考功郎中知制诰表》，首云："臣衮言，伏奉去年十二月二十六日恩制，授臣考功郎中，余如故。"后又云："爰锡朝章，俾迁郎位，典掌如旧，宠荣有加"；"禁垣之右，朝奉如给；宸扆之前，夜参视草。以地尤密，惟才必精。"这几句所述与翰林学士身份相符。而《文苑英华》卷五八八所载此表，于著者常衮名下注"宝应二年"。这就提供一个重要的信息，即常衮此表当为宝应二年年初所作，而其授考功郎中并依前为翰林学士当在上一年即宝应元年十二月二十六日。代宗于宝应元年四月即位，则常衮当为宝应元年四月以后由右补阙入翰林，后又陆续迁为起居郎、考功员外郎、考功郎中。《旧唐书·常衮传》记衮于宝应二年始为翰林学士，当不确。[3]

其次是常衮于何年出院？应当说，韦执谊《翰林院故事》谓"迁考中，又充，出知制诰"，是较为确切的。《旧传》在叙其任考功郎中、知制诰并依前为翰林学士之后，接云："永泰元年，迁中书舍人。"从上下文意来看，常衮应是由考功郎中出院，出院后又升迁为中书舍人（正五品上），而中书舍人之职也就是知制诰，与《翰林院故事》所记"出知制诰"意合。

这里再提供两个较为直接的证据。一为释慧灵《仁王护国经道场念诵轨仪序》（《全唐文》卷九一六）："乃大兴善寺大广

· 250 ·

智三藏不空与义学沙门良贲等一十四人，开府鱼朝恩、翰林学士常衮等，去岁夏四月，于南桃园再译斯经，至秋九月，诏资圣、西明两寺各五十人，百座敷阐。下紫微而千官作礼，经出内而万姓观瞻。"据《旧唐书》卷十一《代宗纪》，永泰元年（765）九月，吐蕃因受仆固怀恩之诱，进军逼凤翔府、盩厔县，京师戒严："时以星变，羌虏入寇，内出《仁王佛经》两舆付资圣、西明二佛寺，置百尺高座讲之。及奴虏寇逼京畿，方罢讲"；后吐蕃兵退，同年十月，"己未，复讲《仁王经》于资圣寺"。《通鉴》卷二二三永泰元年九月也载："庚寅朔，置百高座于资圣、西明两寺，讲《仁王经》，内出经二宝舆，以人为菩萨、鬼神之状，导以音乐卤簿，百官迎于光顺门外，从至寺。"另《贞元续开元释教录》卷上也记有："爰命……翰林学士常衮等于大明宫南桃园详译《仁王》……至（永泰元年）四月十五日译毕送上。"由此可见，常衮作为翰林学士，当时是奉命参与佛经翻译的（这与代宗崇信佛教有关，翰林学士作为近臣，不得不参与，玄宗时吕向作为翰林供奉，也数次出外为玄宗立碑镌刻）。据此，则永泰元年四月，常衮尚在翰林学士任。

第二个材料为《全唐文》卷四一〇载常衮《授郎士元等拾遗制》，称"前渭南县尉郎士元等"。拙著《唐代诗人丛考》中《钱起考》，曾考郎士元于宝应元年为渭南尉，二年闰正月尚在任。[4]蒋寅《大历诗人研究》述及郎士元生平时，也谓郎于宝应元年任渭南尉，不过他进一步确定郎士元于大历元年（766）入朝任拾遗。[5]我想此说是可信的。左右拾遗，官品为从八品上。按唐惯例，授六品以下官，由外廷中书省发制词，不由翰林学士草诏（参见李肇《翰林志》）。据此，常衮既于大历元年行此文，则已在中书省，不在学士院，与《旧传》所云"永泰元年，迁中书舍人"合，参照前慧灵文及《贞元续开元释教

唐翰林学士传论

录》,则常衮出院当在永泰元年下半年。

由此可以考定,常衮当为代宗刚即位不久,也即宝应元年(762)四月后入为翰林学士,于永泰元年(765)下半年出院,共约三年余,当是代宗时首任翰林学士。韦执谊、丁居晦所记宝应后学士六人,首列常衮,当有所据。

常衮于永泰元年任中书舍人,大历九年(774)十二月改任礼部侍郎,并于次年春起,连续三年主持贡举考试。其真正名扬一时的,应当说是在中书舍人任期,也就是大历中期。这时杨炎也为中书舍人。《旧传》称"衮文章俊拔,当时推重,与杨炎同为舍人,时称为常、杨"。《旧唐书》卷一一八《杨炎传》也记:"迁中书舍人,与常衮并掌纶诰,衮长于除书,炎善为德音,自开元已来,言诏制之美者,时称常、杨焉。"宋计有功《唐诗纪事》卷二九常衮条也称:"为中书舍人,文采赡蔚,长于应用,誉重一时。"[6]应当说,制诏也是唐代的一种重要文体。它是一种官方的实用文书,虽与我们通常理解的文学性的散文、骈文不同,但在当时与文人的社会生活与仕宦之途是密切相关的。如常衮为杨炎任知制诰所撰的制词中说:"诏令之重,润色攸难,其文流则失正,其词质则不丽。固宜酌风雅之变,参汉魏之作,发挥纶旨,其在兹乎。"[7]常衮于此对诏令的修辞,要求是很高的,提出要参照秦汉赋作,并有所革新。这与后来长庆时的白居易任中书舍人、元稹为翰林学士时所提倡的文体创新,主张是一致的,很值得研究。

《新唐书》卷六〇《艺文志》四集部别集类,载:"常衮《集》十卷,又《诏集》六十卷。杨炎《集》十卷,又《制集》十卷,苏弁编。"常衮的制诏集竟达六十卷,为杨炎的六倍,可见他在当时的影响是超逾杨炎的。但常、杨的这些集子都没有传下来,南宋的晁、陈二志都未有著录。清人编《全唐文》,常衮之作有十一卷(卷四一〇至四二〇),除首列赋两篇,其余绝大部分为制、表、墓志等。杨炎之文列于《全唐文》的仅二卷（卷四二一至四二二），其制文也仅二篇：《王缙兼幽州节度使制》《杜鸿渐兼东都留守制》，不过从这两篇制文中倒可以看出当时中书舍人职权之重：王缙之兼幽州节度使，杜鸿渐之兼东都留守，都是以宰相之位去兼的。这样的制词应当由翰林学士撰写，而却出于中书舍人之手，这与当时元载在相位专权，又与王缙、杨炎交善，都有关系。唐代的中书舍人，其在朝廷、社会及文人生活中的影响，是不可轻视的。

　　这里还可一提的是，北宋初期所编的《文苑英华》，是按文体分的，首列赋、诗、歌行，接着是包含有韩愈《原道》、柳宗元《天说》、杜牧《罪言》等的杂文，然后就是中书制诰（卷三八〇至四一九）、翰林制诰（卷四二〇至四七二），以及策问、判、表等。按分类体例，中书制诰当出于中书舍人，翰林制诰当出于翰林学士。常衮有不少制文是编入《文苑英华》中的翰林制诰，而核其写作时间，则多在大历元年之后，即在中书舍人任内。应当说，《文苑英华》把中书制诰与翰林制诰分列，有便于对唐代这两类官方文书的研究，但其具体编排却多有不合理之处。如将卷四二四沈约《南郊恩诏》、张九龄《南郊赦书》，卷四二五孙逖《天宝三载亲祭九宫坛大赦天下制》，均列入翰林制诰，实则沈约为南朝梁时人，张九龄仕宦于开元中期，当时未设置翰林学士，而孙逖撰此文时为中书舍人。唐代不管前后期，对中书舍人是很看重的，好些重要文书仍由中书舍人及其他兼知制诰的职官撰写。如前曾述及，与常衮同年登进士第的于邵，曾任谏议大夫、知制诰，"当时大诏令，皆出于邵"（《旧唐书》卷一三七本传）。

　　据上所考，常衮于永泰元年（765）下半年出翰林学士院，为中书舍人，大历九年（774）十二月改任礼部侍郎。也就是说，大历前期、中期，常衮任中书舍人长达九年。可以注意的

唐翰林学士传论

是，常衮在任中书舍人时所撰的制词，品阶是相当高的，如《全唐文》卷四一五所载《大历四年大赦天下制》《大历五年大赦天下制》《大历七年大赦天下制》。据李肇《翰林志》，宪宗元和时起，"凡赦书、德音、立后、建储"等，都是由翰林学士撰制的，而在玄宗、肃宗、代宗等几朝，中书舍人所草拟的制文，其政治品位，有时还超过翰林学士。这值得作进一步研究。

但唐代文人以中书舍人、翰林学士之任参预政事，有时是很复杂的。如《新唐书·常衮传》："由太子正字，累为中书舍人。文采赡蔚，长于应用，誉重一时。鱼朝恩赖宠，兼判国子监。衮奏：'成均之任，当用名儒，不宜以宦臣领职。'"此事《通鉴》卷二二四大历元年八月亦载："甲辰，以鱼朝恩行内侍监、判国子监事。中书舍人京兆常衮上言：'成均之任，当用名儒，不宜以宦臣领职。'"鱼朝恩是代宗朝最受皇帝宠信，也最为专横的宦官，《通鉴》卷二二四大历五年正月记其"专典禁兵，宠任无比，上（指代宗）常与议军国事，势倾朝野。朝恩好于广座恣谈时政，陵侮宰相，元载虽强辩，亦拱默不敢应"。正因此，虽常衮上言不宜任鱼朝恩判国子监事，但代宗还是应鱼朝恩之请，在其赴国子监上任时，还"命宰相以下送朝恩上"（《通鉴》同上卷大历元年八月）。值得注意的是，正是常衮，起草撰写《授鱼朝恩国子监制》（《全唐文》卷四一二），首述国子监责任之重："敬业乐群，系于化成，旧选尤重，参其事任，今亦难之。"继之即极称鱼朝恩"雅达名理，参尚儒玄，远涉源流，旁通训诂"，因此能"用宏儒风，式允公望"。这与他在此之前上言"不宜以宦臣领职"，完全是截然相反的两种格调。

常衮在大历以后，还有两件事值得一提，这两件事都与当时的文化有关。

一是常衮与当时的文人颇有交往。《全唐诗》卷二五四载常衮《晚秋集贤院即事寄徐薛二侍郎》,其中叙及与徐、薛的交友:"旧德双游处,联芳十载余。北朝荣庾薛,西汉盛严徐。侍讲亲华扆,微吟步绮疏。"末云:"序秩东南远,离忧岁月除。承明期重入,江海意何如。"关于此诗,我在《唐代诗人丛考·司空曙考》中曾定其作于永泰元年至大历二年间,后蒋寅《大历诗人研究》下册《大历诗人生平事迹订补》,考订此诗当作于大历八年或九年秋,时常衮仍为中书舍人。蒋寅说是,不过他并未进一步阐明此诗的政治背景,现拟作若干补充。

按:常衮诗题中"徐薛二侍郎",乃指徐浩、薛邕。两位在当时都以文才著称,尤其是徐浩,肃宗在灵武即位之初,即任徐浩为中书舍人,"时天下事殷,诏令多出于浩"(《旧唐书》卷一三七本传);代宗时,又升迁为吏部侍郎、集贤殿学士。《旧传》载:"坐以妾弟冒选,托侍郎薛邕注授京尉,为御史大夫李栖筠所弹,坐贬明州别驾。"《旧唐书·代宗纪》系此事于大历八年:"二月甲子,御史大夫李栖筠弹吏部侍郎徐浩。徐浩、薛邕违格,并停知选事……五月乙酉,贬吏部侍郎徐浩明州别驾,薛邕歙州刺史,京兆尹杜济杭州刺史,皆坐典选也。"其实这几处都记得不很清楚。《通鉴》倒是有点睛之笔的,卷二二四大历八年载其事,指出:"吏部侍郎徐浩、薛邕,皆元载、王缙之党。"元载在代宗即位之初就任宰相,后协助代宗去除宦官专权者鱼朝恩,更得代宗的宠信,但随即志气骄益僭侈无度。《通鉴》于大历六年(771)八月曾记:"上(代宗)益厌元载所为,思得士大夫之不阿附为腹心,渐收载权。丙子,内出制书,以浙西观察使李栖筠为御史大夫,宰相不知,(元)载由是稍绌。"因此,大历八年二月由李栖筠出面弹劾徐浩、薛邕,是有代宗嫉恨元载,想抑制其权势的政治背景的。

唐翰林学士传论

而常衮与杨炎友善，又同为中书舍人，杨炎则又受到元载的赏拔，因此常衮对徐、薛远贬东南之同情与怀念，确有当时的政治背景。值得注意的是，那时几位大历诗人如钱起、卢纶、司空曙，以及以写古文著称的独孤及，都有和常衮之作，题《奉和中书常舍人晚秋集贤院即事寄徐薛二侍郎》：《全唐诗》卷二三八钱起，卷二七六卢纶，卷二九三司空曙，卷二四七独孤及。而钱起、卢纶等人也都受元载的提携，在京城宴游唱和，差不多是奔走于元载、王缙之门的（此事《文学遗产》1998年第3期查屏球《元王集团与大历京城诗风》一文，有很好的论析）。可见，在大历总的政治、文化环境中，常衮与钱起、卢纶等京城诗人尚有一种共同心境。

此外，他与曾得到过杜甫赞誉的诗人兼古文家元结也有交往。元结于大历七年卒于长安，年五十四，颜真卿曾为作《元君表墓碑铭》（《全唐文》卷三四四），中云："中书舍人杨炎、常衮皆作碑志，以抒君之志业。"可惜杨、常所作的碑志皆已失传，但也可见常衮与当时文士的联系及对他们的关切。

《旧唐书》卷一一九《杨绾传》载绾为礼部侍郎时，曾上疏陈述唐代科举贡试之弊。《通鉴》卷二二二系此事于广德元年（763）六月，杨绾以为"古人选士必取行实，近世专尚文辞"，积弊甚深，请停止明经、进士等科，恢复过去察荐之制。《旧唐书·杨绾传》记："代宗以废进士科问翰林学士，对曰：'进士行来已久，遽废之，恐失人业。'"这里并未指明翰林学士是谁。广德年间任翰林学士，除常衮外，当另有柳伉，代宗"以废进士科问翰林学士"，常、柳二人都有可能。不过这里常衮可能性较大，据《旧唐书·常衮传》，常衮后来做宰相时，掌有用人权，"尤排摈非文辞登科第者"，可见常衮是重视文辞，重视科第的，这也与大历时的文风有关。

另一件事是他晚年在福建做官时对地方教育的开发。据两

《唐书》本传及《通鉴》所载，常衮于大历九年由中书舍人迁为礼部侍郎，连续主持三年贡举考试。大历十二年元月，代宗治元载、王缙罪，元载被勒令自杀，王缙、杨炎均被贬出，常衮却被任命为相，但接着又牵涉到种种人事矛盾。大历十四年五月代宗病死，德宗立，常衮即贬为潮州刺史。建中元年（780），杨炎再度入相，常衮因杨炎之力，由潮州迁为福建观察使，直至建中四年（783）正月，一直在福建任。《新唐书》本传载："始闽人未知学，衮至，为设乡校，使作为文章，亲加教导，与为客主钧礼，观游燕飨与焉，由是俗一变，岁贡士与内州等。"这是符合实际的，韩愈在一篇文章中曾作过具体的记述：韩愈与欧阳詹同于贞元八年（792）登进士第，欧阳詹卒，韩愈为作《哀辞》，就特别叙及常衮在福建的业绩："今上（指德宗）初，故宰相常衮为福建诸州观察使，治其地。衮以文辞进，有名于时，又作大官，临莅其民，乡县小民有能诵书作文辞者，衮亲与之为客主之礼，观游宴飨，必召与之。时未几，皆化翕然。詹于时独秀出，衮加敬爱，诸生皆推服，闽越之人举进士由詹始。"

《旧唐书》卷一二《德宗纪》上，建中四年（783）正月，"丙午，福建观察使常衮卒"。两《唐书》本传也都载常衮卒于官，年五十五。《新传》并于传末特为记云："其后闽人春秋配享衮于学官云。"

注释

〔1〕按：此据《四部备要》本《颜鲁公文集》。《文苑英华》卷五五三、《全唐文》卷三三六皆收有颜真卿此文，但文末都未有"批答"。

〔2〕按：劳格此说是，但另一处考常衮文则有误。其所著《读书杂识》卷八《读全唐文札记》，谓《全唐文》卷二五有玄

唐翰林学士传论

宗《宣慰湖南制》，卷四一四常衮文又有《宣慰湖南百姓制》，劳格云"当删此存彼"，即非常衮作，其意当谓常衮不可能在玄宗朝撰写制词。按：此制文乃因湖南诸州连遭水灾（"震泽之南，数州之地，顷以水潦暴至，沲潜溃溢，既败城郭，复潴原田"），故特下宣慰之制，并派朝臣前往视察。可注意的是，文中云"宜令中散大夫、给事中贺若察往湖南宣慰处置"。此贺若察，两《唐书》未有记。梁肃有《处州刺史李公墓志铭》（《全唐文》卷五二一；又见胡大浚校点《梁肃文集》卷五，甘肃人民出版社2000年版），文中云："给事中贺若察宣慰南方，请公为察佐。"即指宣慰湖南事。而此处州刺史李公，乃代宗、德宗时人，未在玄宗朝任职。《全唐文》卷四一〇又载常衮《授贺若察给事中制》，称"中散大夫、行尚书吏部郎中贺若察"，而此吏部郎中贺氏，又见独孤及《吏部郎中厅壁记》（《毗陵集》卷一七），称"岁在乙巳，河南贺若公用贞干谅直，实莅厥位"。乙巳，即代宗永泰元年（765）。独孤及亦中唐时人。又《旧唐书》卷十一《代宗纪》大历二年（767），八月"辛卯，潭、衡水灾"，年末又记："是秋，河东、河南、淮南、浙江东西、福建等道五十五州奏水灾。"又《册府元龟》卷一六二《帝王部·命使》二，有云："大历二年八月，以衡、潭水灾，命给事中贺若察使于湖南宣慰。"此可为确证。而大历二年，常衮正任中书舍人，可撰制词。由此，则《全唐文》卷二五玄宗名下之《宣慰湖南制》，误，当属常衮，劳格之说不确。

〔3〕按：岑仲勉《注补》谓若据《文苑英华》所记，常衮于宝应元年一年之内，自补阙迁起居部，又迁考中、知制诰，"未及一岁，固不应经过三迁也"，因疑《文苑英华》所注之"宝应"应是"广德"。岑说有一定道理，但终是推测，《文苑英华》明言"宝应二年"，当有所据。

〔4〕《唐代诗人丛考》，中华书局，1980年。

〔5〕蒋寅《大历诗人研究》，281页，中华书局，1995年。
〔6〕《唐诗纪事》卷二九，上海古籍出版社，1965年。
〔7〕《授庚准杨炎知制诰制》，《全唐文》卷四一〇。

柳 伉

柳伉，两《唐书》无传，事迹不详。《元和姓纂》曾提及柳伉，云："冯翊谏议大夫伉。"[1]则为冯翊（唐时治同州，今陕西大荔县）人。又《困学纪闻》卷一四引南宋时尚存之唐《登科记》，载柳伉为肃宗乾元元年（758）进士。[2]其早年事迹仅此两条。

韦执谊《翰林院故事》记代宗宝应以后，继常衮之后第二人即柳伉，云："自校书郎充，出鄠县尉，改太博，又充，兵外又充，大谏又充，寻丁忧。"丁居晦《重修承旨学士壁记》"宝应后六人"，第二人柳伉："秘书省校书郎充，累加太常博士、谏议大夫，依前充。"皆未记具体年月。按：秘书省校书郎官阶为正九品上，较低，一般为进士登第经吏部试合格后所授官。柳伉于肃宗乾元元年（758）登进士第，可能在此后几年中即仕为秘书省校书郎。据前常衮传，常衮于宝应元年（762）四月代宗即位后不久即入为翰林学士，柳伉继其后，而又于广德元年（763）十一月已为翰林学士、太常博士（详后）。太常博士为从七品上，较校书郎高五阶，其升迁当有一定时间，故其入学士院，当也在宝应元年下半年。

又，《翰林院故事》谓由校书郎"出鄠县尉"，"出"字误。鄠县为京兆县，京县尉为从八品下，较校书郎高一阶。柳伉在入院前当已有数年任秘书省校书郎，在其入院后则即擢迁一阶，为鄠县尉，而仍任为翰林学士，如姜公辅、白居易在学士

唐翰林学士传论

任内曾为京兆府户曹参军。故不能谓"出",应为"迁鄠县尉,仍充"。

　　柳伉最突出的事迹,是广德元年(763)十一月上疏请斩宦官程元振。按:代宗于宝应元年(762)四月即帝位,是得宦官李辅国、程元振之力的。当时李辅国的权位在程元振之上,以司空兼中书令,又号为尚父。后程元振就出主意,由代宗出面,解除李辅国的军政大权;十月份的一个夜里,李辅国在家中被杀,据说是"盗入其第"。由此程元振执掌军事大权。第二年广德元年(763)正月,安史之乱最终平定,却又引起吐蕃的军事侵略,而同时唐朝的大将仆固怀恩又不满朝政,起兵反叛,唐朝中央朝廷处于东西军事威胁之中。十月,吐蕃突然进军至长安西郊,"边将告急,程元振皆不以闻"(《通鉴》卷二二三)。在吐蕃军即将攻入长安时,代宗才匆忙奔赴华州另一宦官观军容使鱼朝恩的军营。《通鉴》对此有记:"骠骑大将军、判元帅行军司马程元振专权自恣,人畏之甚于李辅国。诸将有大功者,元振皆忌疾欲害之。吐蕃入寇,元振不以时奏,致上狼狈出幸。上发诏征诸道兵,李光弼等皆忌元振居中,莫有至者,中外咸切齿而莫敢发言。"(卷二二三广德元年十月)柳伉就是在这种"中外咸切齿而莫敢发言"的情况下奋然上疏的。

　　《旧唐书》卷十一《代宗纪》:广德元年"十一月辛丑(朔),太常博士柳伉上疏,以蕃寇犯京师,罪由程元振,请斩之以谢天下。上甚嘉纳,以元振有保护之功,削在身官爵,放归田里"。此处记柳伉,仅云太常博士;《新唐书》卷二〇七《程元振传》记此事,则称为"太常博士、翰林待诏"。南宋时王应麟在《困学纪闻》卷一四加以辩驳,云:"以《翰林(院)故事》考之,伉是时为学士,非待诏也。"王应麟于此处并引北宋时苏轼试制科对策文:"及其有事且急也,虽代宗之庸,程元振之用事,柳伉之贱且疏,而一言以入之,不终朝而去其腹心之疾。"对此,王应麟亦辩云:"伉以博士在禁林,职近而亲,不可谓贱且疏。"[3]

按:据《旧唐书》卷四四《职官志》三,太常寺,有太常博士四人,从七品上,"掌五礼之仪式,本先王之法制,适变随时而损益焉。凡大祭祀及有大礼,则与(太常)卿导赞其仪。凡公已下议谥,皆迹其功行,为之褒贬"。可见太常博士只是从事于朝廷礼乐仪式及榷议大臣谥号之官,与现实政事无关。柳伉如果只是太常博士,按规定是不当上此疏的。《全唐文》卷四五七载有柳伉《请诛程元振疏》,首云:"臣出身事君,忝备近密,夙有志愿,铭之在心。"太常博士在外廷,不可能自称为"近密"。柳伉主要是以翰林学士的身份,才能与皇帝亲近,才能上这一份既与当时政事直接有关又有一定机密意味的奏疏,故篇末云:"伏乞陛下读臣此表一二十编,亲与朝廷商量,事若可行,则自处置,不用露臣此表。"这就是说,柳伉是在内廷学士院值班时撰写此疏,并由内使直接递上,外面不知,因此说,若认为可行,则处理程元振事乃由皇帝亲定,不必对外提及这份奏表。这也符合当时翰林学士办事的体制。

值得注意的是,柳伉的这份奏表,言词十分质直,它并不限于斩除程元振个人,而且述及解除宦官的总的军权,甚至还直接批评代宗,说:"天下之心,皆恨陛下不练士卒,疏远贤良,委任宦官,离间将相,以至于此。"这样直接指斥当今皇上,是唐玄宗设立学士院以后翰林学士中的第一个。

柳伉上疏的主要内容,《新唐书·程元振传》概述为:"必欲存宗庙社稷,独斩元振首,驰告天下。悉出内使隶诸州,独留(鱼)朝恩备左右,陛下持神策兵付大臣。"这就是说,一是斩程元振,二是将宦官掌管的军权转给朝中大臣掌管,鱼朝

唐翰林学士传论

恩可留在皇帝左右供职,其他宦官则出由地方官吏管理。这确是一个大胆的建议,在唐代是有很大影响的。过了将近半个世纪,裴度于穆宗长庆时(821—824)一篇奏议中还说:"臣读国史,知代宗朝蕃戎侵轶,直犯都城。代宗不知,盖被程元振蒙蔽,几危社稷。当时柳伉,乃太常一博士耳,犹能抗表归罪,为国除害。"[4]当然,裴度上此疏,是因为与元稹有矛盾,说元稹与宦官相联,阻挠其用兵(裴度时任河东节度使,充镇州四面行营招讨使),不过他特别举柳伉为例,也可见柳伉表请斩程元振,对唐朝中后期政治是有影响的。当然,裴度仍称柳伉为太常博士,是他对翰林学士的忽视。

还值得一提的是,柳伉奏疏中最后几句话。他说陛下在处理完斩程元振,并以军权交付朝中大臣之后,还应削尊号,下诏引咎自责,并提议诏文中应有这样的意思:"天下其许朕自新改过乎,宜即募士西与朝廷会;若以朕恶未悛耶,则帝王大器,敢妨圣贤,其听天下所往。"这几句话应是触大忌的。其意谓:天下如果认定我确实改过自新,则应马上召募士兵,到西面来,与朝廷共同抵御外敌;如果认为我还未能革除旧恶,则帝王之位本为大器,当听天下民意,不要妨碍圣贤之人。在古代封建社会,能说这样的话,真是大胆之极。代宗当出于当时的实际处境,缓解矛盾,把程元振削去官爵,放归田里(第二年正月,又令流放于外)。

据《翰林院故事》,柳伉于广德元年(763)十一月衔太常博士官位,后又迁为兵部员外郎(从六品上)、谏议大夫(正五品上),官阶较高,当受一定的重视,也需有相当的时间。

又,《宋高僧传》卷三《唐大圣千福寺飞锡传》记:"代宗永泰元年四月十五日,奉诏于大明宫内道场同义学沙门良贲等十六人参译《仁王护国般若经》并《密严经》。先在多罗叶时,并是偈颂,今所译者多作散文。不空与(飞)锡等及翰林学士柳伉重更详定。"[5]由此，则永泰元年（765）四月柳伉仍在翰林学士院。其参与佛经翻译事，与前常衮同，这也可作为唐代翰林学士研究的一条值得思考的材料。

《翰林院故事》记柳伉迁谏议大夫后丁忧外出，则可能与常衮差不多同时，于永泰元年（765）、大历初（766）出院，出院后事迹不详。其著作，除上述《请诛程元振疏》外，别无诗文传世。

注释

〔1〕参见《元和姓纂四校记》，中华书局，1994年郁贤皓、陶敏校补本。

〔2〕《困学纪闻》卷一四，商务印书馆，1959年排印本。

〔3〕岑仲勉《注补》亦曾引及《困学纪闻》此语，但误记为卷一八。

〔4〕见《旧唐书》卷一七〇《裴度传》，又见《全唐文》卷五三七《论元稹魏弘简奸状疏》。

〔5〕《宋高僧传》卷三，中华书局，1987年，范祥雍点校本。按：原文"柳伉"之"伉"误作"抗"，失校。今改。

张　涉

张涉，《旧唐书》卷一二七有传，《新唐书》无传。《旧传》谓："张涉者，蒲州人，家世儒者。"

关于其早期仕历，《旧传》有记云："涉依国学为诸生讲说，稍迁国子博士，亦能为文，尝请有司日试万言，时呼张万言。"此处所载，一是过略，二为不明，时间、地点均不清楚。其所记较为详切的，为中唐时期的《封氏闻见记》，其书卷十

唐翰林学士传论

《敏速》条有云："天宝中，汉州雒尉张陟应一艺，自举日试万言，须中书考试。陟令善书者三十人，各令操纸执笔而席，环庭而坐，俱占题目，身自巡席，依题口授。言讫即过，周而复试。至午后，诗笔俱成，得七千余字，仍请满万数。宰相曰：'七千可为多矣，何必须万？'具以状闻，敕赐缣帛，释太公庙丞，直广文馆。特号为张万言。"此亦见于宋王谠《唐语林》卷三《夙慧》条，其名亦作"陟"，当作"涉"。[1]清徐松《登科记考》卷二七即据此系于未能确定年份的制科。按：此类制科似不规范，或当出于传闻，但由此可知者，张涉于玄宗天宝中曾任汉州雒县尉。据《元和郡县图志》卷三一，汉州属剑南道，所属有雒县。张涉当于天宝中在任雒县尉时又至长安应制举试，以才艺闻名，乃直广文馆（广文馆可参前肃宗朝苏源明传所述郑虔事）。

张涉在天宝时即已任县尉、直广文馆，出仕甚早，但此后仕历不明，至代宗时则入为翰林学士。

韦执谊《翰林院故事》代宗"宝应已后"列五人，常衮、柳伉后为于益，于益后为张涉。丁居晦《重修承旨学士壁记》则记"宝应后六人"，张涉居常衮、柳伉后，列为第三，次为李翰，于肃、于益在李翰后，为代宗朝最后两位。张涉，《翰林院故事》记为："靖恭太子庙丞充，迁左省常侍，又充，卒。"《重修承旨学士壁记》记为："靖陵太子庙丞充，累迁左散骑常侍，依前充，敕停。"两者所记有异，所记出院事，一云卒，一云敕停，以丁居晦所记为是（详后）。

又，丁居晦记张涉自靖陵太子庙丞充。岑仲勉《注补》有所正之，谓："同书（即《旧唐书》）一〇七，玄宗第六子琬，天宝末赠靖恭太子，此作靖陵误，应依《故事》作靖恭也。"按：岑说是。《旧唐书》卷一〇七《玄宗诸子传》，琬为玄宗第六子，天宝十四载十一月安禄山反，起兵南下，玄宗即任琬为

代宗朝翰林学士传

征讨元帅,高仙芝为副,但不数日,琬卒(《旧唐书》卷九《玄宗纪》下,琬卒于天宝十四载十二月辛亥)。《旧传》谓:"琬素有雅称,风格秀整,时士庶冀琬有所成功,忽然殂谢,远近咸失望焉。赠靖恭太子,葬于见子西原。"可能正因琬有人望,故特赠封太子庙衔,并立官署。张涉当于天宝末直至肃宗朝,由直广文馆改为靖恭太子庙丞,而于代宗即位后又由此入充翰林学士。但具体年份仍未能确定,其名次既在常衮、柳伉之后,李翰之前(李翰入院在大历五年五月以后,详其传),则张涉入院当在大历初期。

韦执谊、丁居晦均记张涉于翰林学士任期内曾升迁为左散骑常侍,但未记何时。《旧唐书·张涉传》则记为德宗初即位时,云:"德宗在春宫,受经于涉。及即位之夕,召涉入宫,访以庶政,大小之事皆咨之。翌日,诏居翰林,恩礼甚厚,亲重莫比,自博士迁散骑常侍。"据《旧传》所记,则张涉于德宗即位时才召入为翰林学士,此有误。关于此事,《册府元龟》卷一七二《帝王部·求旧》二所记较确,云:"德宗即位初,以国子博士、翰林学士张涉为左散骑常侍,仍为学士。"[2]据此,则张涉于代宗大历时,在翰林学士任期内,已升任为国子博士(正五品上,与中书舍人、给事中同阶),同时在东宫为太子侍读,得到德宗的信重,故德宗在其即位时,一方面咨询政事,一方面又擢迁其官位。中晚唐时,有好几位文士曾因任太子侍读,后即召入为翰林学士。

但张涉却因识见不高,反而因此而受牵累。《旧传》载:"上(指德宗)方属意宰辅,唯贤是择,故求人于不次之地。涉举怀州刺史乔琳为相,上授之不疑,天下闻之皆愕然。数月,琳以不称职罢,上由是疏涉。俄受前湖南都团练使辛京杲赃事发,诏曰:'尊师之道,礼有所加;议故之法,恩有所掩。张涉贿赂交通,颇骇时听,常所亲重,良深叹惜。宜放归田

唐翰林学士传论

里。'"又《旧唐书》卷一二《德宗纪》上，建中元年（780）三月，"辛未，左散骑常侍、翰林学士张涉放归田里"。此事，《旧唐书》卷一二七《乔琳传》亦有载，云："出为怀州刺史。琳素与张涉友善。上在春宫，涉尝为侍读。及嗣位，多以政事询访于涉，盛称琳识度材略，堪备大用，因拜御史大夫平章事。琳本粗材，又年高有耳疾，上每顾问，对答失次，论奏不合时。幸居相位，凡八十余日，除工部尚书，罢知政事。"又据《新唐书》卷六二《宰相表》中，乔琳于大历十四年（779）八月甲辰，与杨炎同时拜相，而于"十一月壬午，琳罢为工部尚书"。乔琳居相位之职虽只八十余日，但这也是唐代因翰林学士之荐而任宰相的首例。

关于"受前湖南都团练使辛京杲赃事"，《新唐书》卷一四七《辛云京传》附从弟京杲传未有记载。按：据传，辛云京在平定安史之乱的战事中，颇有功，代宗前期，治太原，也甚有政绩，"大历三年，检校左仆射，卒，年五十五，代宗为发哀流涕，赠太尉，谥曰忠献"。辛京杲也曾从李光弼在山西与安史之军战，曾得肃宗赞赏。《新传》有记曰："代宗立，封肃国公，迁左金吾卫大将军，进晋昌郡王，历湖南观察使，后为工部尚书致仕。朱泚盗京师，以老病不能从，西向恸而卒，赠太子少保。"对辛京杲全是正面、肯定的评述，未记有向张涉进贿事。据《旧唐书·代宗纪》，辛京杲任潭州刺史、湖南观察使，在大历五年（770）五月，何时改任，未有确记。[3]不过辛京杲在湖南任职，是有弊政的，《旧唐书》卷一三一《李皋传》有记云："建中元年，迁湖南观察使。前使辛京杲贪残……"因此张涉于大历时任翰林学士，位居亲近，乃受方镇贿赂，是有可能的。这种情况，玄宗时翰林学士的张渐、窦华等已有（见前张、窦传）。

又，乔琳此人，确不足称，德宗建中四年（783）十月，朱泚作乱，占长安称帝，即起用乔琳为吏部尚书；后官军收复长安，乔琳即被诛杀。

据上所考，则丁居晦《重修承旨学士壁记》谓张涉在院后敕停，较确切，即《旧唐书·德宗纪》建中元年三月"辛未，左散骑常侍、翰林学士张涉放归田里"。韦执谊《翰林院故事》记其"迁左省常侍又充，卒"，以为在院中任职时卒，不确。

张涉此后行迹不详，亦无诗文传世。唐朱景玄《唐朝名画录》，载唐朝以画名世者，分神、妙、能、逸四品，能品又分上中下，能品下二十六人，其中记有张涉，谓"王朏、萧溱、张涉、张容，皆士女之特善也"，即张涉乃以绘仕女著称。但此张涉是否为大历时期翰林学士张涉，未能确定。正如孟郊有《奉报翰林张舍人见遗之诗》，岑仲勉《注补》于张涉条下曾提及，但此翰林张舍人是否即为张涉，也甚可疑，因张涉在院中任职期间未任中书舍人或兼知制诰。故岑仲勉后亦云："此诗之考证，尚须存疑。"华忱之《孟郊诗集校注》对诗中之"翰林张舍人"亦未有考。[4]

注释

〔1〕参方积六、吴冬秀编撰《唐五代五十二种笔记小说人名索引》，102页，中华书局，1992年。

〔2〕岑仲勉《注补》亦引此，但记卷数为一二七，误，且未记"《帝王部·求旧》二"数字。

〔3〕参郁贤皓《唐刺史考全编》，卷一六六江南西道潭州，2412页，安徽大学出版社，2000年。

〔4〕见《孟郊诗集校注》卷七，339页，人民文学出版社，1995年。

唐翰林学士传论

李 翰

李翰，两《唐书》有传，见《旧唐书》卷一九〇下《文苑传》下，《新唐书》卷二〇三《文艺传》下，但甚简略。又中唐前期古文家梁肃有《补阙李君前集序》[1]（《全唐文》卷五一八）、《送李补阙归少室养疾序》（同上），也叙其事迹。以上是考索李翰生平的基本史料。

李翰，赵郡赞皇人（按：此当为郡望），与同时稍前的古文名家李华同宗。两《唐书》本传均载李翰进士登第，梁肃《补阙李君前集序》则谓"弱冠进士登科，解褐卫县尉"。此当在天宝中后期，因《新传》在记"调卫尉"后接云："天宝末，房琯、韦陟俱荐为史官，宰相不肯拟。"这当也本于梁肃的《补阙李君前集序》："始君筮始，值蔽善者当路，故屈于下位（自注：天宝末房公琯、韦公陟荐公充史官、谏司之任，当国者不听，乃已）。"天宝末，当权者为宰相杨国忠。

安史之乱初期，李翰"从友人张巡客宋州"。《旧传》载："（张）巡率州人守城，贼攻围经年，食尽矢穷方陷。当时薄巡者言其降贼，翰乃序巡守城事迹，撰张巡、姚訚等传两卷，上之，肃宗方明巡之忠义，士友称之。"《全唐文》卷四三〇载李翰《进张巡中丞传表》，谓"臣少与巡游，巡之生平，臣所悉知"。可见张巡坚持守城和不屈殉节的忠义事迹，是靠李翰所撰的传文才得以辨明，这是关键之作，李翰也因此而为人所知，可见他在肃宗后期即有文名。[2]

《旧传》在叙述李翰撰张巡传之后，接云："上元中为卫县尉，入朝为侍御史。"此处谓上元中为卫县尉，不确，因上元为肃宗年号（760—761），而据前所述，李翰进士登科后仕为卫县尉，天宝末房琯等又曾推荐其为史官，而为当权者所抑。

更使人奇怪的是,《旧传》叙李翰生平,即到此为止,也就是至肃宗时止,而实际上李翰的主要事迹是在代宗时,包括代宗大历时任翰林学士,《旧唐书》本传对此却一字未提。《新传》记叙李翰后半生也甚简略,仅云:"翰累迁右补阙、翰林学士。大历中,病免,客阳翟,卒。"两《唐书》本传皆漏略一事,即李翰于大历五年左右曾在淮南节度使幕府,任书记,并为杜佑《通典》撰写序言。

梁肃《补阙李君前集序》云:"其后以书记再参淮南节度幕。"不过梁肃此处并未指明李翰在淮南幕府的时间。李翰的《淮南节度行军司马厅壁记》,末署"大历五祀夏五月丁丑记",文中又有"韦公统戎旅"语。[3]郁贤皓《唐刺史考全编》"淮南道·扬州",据《旧唐书》本纪,列崔圆于肃宗上元二年(761)二月至代宗大历三年(768)六月在任,韦元甫于大历三年闰六月至六年八月在任,则李翰大历五年五月作此记时正在淮南韦元甫幕。又戴伟华《唐方镇文职僚佐考》,据独孤及《毗陵集》卷一六《送蒋员外奏事毕还扬州序》,记李翰在韦元甫以前即已在崔圆幕。[4]独孤及序中称"李司直翰",则李翰于崔圆幕中已带大理司直的官衔。

李翰曾为杜佑《通典》撰序,这里就有一个撰序的时间问题。《旧唐书》卷一四七《杜佑传》记杜佑于德宗贞元十七年在淮南节度使任上时完成《通典》二百卷,"自淮南诣阙献之"。不过他在献书上表中有"自顷纂修,年逾三纪"之语(《全唐文》卷四七七所载杜佑《进通典表》同)。贞元十七年为公元801年,上推三纪,当为大历元年(766)。而据《旧唐书·杜佑传》,杜佑曾得韦元甫的赏识,"元甫为浙西观察、淮南节度,皆辟为从事,深所委信,累官至检校主客员外郎"。则李翰与杜佑曾同时在韦元甫幕。可以注意的是,李翰《通典》序中云:"淮南元戎之佐曰尚书主客郎京兆杜公君卿,雅

唐翰林学士传论

有远度，志于兴邦，笃于好古，生而知之。以大历之始，实纂斯典，累纪而成。杜公亦自为序引，各冠篇首。"[5]这就牵涉到李翰此序所作之时间。前已述及《旧唐书·杜佑传》，杜佑于贞元十七年撰成后上献朝廷，而李翰序中称呼杜佑，一为"淮南元戎之佐"，即淮南节度使之僚佐，二为"尚书主客郎"，即《旧唐书·杜佑传》所称在淮南幕时所署之官衔"检校主客员外郎"。如李翰此序为贞元十七年杜佑于全书撰成后上献时所作，则杜佑此时已为检校礼部尚书、检校右仆射，李翰不可能以幕府中同事之口吻只称之为"杜公君卿"。又本文所引李翰此序，记杜佑"以大历之始，实纂斯典，累纪而成"，此本于《全唐文》。中华书局1988年12月出版之点校本《通典》，以清末浙江书局刻本为底本，而浙本是据清乾隆时武英殿本翻刻的，此本卷首李翰之序，"累纪而成"之"纪"则作"年"，中华书局点校本有校记，谓此系清人妄改，北宋本及《文苑英华》卷七三七作"纪"。这倒提供一个信息，即《通典》的流传版本中，有一种是作"累年而成"的，而这恰好符合杜佑、李翰二人的交友实情，即：杜佑于大历初已开始纂修《通典》，"累年而成"，大历五年前后与李翰同在淮南幕府，共同讨论此书，于是又请李翰为之作序（李翰序中云"翰与杜公数旬探讨，故颇详旨趣，而为之序"）。杜佑于此时已大体成书，且于各类之前写就序引，此后约又经过三十年左右的修订，于贞元十七年定稿。李翰，则据梁肃《补阙李君前集序》及《新唐书》本传，大历时即出学士院，归阳翟，不久即病卒，不可能于贞元十七年仍在世。因此可以说，清武英殿刻本之"累年而成"是胜于宋本的，我们不能完全以版本的早晚来定文字的是非。

李翰对于编撰《通典》一类的政书，是很有见识的。他在序中一开头即批评当时"儒家者流"为"博而寡要，劳而少功"。因此他认为，"君子致用在乎经邦，经邦在乎立事，立事在乎师古，师古在乎随时。必参今古之宜，穷终始之妙"。他认为只有这样能通古今，才可称为"通儒"。

梁肃《补阙李君前集序》在记叙李翰任淮南幕府后，云："天子闻其才，召拜左补阙，俄加翰林学士。"则此次代宗皇帝将李翰召入，主要是李翰的文才已为人所称。

《册府元龟》卷二六三记："（大历）八年十月，中书舍人常衮、谏议大夫杜亚、起居郎刘湾、左补阙李翰考吏部选人判。"本年冬刘晏知三铨事，用常衮、杜亚、刘湾、李翰等参与吏部选人判，吉中孚等五人登书判拔萃科。这时李翰既已任为左补阙，当同时已入学士院。据此，则他充任翰林学士，当在大历五年（770）五月以后，大历八年（773）十月以前，也即为大历中期。

按：韦执谊《翰林院故事》记代宗朝翰林学士，依次为常衮、柳伉、于益、张涉、于肃，而无李翰。丁居晦《重修承旨学士壁记》"宝应后六人"，常衮、柳伉、张涉后为李翰，当是，但仅记一句："左补阙充。"对这位当时颇负文名的翰林学士，韦、丁两书，所记如此缺略，甚可怪。

李翰何时出院，丁居晦《重修承旨学士壁记》未记，《新传》也只说"大历中，病免"。梁肃《送李补阙归少室养疾序》虽也未记具体年月，却透露李翰出院的原因，云："夫君子之道，与命与时，三者并，则不期达而达，不然则或鼓或罢，或塞或通，是以长卿屡去其官，而君亦以疾退息，各其时也。"梁肃与李翰为挚友，他在这里提到君子之道须与命、与时相合，才能有所达，而现在李翰与命、时均不合，则只能以疾告退。很可能在大历后期，他看不惯元载的专权，自己又无有可为，就主动求退（关于李翰出院及退阳翟的时间，可参后德宗朝梁肃传），归居河南阳翟（阳翟即在少室山东南附近），当不久去世。

唐翰林学士传论

李翰退居阳翟后，曾编其所作为《前集》三十卷，请梁肃为之作序。梁肃《补阙李君前集序》谓："君既退，归居于河南之阳翟，家愈贫而禄不及，志愈迈而文益壮，暇日以尝所述作三十卷，目为《前集》，命予述之。"按：《新唐书》卷六〇《艺文志》四集录别集类即著录"李翰《前集》三十卷"，但仅此一种。可能李翰在退居阳翟不久，把此前所作先编为《前集》，拟以后再有续作，可编为"后集"，但不久即谢世，故只有《前集》。可惜这三十卷《前集》，至南宋时已不传，《郡斋读书志》《直斋书录解题》均未著录。现李翰所存，仅有文，无诗，《全唐文》所载为十三篇。[6]堪可注意的是，这十三篇，没有一篇是在翰林学士任内所作的制诏诰令，他在翰林学士期内的活动也未有记载。很可能如前所述，李翰是一个有个性、有见识的人，他虽在翰林学士院，但那时的朝政为元载所把持，他不能有所为，因此虽处于近职，也就虚度而过。

李翰的著述，确实佚失极多，即如当时著称于世的《张巡姚訚传》，《新唐书》卷五八《艺文志》二，传记类也著录："李翰《张巡姚訚传》二卷。"韩愈于宪宗元和时也曾读过，其《张中丞传后叙》有云："元和二年四月十三日夜，予与吴郡张籍阅家中旧书，得李翰所为《张巡传》。翰以文章自名，为此传颇详密，然尚恨有阙者，不为许远立传，又不载雷万春事首尾。"[7]于是特为补叙许远、南霁云及张巡事。但李翰后来传世的，只有《进张巡中丞传表》，无《张巡姚訚传》。又，欧阳修《集古录跋尾》卷八曾记有《唐张中丞传》[8]，谓："右《张中丞传》，李翰撰。"又称"以翰所记，考《唐书》列传及韩退之所书，皆互有得失，而列传最为疏略"；"翰之所书，诚为太繁，然广记备言，所以备史官之采也"。据此，则欧阳修是见过李翰原作的，故有此评议。可能北宋中期后佚亡。[9]

李翰之文虽于宋后失传甚多，但在唐时是声誉很高的。梁肃《补阙李君前集序》称唐朝开国至此时将近二百年，文章有三变，开头是初唐陈子昂，"以风雅革浮侈"，其次是开元时张说，"以宏茂广波澜"，第三变则为天宝以后的萧颖士、贾至、独孤及，也就是韩愈倡导的古文运动的前驱，而梁肃认为，在这一时期，李翰最为特出："若乃其气全，其辞辨，驰骛古今之际，高步天地之间，则有左补阙李君。"按：梁肃卒于德宗贞元九年（793），年四十一（见崔元翰《右补阙翰林学士梁君墓志》，《全唐文》卷五二三）。他这篇序当作于大历后期，此时不过二十六七岁，但已为李华、独孤及所称许，崔元翰所作《墓志》称其"年十八，赵郡李遐叔、河南独孤至之始见其文，称其美"。而此时梁肃于李翰当为后辈，但已以文友自许，故序中称"君与予实有伯喈、仲宣之义"。

注释

〔1〕按：梁肃《补阙李君前集序》《送李补阙归少室养疾序》，均见于《全唐文》卷五一八；又见于胡大浚等编《梁肃文集》卷二，甘肃人民出版社，2000年。以下所引，卷数、出处从略。

〔2〕按：《旧唐书》卷一九二《张巡传》，肃宗时期张巡之坚持守城，时人甚有异议，"于是张澹、李纾、董南史、张建封、樊晃、朱巨川、李翰咸谓巡蔽遮江淮，沮贼势，天下不亡，其功也。翰等皆有名士；由是天下无异言"。称李翰在当时已为有名之士。又经查核，除李翰外，此处所列李纾等人皆无有议叙张巡之文。

〔3〕《全唐文》卷四三〇。

〔4〕《唐方镇文职僚佐考》353页，天津古籍出版社，1994年。

〔5〕《全唐文》卷四三〇。

〔6〕按：宋赵明诚《金石录》目录，第一千五百三十八，有《唐太子典膳郎郑君碑》，注云："李翰撰，徐珙八分书，李阳冰篆，大历十三年十月。"又第一千五百六十七《唐立汉黄公碣》，注云："李翰撰，张从申行书，李阳冰篆，建中元年三月。"（《宋本金石录目录》卷八，中华书局影印本，1991年）此二文，赵明诚既有记，北宋末则仍存；《全唐文》未载。由此，李翰之作，南北宋之际佚失较多。

〔7〕《韩昌黎文集校注》卷二，上海古籍出版社，1986年。

〔8〕见《欧阳修全集》卷一四一，中华书局，李逸安点校，2001年。

〔9〕关于相传李翰曾撰有《蒙求》，本书上编《〈蒙求〉流传与作者新考》已有辨析。

于益、于肃

于益、于肃，为兄弟二人，其事迹附见于两《唐书》其父于休烈传（《旧唐书》卷一四九，《新唐书》卷一〇四），但所记极为简略，如《旧传》云："嗣子益，次子肃，相继为翰林学士"；"肃官至给事中"。《新传》云："二子益、肃，及休烈时，相继为翰林学士。益，天宝初及进士第。肃，终给事中，赠吏部侍郎。"仅此数句。

于益、于肃，确以家世文史盛名。其父休烈之高祖志宁，在太宗时，曾为著名的贞观十八学士之一，又为中书侍郎，居相位。于休烈，则于玄宗开元初即有文名，《旧传》谓："自幼好学，善属文，与会稽贺朝、万齐融、延陵包融为文词之友，齐名一时。"关于贺朝、万齐融等，《旧唐书》卷一九〇中《文苑中·贺知章传》亦有记,云:"先是神龙中,(贺)知章与越州贺朝、万齐融,扬州张若虚、邢巨,湖州包融,俱以吴、越之士,文词俊秀,名扬于上京。"神龙为中宗年号(705—706)。按:于休烈卒于大历七年(772),年八十一,则神龙时为十四五岁,开元初为二十余岁。

《旧唐书·于休烈传》称其为河南人,《新唐书·于志宁传》谓京兆高陵人。《新唐书》卷七二下《宰相世系表》二下,于氏自西魏孝武帝时即西入关,遂为京兆长安人。

按:据两《唐书·于休烈传》,于休烈曾仕为集贤殿学士、比部郎中,天宝后期为宰相杨国忠排挤,出为外郡太守;肃宗时复又入朝,为工部侍郎、修国史,但又为宰相李揆所忌,由实职的工部侍郎转为国子祭酒,仍留于史馆,"休烈恬然自持,殊不介意"(《旧传》)。代宗即位,元载居相位,"称其清谅"(《新传》),累升为工部尚书,封东海郡公。应当说,于益、于肃兄弟二人在代宗一朝相继为翰林学士,是与于休烈受到元载信重有关,故《新传》称益、肃二人"及休烈时,相继为翰林学士"。

可以注意的是,韦执谊《翰林院故事》、丁居晦《重修承旨学士壁记》所记于益、于肃二人入院次序有所不同,韦执谊所记为常衮、柳伉、于益、张涉、于肃,缺李翰。丁居晦所记为:常衮、柳伉、张涉、李翰、于肃、于益。韦记将于益列于肃前,且在张涉前,丁记则将于氏兄弟列于最后,而于肃在于益前。岑仲勉《注补》已注意于此,并引及《金石萃编》九三《白道生碑》予以论证。今据岑说,再加阐释。

清王昶《金石萃编》卷九三著录有《大唐故左武卫大将军赠太子宾客白公神道碑铭并序》,下署:"朝议郎、行尚书礼部员外郎、翰林学士、赐绯鱼袋于益奉勅撰",并记为"永泰元年三月廿四日建"。永泰元年为公元765年,为代宗即位之第

唐翰林学士传论

四年。

按：此文亦载于《全唐文》卷三七一，但未有如《金石萃编》所署撰者姓名及官衔。文中记碑主白道生为西北边城名将，曾任宁朔州刺史，颇有功；其子元光，代宗时为朔方先锋使、同节度副使、开府仪同三司，封南阳郡王，"皇上宠乃茂功，义崇追远"，遂追封其父，并"以永泰元年三月二十四日，迁窆于万年县凤栖原"。据此，则可确定于益在永泰元年三月已为翰林学士，且其所带官衔为礼部员外郎。按：韦执谊记于益由驾部员外郎入，后改谏议大夫，未记礼部员外郎（丁居晦未记于益官衔）。据前所考，常衮为宝应元年（762）四月后入充翰林学士，柳伉于广德元年（也即宝应二年，763）十一月前已为翰林学士，则于益当于广德二年（764）入院。又前已考李翰于大历五年（770）五月以前尚未任翰林学士，则《翰林院故事》将于益列于第三位，即在常衮、柳伉之后入，是符合实际的。丁居晦将于益列于于肃之后，作为代宗朝最后一个入翰林学士者，则不当，也与《旧唐书·于休烈传》所云"嗣子益，次子肃，相继为翰林学士"不合。

驾部员外郎、礼部员外郎为从六品上，谏议大夫为正五品上，比前者要高好几阶，从前者晋升到后者也需有相当时间。《翰林院故事》谓于益卒于其任职期间所带官衔谏议大夫，这也与《新唐书》卷七二下《宰相世系表》二下记于益"谏议大夫"相合，但未能知其卒年。

《新唐书·于休烈传》记于益"天宝初及进士第"，其他仕历皆未载，而两《唐书·于肃传》则皆谓其官至给事中，与前引《新唐书·宰相世系表》同。据韦、丁所排列的次序，于肃在后，则其入院当在大历中后期，但当在大历七年于休烈卒之前。据韦、丁所记，于肃由比部员外郎（从六品上）入，后迁考功郎中（从五品上），又升为给事中（正五品上），与谏议大夫同阶，同时兼知制诰，也是中书舍人的前阶，可见他也卒于给事中官衔期间，不过卒年也不详。

于肃有文一篇：《内给事谏议大夫韦公神道碑》（《全唐文》卷三七一）。此韦公（名不详）即一宦者，卒于乾元元年（758）七月二十八日，乾元二年（759）五月七日与其妻合葬。此碑当为于肃奉命而作，则其在肃宗时已在朝中任职，但未知其具体官职，且是否如其兄于益那样曾科举及第，亦不详。

于益、于肃其他著作均无著录，也未见与当时士人有文字交往。

唐翰林学士传论

德宗、顺宗朝翰林学士传

张 周

张周，两《唐书》无传，籍贯、字号及年岁均不详。《太平广记》卷三一二《徐焕》条，据《山水小牍》，记有张周，乃晚唐一武将，非此张周。

张周的事迹，则仅为韦执谊《翰林院故事》、丁居晦《重修翰林学士壁记》所记。韦执谊《故事》于"建中已后"，首为张周，记云："自洛阳尉充，改河南县丞又充，改兵曹又充，改虢州司马又充。"丁《记》则自德宗朝起，皆记有年月，其"建中后八人"，第一位也为张周，云："大历十四年六月，自洛阳县尉充。建中二年，改河南府兵曹参军。兴元二年六月，除虢州司马，依前充。"

按：唐代宗皇帝于大历十四年（779）五月辛酉卒，太子李适即位，为德宗，时年三十八。张周于是年六月即入为翰林学士，则确为德宗朝第一个召入翰林学士院的。

韦、丁二记均谓张周由洛阳县尉入充，此当是张周此前所任的实际官职。据《旧唐书》卷四二《职官志》，京兆、河南、太原府诸县尉为正九品下，官阶较低。按唐代科举制惯例，进士及第经吏部试合格后，一般先入为校书郎。校书郎官阶为正九品上，也较洛阳县尉高一阶。张周由外地基层官吏召入为翰林学士，官阶又较低，不知是何人推荐，这是值得注意的。

按：张周于大历十四年六月入为翰林学士，而此时在学士院任职的已有一人，为张涉。《通鉴》卷二二五大历十四年七月载："上之在东宫也，国子博士河中张涉为侍读，即位之夕，召涉入禁中，事无大小皆谘之；明日，置于翰林为学士，乙未，以涉为右散骑常侍，仍为学士。"据此，则张涉乃于德宗即位后始召入，而实际上张涉于大历前期即已任为翰林学士（详见代宗朝张涉传），《通鉴》此处所记误。

至于张周在任职期间的官阶迁转，韦执谊《故事》与丁《记》稍有不同。《故事》在记洛阳县尉后，记为："改河南县丞又充，改兵曹又充。"丁《记》则未记河南县丞，而云："建中二年改为河南兵曹参军。"丁《记》所记较具体，既有年份，又有地区。这里可据石刻文献加以佐证。清陆耀遹《金石续编》卷九载有《大唐泾王故妃韦氏墓志铭序》，下署"给事郎、行河南府洛阳县丞、翰林学士、赐绯鱼袋臣张周撰"。此为张周自署。按：泾王李侹为肃宗第七子。《旧唐书》卷一一六《肃宗诸子传》记李侹云："至德二载十二月进封泾王。乾元三年，领陇右节度大使。兴元元年薨。"又据《旧唐书》卷一二《德宗纪》，泾王侹卒于兴元元年（784）五月，时当随德宗在汉中。张周此文又载于晚清陆心源《唐文拾遗》卷二四。文中记韦氏卒于建中二年（781）十二月己酉，葬于建中三年（782）二月庚申。当时京师尚无兵乱，德宗及朝臣仍在长安。陆耀遹所据为《古泉山馆金石文编》，有云："此刻向来金石家皆未著录，恐系新出土者。"即出土于陕西关中，是难得的文

唐翰林学士传论

献。

据文中所记，泾王妃韦氏葬于建中三年二月，时张周仍在翰林学士任，其官衔为洛阳县丞，而洛阳县丞则为韦、丁二记所无。又据《元和郡县图志》卷五"河南道"一，《新唐书》卷三八《地理志》二"河南道"，河南府所属县，有河南、洛阳二县，实际上都在府内，类似于京兆府之长安、万年二县。此河南、洛阳均为赤县，按：《旧唐书·职官志》，县尉官阶为从七品上，而河南府兵曹参军则为正七品下，由此则张周确先为洛阳县丞，后迁为河南府兵曹参军。又据《墓志铭序》，建中三年（782）尚为洛阳县丞，则其迁为河南府兵曹参军，当在三年二月以后。

据上所考，则可订正韦、丁二记，应作：张周于大历十四年（779）六月自洛阳县尉入充翰林学士，建中三年（782）二月前迁为洛阳县丞，此后又升迁为河南府兵曹参军。

丁《记》最后云："兴元二年六月，除虢州司马，依前充。"韦执谊《故事》同，但未记年月。按：兴元二年即贞元元年（785），据《旧唐书·德宗纪》，由兴元改贞元年号，在贞元元年正月丁酉朔日，则是年六月不应仍称兴元二年，可能当时壁上所记有误。丁《记》于此后的陆贽名下，亦有类似的记载："兴元二年六月，迁谏议大夫。"此待考。

又，虢州亦属河南府，应为上州，上州司马官阶为从五品下。

按：唐军于兴元元年五月收复京城，六月下旬德宗自汉中出发返朝，七月中抵长安。在此之前，张周当随德宗迁移奉天、汉中等地，后返长安，其间官阶累有升迁。但其所带的官衔，都是地方官，这在当时也无他例，很值得研究。

张周何时出院，韦、丁均未有记，只云"改虢州司马，又充"。岑仲勉《翰林学士壁记注补》谓"岂卒官欤"，也只是揣测。

张周所著《泾王妃韦氏墓志铭序》，当也为奉朝命而作，这也是唐翰林学士的职能之一。其他则别无著录。他在学士院任职约有七年,时间不短,但无甚表现。

姜公辅

姜公辅,两《唐书》有传,见《旧唐书》卷一三八,《新唐书》卷一五二。《旧传》云:"姜公辅,不知何许人。"《新传》则谓"爱州日南人",未知何据。按:《新唐书》卷七三下《宰相世系表》三下,姜氏,中云:"汉初,姜氏以关东大族徙关中,遂居天水。蜀大将军平襄侯维,裔孙明,世居上邽。"《新表》载姜公辅祖神翊,舒州刺史;父挺,未载官职。姜神翊与姜明,似非一系,则《新传》所云爱州日南人,或有可能。《元和郡县图志》卷三八岭南道爱州,所属县有日南,在今越南中部。

《旧传》记其早年仕历,为:"登进士第,为校书郎;应制策科高第,授左拾遗。"《新传》略同,唯"左拾遗"作"右拾遗",小异。《唐会要》卷七六《制科举》条,载:"建中元年,贤良方正能直言极谏科,姜公辅、元友直、樊泽、吕元膺及第。"孟二冬《登科记考补正》卷一一,据胡可先、陈尚君所补,即据乾隆《广东通志》,系姜公辅于代宗大历十四年(779)进士及第,可参(徐松《登科记考》则据《旧传》系于未知年份之卷二七)。[1]

据《唐会要》,建中元年贤良方正能直言极谏科,所列四人,姜公辅名居首位。陆贽后所草制之《姜公辅左庶子制》即记有:"首举高第,擢居谏曹。"[2]由此,则姜公辅于大历十四年(779)进士及第后为校书郎,第二年建中元年(780)制举登科,为左(右)拾遗,同年又召入为翰林学士,其仕历之顺

唐翰林学士传论

速,在唐翰林学士早期是极少见的。又《文苑英华》卷四九一载直言极谏策问,下署"建中元年正月十五日",后即载姜公辅对策。可以注意的是,此次制科,虽云"直言极谏",姜公辅之策文则以赞颂为主,其开篇即云:"伏维陛下,玄德统天,文思居业,慎重光之丕绪,返淳古之休风。"末云:"伏见陛下,以道生成,以德覆载,赏以春夏,刑以秋冬,捐金玉于江湖,反珍奇于薮泽;委符瑞为草莽,用忠良为灵庆;临群下以正德,惠兆人以厚生。诚太平之道也,刑措之渐也,臣不胜其忭。"按:此时德宗即位虽仅半年,尚有新政措施,《通鉴》卷二二五大历十四年五月有记云:"于是中外皆悦,淄青军士,至投兵相顾曰:明主出矣,吾属犹反乎!"姜公辅策文当也反映当时社会心态,可能也正因此而受到德宗赏识,于同年即以左拾遗召入为翰林学士。

韦执谊《翰林院故事》记"建中已后"第二人,即姜公辅,谓"自拾遗充"。丁居晦《重修承旨学士壁记》则明确记:"建中元年,自左拾遗充。"按:建中元年三月,张涉即因错荐乔琳为相及涉嫌受贿事,出院,放归田里,这时在学士院中只张周一人(见前张涉、张周传),故可能德宗即同时召拔姜公辅、赵宗儒、归崇敬三人,入为翰林学士(赵、归二人,见后传)。

关于姜公辅于任职期间的官位迁转,《旧传》记云:"岁满当改官,公辅上书自陈,以母老家贫,以府掾俸给稍优,乃求兼京兆尹户曹参军,特承恩顾。"《新传》略同。关于此事,清钱大昕《廿二史考异》卷六〇《姜公辅传》条有云:"唐时翰林学士无品秩,但为差遣,故常带它官,支其俸给。公辅本以左拾遗入翰林,岁满改官,乃兼京兆户曹参军。元和初白居易亦以左拾遗为翰林学士,及当改官,引公辅例,除京兆户曹参军。盖拾遗虽为两省供奉官,秩止从八品,京兆府参军秩正七品，俸给较厚，故恬退者喜居之。"钱氏此段考释对研究翰林学士官位迁转与生活境遇颇可参考，其中提及白居易事，详见后宪宗朝白居易传。不过钱氏最后一句"故恬退者喜居之"，不确。按其所述，京兆府户曹参军，乃为姜公辅在翰林学士任职期间所带之"它官"，并不因此赴京兆府供职，其由左拾遗为京兆参军，只为官位迁转，俸给稍优，而实仍在院中，并非恬退，此应予辨明，否则易引起误解。又据《旧唐书》卷四四《职官志》三，京兆府户曹参军为二人（正七品下），故姜公辅虽兼其官位，当并不影响其职务。

据丁居晦所记，姜公辅改京兆府户曹参军，在建中四年（783）四月。《旧传》于此后称姜公辅"才高有器识，每对见言事，德宗多从之"。这时河北、山东的四个藩镇主帅（朱滔、田悦、王武俊、李纳）已起兵作乱，并与淮西节镇李希烈联结，唐朝廷正处于仓惶应付之中。不久，建中四年十月，长安又发生泾军之变，德宗匆促出奔咸阳、奉天（今陕西乾县）。关于此时姜公辅情况，《通鉴》较两《唐书》本传有较实的记载。如记泾原乱军由长安东门外窜入时，"喧声浩浩，不复可遏，百姓狼狈骇走"，这时德宗就特地"遣普王谊（按：为德宗之侄）、翰林学士姜公辅出慰谕之"（《通鉴》卷二二八）。可见当时翰林学士职能是很受重视的，并不仅限于在宫中草制文书，还可外出慰谕军队。后兴元元年（784）二月德宗在奉天，因李怀光另有密谋，与唐将李晟不和，在此军情紧急时刻，德宗遂特遣翰林学士陆贽去李怀光军中宣慰，并邀李晟参议军事。

《通鉴》后又记，姜公辅随普王（李）谊虽往泾原军中慰谕，实则整个京城已乱，德宗只得匆匆出走。临走时，"姜公辅叩马言曰：'朱泚尝为泾帅，坐弟滔之故，废除京师，心尝怏怏。臣谓陛下既不能推心待之，则不如杀之，毋贻后患。今

唐翰林学士传论

乱兵若奉以为主，则难制矣。请召使从行。'上仓猝不暇用其言，曰：'无及矣。'遂行。"这样，泾原乱军就果然推奉朱泚，居于宫中，并由朱泚来组织临时政权。后德宗初至奉天，有人上言："朱泚为乱兵所立，且来攻城，宜早修守备。"但时任宰相的卢杞却以为"朱泚忠贞，群臣莫及"，"上亦以为然"。而姜公辅仍进谏，应对朱泚深加防备，加强防卫，这样才能"有备无患"。后朱泚兵果至，因德宗所驻之地，兵力已有积聚，"城人为之增气"，故迫使朱泚兵退。此时随德宗出走者翰林学士有六七人（详见有关传记），其较关切军情政事者当推姜公辅，可能也正因此，德宗就于当年十月丁巳，即命姜公辅与刑部尚书萧复、刑部侍郎刘从一，"并以本官同中书门下平章事"，同居相位（以上均见《通鉴》卷二二九）。

韦执谊《故事》在记姜公辅"改京兆府户曹，又充"后，接云："迁大谏、平章事。"丁《记》也于"四年四月改京兆府户曹军"后，记为"拜谏议大夫，平章事"。《旧唐书·德宗纪》上，于建中四年十月丁巳记："以吏部尚书萧复、刑部侍郎刘从一、谏议大夫姜公辅并以本官同中书门下平章事。"姜公辅是唐朝由翰林学士直接提升为宰相的第一人。此前肃宗时翰林学士董晋，隔两朝，至德宗贞元时才拜相；代宗时常衮，虽在代宗本朝拜相，但出院后隔了好几年，累任其他官职，后才入相。

不过姜公辅入相后，不到半年即被罢免，这与德宗个人的好忌有关。兴元元年（784）二月，因李怀光反叛，德宗又自奉天奔赴梁州（州治兴元府，今陕西汉中）。三月"庚寅，车驾至城固。唐安公主薨，上长女也"（《通鉴》卷二三〇）。《旧传》于此记为："上悲悼尤甚，诏所司厚其葬礼。"姜公辅则进谏："非久克复京城，公主必须归葬，今于行路，且宜俭薄，以济军士。"应该说，在当时战乱中，姜公辅这一建议是合乎

德宗、顺宗朝翰林学士传

情理的,但却使德宗大怒,对时为翰林学士的陆贽云:"唐安夭亡,不欲于此为茔垅,宜令造一砖塔安置,功费甚微,不合关宰相论列。姜公辅忽进表章,都无道理,但欲指朕过失,拟自取名。朕比擢拔为腹心,乃负朕如此!"

今存陆贽奏议,有《兴元论解姜公辅状》《又答论姜公辅状》(《陆宣公集》卷一五),两《唐书》本传即据陆贽这两份奏议,记叙姜公辅为德宗罢免事。陆贽曾对德宗所谓"造塔役费微小,非宰相所论之事"提出异议,认为朝中议事,"但问理之是非,岂论事之大小",以造塔而论,"若造塔为是,役虽大而作之何伤;若造塔为非,费虽小而言者何罪"。德宗对此不满意,再遣宦官宣谕,谓姜公辅才行,实不配为相,朕在奉天时就拟将其罢免,并与其谈过,后因李怀光事起,就拖延下来,姜当知朕本意,就以造塔立论,"卖直取名"。陆贽虽然再上奏解释,并直言:"今陛下以素欲废罢公辅之心,而谓其所行皆非良善,则是迁怒积愤之气未平也。"德宗还是于兴元元年四月将姜公辅罢免为左庶子。《旧唐书·德宗纪》上,兴元元年四月"甲寅,以谏议大夫、平章事姜公辅为左庶子"。

《旧传》接云:"寻丁母忧,服阙,授右庶子,久之不迁。"按:《唐会要》卷七一《州县改制》条,金州,有云:"石泉县,圣历元年改为武安县,神龙元年改为石泉县,后废;贞元元年十二月,刺史姜公辅请复置之,从之。"又贺次君点校本《元和郡县图志》之"阙卷逸文"卷一,山南道金州,有引《舆地纪胜》云:"石泉县,贞元元年刺史姜公辅奏置。"均记姜公辅于贞元元年(785)在金州刺史任。[3] 由此,则姜公辅于兴元元年四月罢为左庶子,可能德宗返京后改任其为金州刺史,后因丁母忧,罢职。其授金州刺史,时间虽不长,可补两《唐书》本传之缺,故值得一提。

后贞元八年(792)四月,陆贽拜相,姜公辅当因"久之

唐翰林学士传论

不迁",长期居右庶子之闲职,就"以有翰林之旧,数告赞求官"。陆贽大约感到为难,乃"密谓公辅曰:'予尝见郴州窦相,言为公奏拟数矣,上旨不允,有怒公之言。'公辅恐惧,上疏乞罢官为道士,久之未报。后又廷奏,德宗问其故,公辅不敢泄贽,便以参言为对。帝怒,贬公辅为泉州别驾"(《旧传》)。《新传》略同。这里牵涉到窦参之事。按:窦参于贞元五年(789)二月与董晋同时入相,八年(792)四月被贬为郴州别驾,这涉及与陆贽矛盾事,详见后陆贽、吴道玄传,此不赘。姜公辅之所以向德宗言及窦参,当以为窦已外贬,无所顾忌,但不料又引起德宗的嫉恨,即更将他外贬。时在贞元八年十一月:《旧唐书·德宗纪》下,贞元八年十一月"己巳,贬右庶子姜公辅泉州别驾"。

泉州在福建,当时也算是僻远之地,而且终德宗朝后期十余年,未予量移,至"顺宗即位,起为吉州刺史,寻卒"(《旧传》)。[4]顺宗永贞元年为公元805年,则姜公辅外贬已有十四年,如顺宗未接位,即不可能有改授之命。德宗对朝臣之贬,往往是贬其终身的,如另一翰林学士陆贽,也于任相时贬忠州别驾,从贞元十一年(795)四月起,也于顺宗即位后才下诏追回,但也已卒于任。

《旧传》末云:"宪宗朝赠礼部尚书。"时在宪宗元和元年(806)二月:《旧唐书》卷一四《宪宗纪》上,元和元年二月癸卯,"赠故吉州刺史姜公辅礼部尚书"。姜公辅于永贞元年三月虽诏为吉州刺史,但当未就任即卒,《旧纪》此处仍称其为吉州刺史。

姜公辅曾与柳宗元之父柳镇交友。柳宗元《先君石表阴先友记》,第二位即姜公辅,云:"姜公辅,为内学士,以奇策取相位。好谏诤,免。后以罪贬,复为刺史,卒。"(《柳宗元集》卷一二)所谓"以奇策取相位",当指议朱泚事。可见姜公辅在贞元、元和时,是有一定声誉的。

《新唐书·艺文志》未有记其著述。今所存者仅文两篇:《白云照春海赋》《对直言极谏策》(《全唐文》卷四四六)。《白云照春海赋》或为州府试试题。在翰林学士任期无制诰传世。

注释

〔1〕孟二冬《登科记考补正》,北京燕山出版社,2003年。又,孟《补》所引胡、陈二君之补,所引《广东通志》记姜公辅为钦州人,恐不确,当从《新传》为爱州日南人。

〔2〕《陆宣公集》卷六,浙江古籍出版社,刘泽民校点,1988年。

〔3〕金州,其辖境相当今陕西南部石泉、旬阳等地,沿汉水。

〔4〕按:韩愈《顺宗实录》卷二,记永贞元年三月壬申,"以故相抚州别驾姜公辅为吉州刺史"(《韩昌黎文集校注》外集下卷)。此云"抚州",当误。

赵宗儒

赵宗儒,两《唐书》有传,见《旧唐书》卷一六七,《新唐书》卷一五一。《旧传》仅云"赵宗儒字秉文",未载籍贯,《新传》则云"邓州穰人"。《新唐书》卷七三下《宰相世系表》三下,南阳赵氏,著录有赵宗儒。据《元和郡县图志》卷二一,邓州属山南道,所属县即有穰、南阳等,则《新传》所载与《新表》合。

《旧传》记其父骅,官为秘书少监。《新传》记赵骅事较详,谓字云卿,开元中擢进士第,曾任地方县丞。曾因陷于安

唐翰林学士传论

禄山军,被贬为晋江尉;后召入朝,历任左补阙、比部员外郎。与当时著名文人如殷寅、颜真卿、柳芳、陆据、萧颖士、李华、邵轸等交友,齐名,时人称为"殷颜柳陆,李萧邵赵","谓能全其交也"。这也是赵宗儒所受的家世教养。

《旧传》:"宗儒举进士,初授弘文馆校书郎。满岁,又以书判入高等,补陆浑主簿。数月,徵拜右拾遗,充翰林学士。"《新传》略同。赵宗儒何年进士及第,未有确记,故清徐松《登科记考》列于未有确年之卷二七。韦执谊《翰林院故事》"建中已后"第三人为赵宗儒,云"拾遗充"。丁居晦《重修承旨学士壁记》则具体记为:"建中元年,自左拾遗充。"《旧纪》记为"右拾遗",有小异。据前姜公辅传,很可能与姜公辅、归崇敬同时于建中元年(780)三月后入为翰林学士。

按:据《旧传》,赵宗儒卒于文宗大和六年(832),年八十七,则当生于玄宗天宝五载(746)。建中元年入翰林时,为三十五岁。

据丁《记》,赵宗儒于建中"四年加屯田员外郎,依前充"。按:赵宗儒与姜公辅同于建中元年以左拾遗入,姜公辅于建中四年四月由左拾遗改迁为京兆府户曹参军,《旧唐书·姜公辅传》称其"岁满当改官",也就是,按官制,已满三年,经考核,可以擢迁。赵宗儒当也与姜公辅同于建中四年四月,由左拾遗(从八品上)迁为尚书省工部屯田员外郎(从六品上)。不过赵宗儒不久即因事出院。丁《记》谓同年(即建中四年)"十一月,出守本官"(韦执谊《翰林院故事》亦谓"出守本官",但未记年月)。《旧传》仅云"丁父忧",《新传》记赵骅事,则谓:"泾原兵反,骅窜山谷,病死,赠华州刺史。"按:泾原乱兵于建中四年十月入长安,德宗出走,赵骅当于此时逃至长安附近山谷,寻又病死,赵宗儒于是年十一月出守本官,当与此合。

德宗、顺宗朝翰林学士传

《旧传》记赵宗儒居父忧，免丧后，复为司门、司勋员外郎。又据《唐会要》卷五八《考功郎中》条，赵宗儒于贞元六年（790）由司勋员外郎迁考功郎中，则其任司勋员外郎当在贞元初期，也就是出翰林学士院后数年间。可以注意的是，这时赵宗儒已颇有文名。柳宗元于元和前期曾致函赵宗儒，时赵为荆南节度使（详后）。柳宗元《上江陵赵相公寄所著文启》[1]，首云："往者尝侍坐于崔比部，闻其言曰：'今之为文，莫有居赵司勋右者。'自是恒欲饰其所论著，荐之阁下，病其未就，将进且退者殆十数焉。"此处所云的崔比部为崔鹏，字元翰，两《唐书》有传，见《旧唐书》卷一三七，《新唐书》卷二〇三《文艺传》。《旧唐书·崔元翰传》，载窦参于贞元五至八年间在相位时，曾"用为知制诰，诏令温雅，合于典谟"；《旧传》又称："其对策及奏记、碑志，师法班固、蔡伯喈，而致思精密。"贞元时有文坛卓誉者权德舆曾为其文集作序，称其文"如黄钟玉磬，宏璧琬玉，奏于悬间，列在西彦。其彰彰者，虽汉庭诸公，不能加也"（《比部郎中崔君元翰集序》，《全唐文》卷四八九）。又据前所引柳宗元所作书启，崔元翰当时称赵宗儒为"赵司勋"，即赵在司勋员外郎任，也就是贞元前期。有如此盛名的崔元翰，竟称之为："今之为文，莫有居赵司勋右者。"赵宗儒虽已离翰林学士院，但也不过几年，可见赵任翰林学士时颇有文名，并与当时著名文士有所交往。柳宗元于贞元五年（789），年十七，即已应进士试，但连续几年，都未登第，至贞元九年（793）始中进士。《柳宗元集》卷三三《与杨诲之书》："吾年十七，求进士，四年乃得举。"这几年中他已是准备向赵宗儒进文，以求举荐。

赵宗儒主要仕历是在出院以后。据《旧传》，德宗时，贞元六年（790）由司勋员外郎迁考功郎中，后丁母忧；终丧，授吏部郎中。十一年（795），迁给事中。十二年（796）十月，

唐翰林学士传论

与谏议大夫崔损同日以本官同中书门下平章事，这是德宗朝曾任翰林学士后为宰相的第三例（前为姜公辅、陆贽）。但不到两年，贞元十四年（798）闰五月，罢相，为左庶子。[2]居此虚职达六年，后迁为吏部侍郎。宪宗朝，有数次外任节镇。[3]元和元年至三年（806—808），为东都留守，还为礼部尚书。[4]寻又为江陵尹、荆南节度使，元和六年（811）四月召入朝为刑部尚书。七年（812）正月，又出任兴元尹、山南西道节度使（按：《旧传》云八年，误，《旧唐书·宪宗纪》确记为元和七年正月己巳）。至九年（814）三月，入朝为御史大夫。同年七月，又出任河中尹、河中晋绛等州节度使，至元和十二年（817）。后入朝，为吏部尚书。中唐时，翰林学士在出院后，多有出任地方节镇者，这也值得作综合性的考察、研究。

此后，历穆宗、敬宗、文宗，史称其"怯不任事"，故多挂虚衔，如太子少傅、太常卿[5]、太子少师、太子太保、太子太傅等。《旧传》于传末评曰："宗儒以文学进，前后三镇方任，八领选部，略于仪矩，切于治生，时论以此少之。"

赵宗儒于元和前期与朝臣、文士亦有诗文交往。宋计有功《唐诗纪事》卷四五记有赵宗儒《和黄门相公诏还题石门洞》诗，注："黄门，武元衡也。"诗云："益部恩辉降，同荣汉相还。韶芳满归路，轩骑出重关。望日朝天阙，披云过蜀山。更题风雅韵，永绝翠岩间。"《全唐诗》卷三一八载赵宗儒诗一首，即此诗，当即据《唐诗纪事》。又，赵宗儒所和之武元衡原作，见《全唐诗》卷三一六，题为《元和癸巳，余领蜀之七年，奉诏徵还，二月二十八日清明，途经百牢关，因题石门洞》，首云："昔佩兵符去，今持相印还。"元和癸巳为元和八年（813）。

按：武元衡于元和初与李吉甫、郑絪同在相位。元和二年（807）十月，蜀中之乱平，需有人治理，即任武元衡为剑南西川节度使，赴蜀途中有诗寄李吉甫、郑絪。后李吉甫出为淮南节度使，二人亦有诗唱酬。元和六年（811）正月，李吉甫再次入相；八年（813）正月，武元衡也召入，与李吉甫等共居相位。[6]武元衡此诗当于元和八年二月由蜀返京途中经百牢关作。而此时赵宗儒正在山南西道节度使任，当为武元衡途经兴元府时，以诗相交，赵特为撰此和作。

又，前曾提及柳宗元《上江陵赵相公寄所著文启》，据前所述，赵宗儒约于元和三四年间为江陵尹、荆南节度使，元和六年返朝。柳宗元此时尚在永州贬所。柳宗元在永州，不时上书给京中友人及方镇大臣，如李吉甫于元和五年在淮南节度使任时，柳宗元就有《上扬州李吉甫相公献所著文启》（《柳宗元集》卷三六），抒其不平之感慨，并望其荐引。他上书致赵宗儒，也是如此，中有云："谨献杂文十首，傥还以数位，定其是非，使得存于此，则虽生与蛮夷居，魂与魑魅游，所不辞也。"《柳宗元集》卷三五又有《贺赵江陵宗儒辟符载启》，当也同时前后所作，首云："伏闻以武都符载为记室，天下立志之士，杂然相顾，继以叹息，知为善者得其归向，流言者有所间执。直道之所行，义风之所扬，堂堂焉实在荆山之南矣。幸甚幸甚！"按：符载于贞元时曾在韦皋西川节度使幕府，有文才。后韦皋卒，刘辟擅立，宪宗于元和初遣军平定之，其幕府文人多另有所授，唯符载遭忌嫉，未得其职，赵宗儒在江陵，聘其入幕府。柳宗元于此贺启中既赞誉赵宗儒之赏识人才，同时又出于自己的意望，文末云："巧言难明，下流多讪，自非大君子出世之气，则何望焉！瞻望清风，若在天外，无任感激欣跃之至。"但现有材料，未见赵宗儒之回应。

按：《柳宗元集》卷三五另有《上广州赵宗儒尚书陈情启》，中华书局出版之点校本，其所附注引"孙曰"，谓赵宗儒尝为广州节度使，元和元年四月，以安南都护赵昌为广州刺

唐翰林学士传论

史、岭南节度使,"则此启当是与昌,而后来传写误耳"。此说是。据《旧唐书·宪宗纪》,元和元年四月"壬寅,以前安南经略使赵昌为广州刺史、岭南节度使",三年四月"乙亥,以岭南节度使赵昌为江陵尹、荆南节度使"。《柳宗元集》卷二二《送赵大秀才往江陵谒赵尚书序》,亦称此赵尚书"由交、广临荆州",并云"自吾窜永州三年",亦与赵昌任职时合。[7]

《全唐文》卷四三八载赵宗儒文二篇,一为《请权罢应制奏》,实即《旧传》所载"穆宗即位,以初释服,令尚书省官试先朝所徵集应制举人,宗儒奏曰"之奏议。另一为《顺宗至德大圣大安孝皇帝哀册文》,记元和元年正月十九日"太上皇"崩,七月十一日迁葬于丰陵,此与《旧唐书·宪宗纪》记顺宗于元和元年正月甲午卒,七月壬寅葬丰陵合。而《旧唐书·赵宗儒传》谓"德宗崩,顺宗命为德宗哀册文,辞颇凄惋",以顺宗哀册文为德宗哀册文,显误。

注释

〔1〕见《柳宗元集》卷三六,中华书局点校本,1979年。

〔2〕《全唐文》卷五三德宗《罢赵宗儒平章事诏》,有云:"给事中、平章事赵宗儒,早以文学,累更职任,自居枢近,颇历岁时,虽夙夜载勤,而政理犹郁,式移秩序,以叶朝经。可太子右庶子。"

〔3〕可参郁贤皓《唐刺史考全编》,安徽大学出版社,2000年。

〔4〕见朱金城《白居易集笺校》卷五七《与宗儒诏》。

〔5〕《全唐文》卷六四八有元稹《授韦皋吏部尚书赵宗儒太常卿制》《授赵宗儒尚书左仆射制》。按:元稹于穆宗初曾入朝为知制诰、翰林学士,此两制当此时期作。

〔6〕参傅璇琮《李德裕年谱》(修订版),河北教育出版

社，2001年。

〔7〕岑仲勉《唐集质疑》亦有考及《上赵昌尚书启》，所见同，可参。见《唐人行第录》后附，中华书局上海编辑所，1962年。

归崇敬

归崇敬，两《唐书》有传，见《旧唐书》卷一四九，《新唐书》卷一六四。《旧传》："归崇敬字正礼，苏州吴郡人也。"《新传》同。《元和姓纂》亦记为吴郡人。《旧传》虽历记其曾祖、祖、父名，但皆云因崇敬故，赠官，可见归崇敬家世并不显著。

《旧传》："崇敬少勤学，以经业擢第。"未记科第名。《新传》则具体记为："天宝中，举博通坟典科，对策第一，迁四门博士。"徐松《登科记考》卷九则列于玄宗十载（751）博通坟典科，谓："柳宗元《四门助教厅壁记》：'归崇敬，天宝中举博通坟典科，对策第一。'《苏州府志》列于是年。"经查《柳宗元集》卷二六《四门助教厅壁记》，并无此语（据中华书局点校本），仅于"归散骑由是为左拾遗"句下引"韩曰"，有此数语（按："韩曰"实出于《新传》，见前引）。《苏州府志》或记有天宝十载，与《新传》之"天宝中"合，当是。但《登科记考》于同年又记归崇敬复以"才可宰百里"科及第，所据亦仅为《新传》。实则《新传》于"迁四门博士"后叙云："有诏举才可宰百里者，复策高第，授左拾遗。"而《旧传》则明确记为："天宝末，对策高第，授左拾遗。"由此，归崇敬当于天宝中期登博通坟典科，为四门助教，天宝末又举试才可宰百里科，登科后改授左拾遗。《登科记考》所记当有误，今加订

唐翰林学士传论

正。

又，柳宗元此文为贞元时作，他特地将归崇敬与贺知章并提，认为四门助教官位虽低，但"非博雅庄敬之流，固不得临于是，故有去而升于朝者"，因此"贺秘书由是为博士，归散骑由是为左拾遗"。柳文此处提及归崇敬称其为"散骑"，系归崇敬后任翰林学士时所带之官衔（详后）。

此后，归崇敬官职迁转，《旧传》记为："改秘书郎，迁起居郎、赞善大夫，兼史馆修撰，又加集贤殿校理。以家贫求为外职，历同州、润州长史，会玄宗、肃宗二帝山陵，参掌礼仪，迁主客员外郎。又兼史馆修撰，改膳部郎中。"

这里值得一提的是，归崇敬于代宗大历三年（768）出使新罗，当时在京多位诗人曾作诗饯送。据《唐会要》卷九五《新罗》条，大历二年（767），新罗国主宪英卒，"册立其子乾运为王"；"三年二月，命仓部郎中归崇敬兼御史中丞持节册命，又册乾运母为太妃"。《旧唐书》卷一九九上《东夷·新罗传》亦记为大历三年。归崇敬此次出行时，当时在京诗人以《送归中丞使新罗》为题作诗相送的，有皇甫冉（《全唐诗》卷二五〇）、皇甫曾（同上，卷二一〇）、耿沣（同上，卷二六九）、李端（同上，卷二八六），吉中孚亦有《送归中丞使新罗吊祭册立》（同上，卷二九五）。[1]独孤及且特为作序，其《送归中丞使新罗吊祭册立序》（《全唐文》卷三八七），称："今天子以公身衣儒服，力儒行，行之修可移于官，学之精可专对四方，是故公任执法之位，且使操节以济大海，颁我王度于大荒之外。"可见归崇敬于早期即与文士颇有交往，且有声誉。

两《唐书》本传对归崇敬此次出行，评价甚高，云："至海中流，波涛迅急，舟船坏漏，众咸惊骇。舟人请以小艇载崇敬避祸，崇敬曰：'舟中凡数十百人，我何独济？'逡巡，波涛稍息，竟免为害。故事，使新罗者，至海东多有所求，或携资帛而往，贸易货物，规以为利；崇敬一皆绝之，东夷称重其德。"《新传》所记略同。

归崇敬出使返回后，即授国子司业，兼集贤学士，"与诸儒同修《通志》，崇敬知《礼仪志》，众称允当"（《旧传》）。后虽因事出贬为饶州司马，但旋即入朝，德宗即位第二年，就将他召入为翰林学士："建中初，又拜国子司业，寻选为翰林学士，迁左散骑常侍。"（同上）

丁居晦《重修承旨学士壁记》："归崇敬：建中元年自国子司业充；四年，迁左散骑常侍。"归崇敬当与姜公辅、赵宗儒同时于建中元年（780）三月被召入（参见前姜公辅、赵宗儒传）。按：国子司业从四品下，左散骑常侍本为从三品，代宗广德二年（764）升为正三品（《旧唐书·职官志》二），相当于尚书省各部尚书。以如此高品阶入院，这不仅是德宗朝，就是此前如肃、代等朝似也未有。这当与他在入院前已有长期仕历有关。

又据《新传》，归崇敬卒于贞元十五年（799），年八十八，[2]则生于玄宗先天元年（712），建中元年入院时已六十九岁，这也是此时前后任翰林学士年龄最高的。

归崇敬在学士院内官衔的迁转，据丁《记》，建中四年（783）迁左散骑常侍，贞元七年（791）六月除检校户部尚书兼本官；七月，迁正工部尚书。八年（792），除兵部尚书，致仕，出院。韦执谊《故事》则谓左散骑常侍后，为"户曹又充"，以户部尚书为户曹，不确。又，《旧唐书·德宗纪》下，贞元七年"八月己丑，以翰林学士归崇敬为工部尚书"。八月己丑即八月一日，与丁《记》所记七月，稍有异。《旧纪》于贞元八年七月甲寅朔，又记："以翰林学士归崇敬为兵部尚书，致仕。"可补丁《记》仅记"贞元八年"，未记七月。

《旧唐书·德宗纪》下，贞元十五年（799）四月"乙未，特进、兵部尚书归崇敬卒"。《旧传》谓因其卒,"废朝一日,赠左仆射"。其子登,宪宗时曾任兵部侍郎,兼判国子祭酒事,迁工部尚书,有文誉。登子融,文宗时为翰林学士(详后传)。

《新唐书》卷六〇《艺文志》四,集录别集类著录有《归崇敬文集》二十卷。南宋时晁、陈二志未记,当北宋中期后已不传。《全唐文》卷三七九载其文四篇,皆议礼仪之奏疏,均本两《唐书》本传。

注释

〔1〕参《唐五代文学编年史·中唐卷》,大历三年,陶敏、李一飞、傅璇琮著。辽海出版社,1998年。

〔2〕《旧传》谓年八十,似不确,现即据《新传》。

陆 贽

陆贽,两《唐书》有传,见《旧唐书》卷一三九,《新唐书》卷一五七。另有权德舆《唐赠兵部尚书宣公陆贽翰林集序》[1],韩愈《顺宗实录》卷四《陆贽传》[2]。权德舆、韩愈皆与陆贽同时,所记详实,两《唐书》本传多采权《序》与韩《传》。

当代有关陆贽生平研究及著作评论,亦不少,较著者有于景祥《陆贽研究》(辽宁人民出版社,1998年),王素《陆贽评传》(南京大学出版社,2001年),刘泽民校点《陆宣公集》(浙江古籍出版社,1998年)。均可参。

权《序》:"公讳贽,字敬舆,吴郡苏人。"韩《传》同。两《唐书》本传均谓苏州嘉兴人。据《元和郡县图志》卷二五江南道浙西观察使,所属州有苏州、吴郡,嘉兴则为所属县之

德宗、顺宗朝翰林学士传

一（即今浙江嘉兴）。

权《序》："溧阳令侃之子。"《元和姓纂》卷十、《旧传》同，韩《传》与《新传》未记。《新唐书》卷七三下《宰相世系表》三下，则记其父名灞，吏部郎中。据有关论著考证，《新表》误。[3]

《旧传》："贽少孤，特立不群，颇勤儒学。"则其父早卒。《旧传》又云："年十八，登进士第。"权《序》、韩《传》《新传》均同。按：陆贽卒于顺宗永贞元年（805），年五十二（详后）。由此，则当生于玄宗天宝十三载，年十八登进士第，则为代宗大历六年（771）。唯《郡斋读书志》卷一七著录《陆贽奏议》十二卷、《翰苑集》十卷，注谓"大历八年进士"。清徐松《登科记考》卷十，虽引《顺宗实录》"年十八进士及第"，但仍据晁《志》，系于大历八年。当前研究者多以为晁《志》与徐《考》均误，应据权《序》等所记卒年、年岁推计，其登第年为大历六年。[4] 实则据徐《考》卷十，卢景亮可确定为大历六年进士及第，《文苑英华》卷一八四"省试诗"，有卢景亮与郑纟因《寒夜闻霜钟》，即当为大历六年进士试诗。而《文苑英华》卷一八七"省试诗"，有陆贽、周存、员南溟、常沂《禁中春松》诗，周存、员南溟、常沂均为大历八年进士及第者。这应为确证之材料。晁《志》明载大历八年，晁公武当见到南宋前期尚传存之唐登科录材料。同是南宋前期的计有功，其《唐诗纪事》卷三二陆贽条，即记为"大历八年试《禁中春松》"。由此，则权《序》等所记年十八登第之年如不误，则其生年应为肃宗至德元载（756），惟其卒时年岁当为五十，非五十二。

《唐诗纪事》卷三二又载钱起《喜贽擢第还苏州》诗："乡路归何早，云间喜擅名。思亲卢桔熟，带鱼客帆轻。夜火临津驿，晨钟隔浦城。华亭养仙羽，计日再飞鸣。"《全唐诗》卷二

唐翰林学士传论

三七亦载,题作《送陆贽擢第还苏州》。按:据《旧唐书》卷一六八《钱徽传》,徽(钱起子)为吴郡人。钱起与陆贽同乡,当早已相识,故及其登第还家,特作诗相送,祝贺。又据《唐才子传校笺》,卷四钱起传笺,[5] 钱起约生于睿宗景元元年(710)左右,则此时已六十余岁,在长安,任司勋员外郎(参《唐文拾遗》卷四九怀索《自叙帖》,见《唐才子传校笺》第五册陶敏补笺)。

权《序》接云:"应博学宏辞科,授郑县尉,非其好也。省母归寿春,刺史张镒有名于时,一获晤言,大加赏识。"两《唐书》本传略同。郁贤皓《唐刺史考全编》卷一三〇,记张镒于大历十二年至十四年(777—779)五月为淮南寿州刺史。据此,则陆贽当于大历八年进士登第后,又应博学宏词试,授华州郑县尉,因不中意,罢秩后即归常州省母,途经寿州,谒见刺史张镒,当在大历十二三年间。

权《序》接云:"是岁,以书判拔萃,调渭南簿,御史府以监察换之。"《旧传》亦略谓:"又以书判拔萃,选授渭南县主簿,迁监察御史。"权《序》所谓"是岁",即陆贽谒见寿州刺史张镒之年,但亦未标具体年月。按:卢纶有《驿中望山戏赠渭南陆贽主簿》(《全唐诗》卷二七八):"官微多惧事多同,拙性偏无主驿功。山在门前登不得,鬓毛衰尽落尘中。"按:卢纶于大历中曾因元载、王缙之荐,历任阌乡尉、密县令、监察御史;后大历十二年三月,元载被贬赐死,王缙亦外贬,卢纶坐累罢官,但仍居长安,有时在洛阳(参见《唐五代文学编年史·中唐卷》)。由此,则卢纶此诗,当为卢纶于长安、洛阳途中作。可见卢、陆二人此前亦已相识。按:钱起与卢纶均为"大历十才子"名家,由此也可见陆贽早期与当时诗人已甚有交往。

又韩《传》《新传》均作"渭南尉",现据卢纶诗,则当以

德宗、顺宗朝翰林学士传

权《序》《旧传》为正,应作渭南主簿。不久,即入朝任监察御史,均在大历时。

代宗于大历十四年(779)五月卒,德宗接位,第二年改为建中元年(780)。陆贽于德宗即位后召入为翰林学士,但陆贽入院之时间,现研究者多有歧见,应加辨析。

权《序》:"德宗皇帝春宫时知名,召对翰林,即日为学士,由祠部员外郎转考功郎中。"《旧传》:"德宗在东宫时,素知贽名,乃召为翰林学士,转祠部员外郎。"《新传》略同,谓:"帝在东宫,已闻其名矣,召为翰林学士。"韩《传》于"迁监察御史"后,云:"未几,选为翰林学士,迁祠部员外郎。"按:权《序》所谓"即日",有些论著(如于景祥《陆贽研究》)即据此定陆贽入任翰林学士在大历十四年德宗刚即位时。又王素《陆贽评传》第二章《应举及初仕》,据陆贽《册蜀王妃文》《册杞王妃文》都标有"建中二年十一月某日",即谓德宗建中二年(781)十一月某日召见陆贽,将此文作为试作,试作后以本官监察御史入居翰林,但又云尚是临时性的"使职"。按:《册蜀王妃文》《册杞王妃文》见《陆宣公集》卷六,确皆标为"建中二年十一月某日"。此时陆贽尚未正式入院,作为监察御史,是不能作此制诰的。这当如白居易文集中"翰林制诰",中有非其任职时所作,岑仲勉特有考,认为非白居易之作(详后白居易传)。权《序》在文末,称其文集中"其关于时政,昭昭然与金石不朽者,惟制诰奏议乎;虽已流行,多谬编次",则权德舆当时已见到有人为陆贽编次制诰奏议,已有"多谬"。故《册蜀王妃文》是否陆贽所作,甚可疑,更不可能据此来考定陆贽入翰林的时间。

陆贽入院年月,当仍应依据丁居晦《重修承旨学士壁记》。丁《记》中建中入院者为八人,陆贽列于姜公辅、赵宗儒、归崇敬三人之后,此三人皆于建中元年三月同时入(见前

唐翰林学士传论

姜公辅等三人传)。丁《记》于归崇敬后,列陆贽,云:"建中四年三月,自祠部员外郎充。"即陆贽先已为监察御史(正八品上),后迁祠部员外郎(从六品上),建中四年(783)三月,即以祠部员外郎入。韩《传》:"迁监察御史,未几,选为翰林学士,迁祠部员外郎。"《旧传》亦云:"乃召为翰林学士,转祠部员外郎。"则均以入为翰林学士后,再迁为祠部员外郎,不确。

丁《记》接云:"其年十一月,转考功郎中。"《旧唐书》卷一二《德宗纪》上,建中四年十二月,"乙丑,以祠部员外郎陆贽为考功郎中,金部员外郎吴通微为职方郎中,翰林学士亦如故。"则丁《记》作十一月,误。权《序》谓:"由祠部员外郎转考功郎中。朱泚之乱,从幸奉天。"按:德宗出奔奉天在建中四年十月,陆贽随行。权《序》将其迁考功郎中叙于随德宗赴奉天之前,亦不确。韩《传》《旧传》虽未记迁考功郎中之具体年月,但均叙于随赴奉天以后,是。

丁《记》:"兴元二年六月,迁谏议大夫。"按:《旧纪》兴元元年(784)六月癸丑记:"考功郎中、知制诰陆贽,司封郎中、知制诰吉中孚,并为谏议大夫,水部员外郎顾少连为礼部郎中,并依前充为翰林学士。"与吉中孚、顾少连并记,当是。且兴元元年之第二年,正月丁酉朔,即宣制大赦,改元贞元,未有称兴元二年者,丁《记》云"兴元二年六月",误,"二"当作"元"。又陆贽与吉中孚皆以尚书郎中兼知制诰,此亦为丁《记》所缺。谏议大夫为正五品上,较郎中高二阶。

丁《记》:"十二月,转中书舍人。"《旧纪》兴元元年十二月,"辛卯,以谏议大夫陆贽为中书舍人,依前翰林学士"。丁《记》接云:"贞元三年,丁忧。""六年,迁兵部侍郎,又加知制诰。"《旧唐书》卷一三《德宗纪》下,贞元六年二月,"丙戌,以中书舍人陆贽权兵部侍郎"。但未言复入翰林学士。韩

《传》则确记为："免丧，权知兵部侍郎，复入翰林。"两《唐书》本传同。

丁《记》："七年，出守本官。"《旧纪》贞元七年（791）八月丙申，"翰林学士陆贽为兵部侍郎，罢学士"。关于陆贽出院的原因，牵涉当时人事纷争，后有详述。

此后，陆贽于贞元八年（792）春知贡举；四月，擢任宰相，以中书侍郎同中书门下平章事。但贞元十年（794）十二月，为户部侍郎裴延龄所潜，罢相，为太子宾客。贞元十一年（795）四月，又出贬为忠州（今重庆忠县）别驾。直至顺宗立，永贞元年（805）三月，下诏还朝。《顺宗实录》卷二记此事，有云："德宗自贞元十年已后，不复有赦令。左降官虽有名德才望，以微过忤旨遣逐之，一去皆不复叙用。至是人情大悦。而陆贽、阳城皆未闻追诏而卒于迁所，士君子惜之。"

以下拟就三个方面论述其在翰林学士期间所表现的职能作用，即：一、直言朝政与撰写制诰；二、关于所谓陆贽"内相"；三、陆贽与科举考试。

一、关于直言朝政与撰写制诰。

据前所述，陆贽生于肃宗至德元年（756），则其于德宗建中四年（783）四月入为翰林学士，年仅二十八岁。这不仅在当时，即使有唐一朝，如此年轻即入院为学士，也极稀见。可能也正因年轻，又加以他自少即"特立不群，颇勤儒学"（《旧传》），故敢直言时政得失。《通鉴》卷二二八建中四年八月载："时两河用兵久不决，赋役日滋，（陆）贽以兵穷民困，恐别生内变，乃上奏，其略曰：'克敌之要，在乎将得其人。……是知立国之安危在势，任事之济否在人。'"后同年十月，因泾原兵乱，德宗出奔奉天，陆贽又上奏，据《通鉴》载，有云："兵连祸结，行及三年，徵师日滋，赋敛日重，内自京邑，外泊边陲，行者有锋刃之忧，居者有诛求之困，是以叛乱继起，

唐翰林学士传论

怨言并兴，非常之虞，亿兆同虑。唯陛下穆然凝邃，独不得闻。"《通鉴》于十一月又记："上问陆贽以当今切务，贽以向日致乱，由上下之情不通，劝上接下从谏"；并直言此次变乱将起时，"亿兆同忧，独陛下恬然不知，方谓太平可致"。元胡三省《通鉴》注，于此处评议云："德宗致乱之事，诚如贽言"，"陆贽此言，诚足以箴砭德宗之失"。《通鉴》卷二三〇兴元元年二月又记陆贽谏言之事，胡三省于此处又注云："为上追仇陆贽尽言而贬贽张本。"在另一处，胡注又谓："此数语，曲尽德宗心事，异日安免追仇乎？"胡注确有所见。由此可见，翰林学士虽在宫中，能随时向皇帝进言，参预政事，但实话过多，就难免使祸难暗伏，结果使险境丛生。后白居易于元和十年（815）贬江州司马，他即认为此次之贬，其祸根即植于前数年在翰林学士期间之直言（详后宪宗朝白居易传）。

权《序》对陆贽代皇帝撰制诏书，是很注意陆贽主张应"痛自引过"，有云："尝从容奏曰：'此时诏书，陛下宜痛自引过，以感人心。昔禹汤以罪己勃兴，楚昭以善言复国。陛下诚能不吝改过，以言谢天下，俾臣草辞无讳，庶几群盗革心。'上从之。故行在诏书始下，虽武人悍卒，无不挥涕激发。议者以德宗克平寇乱，不惟神武之功，爪牙宣力，盖亦资文德腹心之助焉。"陆贽草制的《奉天改元大赦制》（《陆宣公集》卷一），确为德宗代言，自责错失，甚至有："天谴于上而朕不寤，人怨于下而朕不知"；"上累于祖宗，下贞于蒸庶，痛心靦貌，罪实在予"。这种君主自责之辞，不但在当时，在后世更不易见到。正因如此，收到很好的效果："赦下，四方人心大悦。及上还长安明年，李抱真入朝，为上言：'山东宣布赦书，士卒皆感泣，臣见人情如此，知贼不足平也。'"《通鉴》卷二二九）

陆贽的诏文，对后世影响是很大的。《宋史》卷三三八

《苏轼传》记苏轼"比冠,博通经史,属文日数千言,好贾谊、陆贽书"。苏轼后入朝任官,特上奏,编校陆贽文集,其《乞校正陆贽奏议进御札子》中,还特别提及:"德宗以苛刻为能,而贽谏之以忠厚;德宗以猜疑为术,而贽劝之以推诚。"又如南宋时专辑录散体的真德秀《文章正宗》,因陆贽制诰为骈体,谓"以其词尚偶俪",故不选录,但于卷三所录两汉诏令后,特加按语云:"自汉及唐,唯兴元赦令,能兴起人心。"可见即使古文理论家,对陆贽骈文体制诰,也评誉极高。

《新唐书·艺文志》三,类书类,著录有陆贽《备举文言》二十卷,但未有说明。南宋晁公武《郡斋读书志》卷一四亦著录为二十卷,谓"总四百五十余门,议者谓大类《六帖》而文辞过焉"。后南宋王应麟《玉海》所记又较为具体,《玉海》卷二〇一据《中兴馆阁书目》,记云:"陆贽《备举文言》三十卷,摘经史为偶对类事,共四百五十二门。"这当是在翰林学士任职期间,因制诰用骈文体,骈文撰写注重对偶、用典,就特从经史等书,按类摘录,竟有四百五十二门。此书则南宋时尚存,后亡佚,由此也可见当时翰林学士,从写作的实用出发,对类书编纂是相当重视的。此可与宪宗时白居易于翰林学士任内编《白朴》一书参看(详宪宗朝白居易传)。

二、关于所谓陆贽"内相"。

过去往往把翰林学士称为"内相",意指处于宫中的宰相,而这宫中的宰相,其职权则是超过外面的正式宰相,而"内相"的称呼,则又认为是从德宗时的陆贽开始的。如前几年出版的一部《中国通史》,论述"隋唐官制"时就说:"受到皇帝信任的翰林学士,如德宗时的陆贽,还可以与宰相分庭抗礼,被目为'内相'。"[6]

把陆贽说成为"内相",通常即见于两《唐书》陆贽本传及《通鉴》。《旧唐书》卷一三八《陆贽传》云:"贽初入翰林,

唐翰林学士传论

特承德宗异顾,歌诗戏狎,朝夕陪游。及出居艰阻之中,虽有宰臣,而谋猷参决,多出于贽,故当时目为内相。"《新唐书》本传所记更进一步,谓:"虽外有宰相主大议,而贽常居中参裁可否,时号内相。"《通鉴》卷二三〇德宗兴元元年二月,记德宗因李怀光反,不得不又从奉天出奔梁州,云:"贽在翰林,为上所亲信,居艰难中,虽有宰相,大小之事,上必与贽谋之,故当时谓之内相。"《通鉴》虽也有内相之说,但所记较为客观,只说德宗常与之谋议,并不像两《唐书》本传所说的那样,外面宰相所议决之事,还要由陆贽来"参裁可否"。

这里确有两个问题,一是"内相"之称是否即自陆贽始,二是当时作为翰林学士的陆贽,其权是否超过外廷的宰相。

自两《唐书》及《通鉴》记载后,一般确以为"内相之称,自唐陆宣公始"[7]。但无论陆贽本人及同时人,都未有"内相"之说。与陆贽同时的权德舆于宪宗元和时作《陆宣公翰苑集序》,是最早全面评价陆贽政绩、文词之文,也没有"内相"之称,反而说:"古人以士之遇也,其要有四焉:才、位、时、命也。仲尼有才而无位,其道不行;贾生有时而无命,终于一恸;惟公才不谓不长,位不谓不达,逢时而不尽其道,非命欤?"对陆贽的"不尽其道",深为惋惜,根本没有"常居中参裁可否"之意。

历史上最早提及"内相"一词的,是李肇。李肇也是一位翰林学士,他于宪宗元和十四年(819)作《翰林志》,其中提到同为翰林学士的吴通微、吴通玄兄弟与陆贽有矛盾,"争恩不叶,甚于水火",而吴氏兄弟也甚为德宗宠信,于是陆贽于贞元三年(787)上疏,主张把翰林学士的一种特权即起草朝政大令的制诏之权回归于外廷的中书舍人,但,"疏奏不纳"。李肇接云:"贞元末,其任益重,时人谓之内相。而上多疑忌,动必拘防,有守官十三考而不迁,故当时言内职者,荣滞相半。"这里的内相,并非专指陆贽。因为陆贽于贞元十一年(795)因触怒德宗,就贬至忠州,整整十年,只有到贞元二十一年(805)正月,德宗死,顺宗立,才下诏召回,而陆贽已死。李肇说的是德宗贞元晚期,谓那时学士的职任更重,当时称为内相。不过李肇又马上说,皇帝非常疑忌,对学士一举一动都防范得很严,甚至有十几年也不给以升官位的。由此可见,陆贽在翰林学士期内,并未有内相之称。

这里拟仍以陆贽为例,就翰林学士参预政治的角度,重点谈几件事,来论证过去所谓"虽外有宰相主大议,而贽常居中参裁可否"是否确实。

第一件事,关于当时宰相卢杞。建中四年十月,德宗仓促出奔,曾任西川节度使,后还朝挂一宰相虚衔的崔宁也与其他几个同僚随同西行。而在长安称帝的朱泚行反间之计,发布命令,假装封崔宁为相(中书令)。卢杞因与崔宁有个人私怨,就乘间陷害他,命令崔宁原来的一个部下伪造一封崔宁给朱泚的书信,使崔宁无以自辩。于是德宗听信卢杞,把崔宁杀死,并命陆贽起草诛杀崔宁的文书。陆贽对此是有怀疑的,就要求把崔宁给朱泚的信拿来看看,但卢杞只简单地回答"其书已失",根本不理陆贽的要求。结果崔宁被杀,而"中外称其冤"。以上见《旧唐书》卷一一七《崔宁传》。这里可见,当时任宰相的卢杞行其所当行,陆贽未能"居中参裁可否"。

第二件事,是关于宰相姜公辅的罢免。姜公辅是比陆贽早几年任翰林学士的,建中四年十月德宗刚从长安出走时,姜公辅曾建议先将当时居于长安的朱泚斩除,以免乱兵奉以为主(因朱泚是朱滔之兄,朱滔正在河北一带叛乱),但德宗仓促之间未听。德宗刚到奉天,有人报告朱泚已在长安称帝,但卢杞认为朱泚为人笃实,不会反,而姜公辅则建议应重兵加强防守德宗的住处,以防万一。后朱泚之兵果来进攻,德宗就因此赏

唐翰林学士传论

识姜公辅，马上任命他为宰相（谏议大夫、同中书门下平章事）。这是德宗刚到奉天的第八天，也是唐代由翰林学士直接迁升为宰相的第一个（关于姜公辅，可参前姜公辅传）。

但不久就有变化。姜公辅当宰相的第二年，即兴元元年（784）二月，本为唐大将、与朱泚作战的李怀光，在奉天附近反叛，德宗又匆忙逃奔梁州（今陕西汉中）。途中其长女唐安公主病亡，德宗就要为女儿在当地造一塔，并加厚葬，姜公辅加以劝阻。这就触犯了德宗，德宗与陆贽商议，想罢免姜公辅。今存陆贽奏议，有《兴元论解姜公辅状》《又答论姜公辅状》（见《陆宣公集》卷一五），记叙此事。据此二状所记，德宗曾遣宦官告知陆贽，造塔的费用并不多，这不应该是宰相所论之事，姜公辅之所以如此，"但欲指朕过失，拟自取名"。陆贽回答，谓姜公辅是以谏议大夫入相的，以事相谏，乃其职分，并非过当。又对德宗所谓"造塔役费微小，非宰相所论之事"提出异议，认为朝中议事，"但问理之是非，岂论事之大小"，以造塔而论，"若造塔为是，役虽大而作之何伤；若造塔为非，费虽小而言者何罪"。德宗对此不满意，再遣宦官表示，说姜公辅的才行，实不配当宰相，我早在奉天时就想把他罢免了，也曾与他谈过，后因李怀光事起，就拖延下来，姜知道我的本意，就故意以造塔之论，来"卖直取名"。陆贽虽然再上奏解释，但只能是说一些虚词了。这样，就于兴元元年四月将姜公辅降为左庶子，姜公辅在相位不到七个月。姜的罢相制文是由陆贽起草的。可以注意的是，制文中说姜公辅"自处台司，累疏陈乞，忌满思退，持盈守谦。留中久之，重难其请，式光挹抑，俾尹宫坊"。就是说，姜早已提出要辞去相位，而皇上则又几次留他，实在难于其请，只好如此。这完全是官场套话，对两方面都保留面子，可见翰林学士草拟公文实在有很大难处的。

德宗、顺宗朝翰林学士传

第三件也有关宰相之事。建中四年十月，萧复同时与姜公辅任为宰相。他在任相不久，曾向德宗进言，说宦官宜在宫中供奉，不应委以兵权国政，德宗听了不高兴。萧复后又言德宗即位以来，重用杨炎、卢杞，而杨、卢二人干扰朝政，以致造成现在的动乱。有一次他与卢杞共同奏事，当着德宗的面，说："卢杞言不正！"德宗大怒，事后向左右说："萧复轻朕！"就于兴元元年元月，借口国家赋税，多出于江淮，应派大臣前去宣慰，即任命萧复仍带着宰相的官衔而为江南宣慰使（《通鉴》卷二二九记此事，司马光特加一句："实疏之也。"）。同时，德宗又派遣宦官，向陆贽告知此事，还特地说，萧复最初接受这一任命，后又联络另一宰相及其他朝臣，想挽留他，问陆贽如何处置。陆贽有《奉天论解萧复状》（《陆宣公集》卷一四），回答很得体，说："臣缘自到行在，常居禁中，向外事情，视听都绝，忽承顾问，莫测端由。"表示他不过问外廷的人事。同时他还是为萧复辩解，认为他"用虽不周，行则可保"，绝不会"翻覆挟奸"，至于或遣或留，还是建议再向朝中大臣征求意见。后萧复出使回来，又对朝政有所议论，德宗更不高兴，索性把他相位罢免。陆贽虽也有所奏议，但德宗根本不听。可见翰林学士作为"天子之私人"，处境也是很难的。

第四件，也就是陆贽在翰林学士任期内参预政治的最后一件事，牵涉到他是如何被排除出院的。原来与他同年入学士院的，有吴通微、吴通玄兄弟二人。兄弟二人，同一年被任为翰林学士，这在历史上是少见的，而所以能如此，又与德宗个人有关。据《旧唐书》卷一九〇《吴通玄传》，吴氏兄弟之父道瓘原为道士，"善教诱童孺"，代宗大历时被召入宫中，"为太子、诸王授经"，吴通玄弟兄也因此能出入宫掖。当时德宗为太子，既有这一层原因，再加上吴通微、吴通玄也善作文，文采绮丽，于是就被召入院。

唐翰林学士传论

但不久,吴氏兄弟就与陆贽发生矛盾。《旧唐书·吴通玄传》载:"陆贽富词藻,特承德宗重顾,经历艰难,通玄弟兄又以东宫侍上,由是争宠,颇相嫌恨。"这是唐代翰林学士内部的第一次人事纷争,这种纷争以后在每一朝经常都会发生,这也是翰林学士研究值得注意的现象。陆贽是有政见、有文采的人,但性格也有偏急。就在贞元三年(787)索性提出,把起草制诏的职权返归于中书舍人。德宗出于牵制宰相之权,又要在身边有一个咨询班子,当然不会同意。正好这一年陆贽因母卒,丁忧出院,至贞元六年(790年)二月才免丧又入院。而吴氏兄弟正好乘陆贽出院期间,与宰相窦参联结。过了一年,他们想办法,于贞元七年八月让陆贽出任兵部侍郎,并让他准备主持明年春天的贡举考试,于是就正式把他挤出学士院。《通鉴》卷二三三记陆贽此事,特别加了一句话:"窦参恶之也"。《旧唐书·吴通玄传》则谓"皆通玄潜之也"。实际上,则是内部的翰林学士与外廷的宰相,互相联结,共同把陆贽排除的。这里也可见,翰林学士作为文人参预政治,在整个中枢机构,其个人实没有什么基础。

不过过了不久,吴通玄与窦参也出了事。原来窦参有族子窦申,得到窦参宠信,而对外则招权纳贿。窦申同时又是李则之的族甥,李则之是李唐宗室,嗣虢王,其先世为唐高祖第十四子。李则之于贞元初为左金吾卫大将军,算是高位。吴通玄与窦参虽把陆贽排除出学士院,还想继续陷害他,于是通过窦申与李则之勾结,买通人上书,诬告陆贽于贞元八年春知贡举,收受贿赂,所选人士不实。这引起德宗的注意,德宗也有耳目,察知窦参等互相联络的情况,反而把李则之、窦参、窦申贬逐,窦参与吴通玄不久还被处死。为什么德宗这次处分得如此严厉呢?从史书的一些记载看,他倒并非一定站在陆贽一边,他有他自己的想法。他在答复陆贽的一份奏议中,说窦参

德宗、顺宗朝翰林学士传

"此人交结中外,意在不测";又说:"窦参在彼,与诸戎帅交通,社稷事重。"(《陆宣公集》卷一九《商量处置窦参事体状》《奏议窦参等官状》)德宗作为一个君主,对宰相交结中外,尤其是外结方镇,内结翰林学士,更不放心。第二,据史书记载,吴通玄曾取李唐宗室一个女子为外妇(情妇),为德宗所知,这也犯了忌讳,德宗认为是"污辱近属"。而且作为宫中的翰林学士,既与宰相勾结,又与高位的宗室联通,这更犯了大忌,因此德宗也要把吴通玄杀死。

这时吴通玄之兄吴通微总算未卷入纷争,未受罪。《旧唐书·吴通微传》载:"通玄死,素服待罪于国门,帝特宥之,通微竟不敢为丧服。"自此吴通微就谨慎小心,一直到贞元十四年,还在学士院内(见后吴通微传)。陆贽则因窦参等事发,为德宗提升为宰相(贞元八年四月)。但他自以为受德宗的信知,又屡次上书,直言时政,又造成德宗的不满。这时德宗又宠信户部侍郎、判度支裴延龄,而裴之为人则"奸宄用事,天下嫉之如仇,以得幸于天子,无敢言者。陆贽独以身当之……累上疏极言其弊"(《旧唐书·陆贽传》)。结果,德宗偏信裴延龄,于贞元十年(794)十二月把陆贽罢去相位,第二年四月更把他远贬为忠州别驾。这时陆贽脱离翰林学士院已好几年,但正如上面引述过的元代胡三省所作的《通鉴注》所说,陆贽在奉天、梁州供职翰林学士时的直言极谏,使德宗恨记在心,"为上追仇陆贽尽言而贬贽张本"。

正因如此,德宗中期以后,也即陆贽被贬以后,翰林学士中出现长期稳定的局面。据《新唐书·宰相年表》,贞元十年至二十年,当时每一宰相在任期,一般不过二三年,最长不超过四年,而这时的翰林学士,如韦绶(十年),顾少连(十二年),郑絪(十三年),卫次公(十三年),韦执谊(十六年),任期如此之长,也是前后几朝所未有的。但正如李肇《翰林

唐翰林学士传论

志》所载，在任期虽然长，官位却升得很慢，甚至有十三考（年）也未有升迁的（唐代的翰林学士只是差遣，其品阶与俸禄要靠所带的官位来定）。而且这些学士，虽表面上受到德宗的眷顾，而实则战战兢兢，不敢有什么举动，更未有像陆贽那样直言极谏。如顾少连，前面曾提及杜黄裳曾为他作碑文，碑文说他在翰林将近十二年，以"周密自制"，"以谨审见称"，"谠言硕书，人莫得闻"。又如韦绶，《旧唐书》本传，说"绶所议论，常合中道，然畏慎致伤，晚得心疾，故不极其用"。他是想以心疾为借口要求退出的，后又好几次提出，并说其母年老，请求解职赡养，使得德宗很不高兴。

这些情况，提供我们现在研究者一个冷静的思考：究竟如何实事求是地探讨唐代的知识分子怎样在高层次参预政治，并在这种参预中，知识分子到底能起多大的作用，最终他们又能为自己争得什么。——唐代是这种参预的起始阶段，而从唐以后的长远进程来看，翰林学士这一文人的特殊阶层，就逐渐被迫与现实政治疏远并淡漠了。这是我国古代文化研究中一个值得注意的现象。

三、陆贽与科举考试。

陆贽参预科举考试有两种情况，一是制举试草拟策问，二是主持进士、明经等试，即知贡举。唐代科举考试一般分常科与制举两种，常科基本上为每年在长安（有时在洛阳）举行，主要为选取进士、明经等；另一为制举试，制举与常科不同，非每年定期举行，而据实际政局需要，确定具体时间，并名义上由皇帝主持。[8]不过制举试名义上由天子亲试，实际上还是委派官员考阅策文，而因制举的策问乃以天子名义发之，故有时即由在宫中任职的翰林学士起草，如同草拟制诰。德宗贞元元年（785）九月制举试，就由陆贽撰拟《策问贤良方正能直言极谏科》《策问博通坟典达于教化科》《策问识词韬略堪任将帅科》(《陆宣公集》卷四)。据现有史料,这是唐代制举试由翰林学士起草策问的第一个。

按:贞元元年上半年,朱泚、李怀光等之乱刚平,政局稍为稳定,因此贞元元年正月丁酉朔,特宣制大赦天下,改元贞元。德宗又于是年九月乙巳,特"御正殿,策贤良方正能直言极谏等三科举人"(《旧纪》)。值得注意的是,陆贽起草的策问中仍隐含君主自责之意,其贤良方正能直言极谏策问,虽有自誉之辞,但仍云:"然而浮靡不革,理化不行,暴敌不惩,奸犯不息。……意者朕不明欤,势不可欤?"因此希望应试者能"匡朕之寡昧,拯时之艰灾,毕志直书,无有所隐"。这样的策问,颇能与政事相触,也可看出陆贽作为翰林学士对朝政的关切与参预。此次贤良方正能直言极谏登科者,有韦执谊、钱徽、穆质、柳公绰、归登等,后皆为名臣。后穆质卒,柳宗元为作祭文,特为提及此次举试:"贤良发策,始振其仪。天子动容,敬公直辞。抗奸替否,与正为期。"(《柳宗元集》卷四〇)可见时人对此次制举策试的重视。

陆贽参预科举试的第二种情况,即他于贞元七年(791)八月以兵部侍郎出院,第二年即贞元八年(792)权知贡举。唐代与宋代不同,翰林学士不能知举,因为其在内廷供职,但唐代有好几次特作安排,即前一年翰林学士先出院,任礼部侍郎、中书舍人或相关官职,即预作知举的安排,第二年年初即知举。陆贽是这种情况的第二例,第一例是唐玄宗、肃宗时裴士淹(见前裴士淹传)。

如前所述,陆贽于贞元七年八月虽受人排挤,被迫出院,但德宗仍对其有一定信重,故安排他主持第二年举试。而陆贽这次知举在选拔人才,促进文学发展上,是起相当作用,影响很大的。宋洪兴祖《韩子年谱》引《科名记》,称"是年一榜多天下孤隽伟杰之士,号龙虎榜";后人又称为"有唐第一榜"

唐翰林学士传论

(明胡应麟《诗薮》外编卷三)。中唐时古文名家如韩愈、欧阳詹、李观等即于此年登进士第。关于此年举试对当时文士选拔的影响与意义,详参后梁肃传。

关于陆贽的著作,最早记载的是权《序》。权《序》所记,主要分三类,一为《制诰集》十卷,为"秉笔内署"所起草的文诰;二为《奏草》七卷,为在翰林学士任期所上的奏议;三为《中书奏议》七卷,为出院后任中书侍郎平章事(实在相位)所上的奏疏。另有别集十五卷,则为诗、文、赋、表、状等。权德舆所编为前三类,但后未存。《新唐书·艺文志》四别集类,著录有陆贽《论议表疏集》十二卷,又《翰苑集》十卷,注云"韦处厚纂"。南宋陈振孙《直斋书录解题》卷一六著录有《陆宣公集》二十二卷,谓:"(权)序又称别集文、赋、表、状十五卷,今不存。"又,《新唐书·艺文志》另著录有《遣使录》一卷(史录),《备举文言》二十卷(子录类书类),《集验方》十五卷(子录医术类),后亦未存。

关于陆贽著作编纂、流传情况,可参于景祥《陆贽研究》附录一《陆贽著作考录》。今人整理本,通行者有刘泽民校点《陆宣公集》(浙江古籍出版社,1988年,《两浙作家文丛》)。

注释

〔1〕《全唐文》卷四九三;又见霍旭东校点《权德舆文集》卷二三,甘肃人民出版社,1999年。

〔2〕见马其昶校注《韩昌黎文集校注》外集下卷,上海古籍出版社,1986年;又阎琦校注《韩昌黎文集注释》卷十,三秦出版社,2004年。

〔3〕参见刘家钰、张扬《陆贽家世考辨》,《文献》1990年第3期。

〔4〕如王素《陆贽评传》上编第二章第二节《应举》。

〔5〕《唐才子传校笺》，傅璇琮主编；卷四钱起传，傅璇琮笺，中华书局，1989年。

〔6〕见白寿彝主编《中国通史》第六卷第九册，950页。上海人民出版社，1997年。

〔7〕见北宋时笔记莫君陈《月河所闻录》。

〔8〕参见傅璇琮《唐代科举与文学》第六章《制举》，陕西人民出版社，1986年，又2003年修订新版。另吴宗国《唐代科举制度研究》第四章《制举》，辽宁大学出版社，1992年。

吴通微

吴通微，两《唐书》无专传，其事附见于《旧唐书》卷一九〇下、《新唐书》卷一四五吴通玄传后。《旧传》记吴通微为兄，通玄为弟，《新传》则以通玄为兄，通微为弟。未知孰是。如吴通微为通玄之弟，但其入任翰林学士仍在其兄之前，故现列于先。

《旧唐书·吴通玄传》记为海州人。按：据《元和郡县图志》卷一一，海州属河南道，所属县有朐山、东海、沭阳、怀江，其辖境相当于今江苏连云港、东海、沭阳等地。

传又云："父道瓘为道士，善教诱童孺，大历中，召入宫，为太子、诸王授经。德宗在东宫，师道瓘，而通玄兄弟，出入宫掖，恒侍太子游，故遇之厚。"此当为德宗即位后，吴通玄兄弟同为召入翰林学士院的历史因素。

又《新唐书》卷一五九《柳晟传》记晟之父谭，尚和政公主（肃宗女）。谭卒时，柳晟年仅十二，代宗即因姻亲之故，召入养于宫中，"使与太子、诸王受学于吴大瓘并及通玄"。此

唐翰林学士传论

吴大瓘当即两《唐书·吴通玄传》之吴道瓘,但一作大,一作道(中华书局点校本未有校核)。由此亦可证吴通玄兄弟确于早期随父常出入东宫。

吴通微早年仕历不详,其最早记载为起自德宗建中四年(783)。《旧传》:"通微,建中四年自寿安县令入为金部员外,召充翰林学士,寻改职方郎中。"《新传》略同。此前是否应科举及第,亦未详,徐松《登科记考》未载。

韦执谊《翰林院故事》:"金外充,职中又充。"与《旧传》合。丁居晦《重修承旨学士壁记》则谓:"建中四年,自金部郎中充。"不确。按:《旧唐书》卷一二《德宗纪》上,建中四年十二月,"乙丑,以祠部员外郎陆贽为考功郎中,金部员外郎吴通微为职方郎中,翰林学士如故"。陆贽于建中四年三月以祠部员外郎入,至十二月迁转为考功郎中(参见前陆贽传),吴通微当稍后于陆贽入,亦当为员外郎,故于建中四年十二月又同时迁为郎中(《唐尚书省郎官石柱题名考》卷一六金部员外郎记有吴通微名,且列于窦参前,当可信)。

韦执谊《故事》记吴通微在翰林学士任期内历迁之官秩为:"金外充,职中又充,知制又充,改大谏又充。"未记年月。丁《记》记其入院后,为:"累迁中书舍人,赐紫金鱼袋,卒官。"亦甚简。《旧传》稍有补记,于职方郎中、知制诰后,记云:"(贞元)七年,改礼部郎中,寻转中书舍人。"今据有关史料,补述如下。

据上所记,吴通微于建中四年十二月,由金部员外郎(从六品上)迁为职方郎中(从五品上),但此时未兼知制诰。《唐会要》卷五五《中书舍人》条有记云:"(贞元)四年二月,以翰林学士、职方郎中吴通微,礼部郎中顾少连,起居舍人吴通玄,左拾遗韦执谊,并知制诰。"则其兼知制诰在贞元四年(788)二月。

德宗、顺宗朝翰林学士传

这里值得一提的是，当时诗人名家韦应物、顾况，均与吴通玄、通微有文字交往，并盛称其才。《旧传》已称吴通玄兄弟"俱博学善属文，文采绮丽"。韦应物有《和吴舍人早春归沐西亭言志》："晓漏戒中禁，清香肃朝衣。一门双掌诰，伯侍仲言归。亭高性情旷，职密交游稀。赋诗乐无事，解带偃南扉。阳春美时泽，旭斋望山晖。幽禽响未转，东原绿犹微。名虽列仙爵，心已遣尘机。即事同岩隐，圣渥良难违。"按：此诗题称"吴舍人"，诗中又云"一门双掌诰"，孙望《韦应物诗集系年校笺》卷八[1]、陶敏、王友胜《韦应物集校注》卷五[2]，皆谓系吴通玄兄弟，是。按：韦应物于贞元三年（787）六月后由江州刺史入为左司郎中，四年七月后出任苏州刺史。[3]诗题称吴通玄兄弟为舍人，即中书舍人，当即指贞元四年二月吴氏二人在翰学时兼知制诰，唐时多有称知制诰为中书舍人者。韦应物诗中"阳春美时泽""东原绿犹微"句，则可确定此诗作于贞元四年早春，[4]即吴通玄兄弟此年二月兼知制诰后。又诗中云："一门双掌诰，伯侍仲言归"，即是吴通玄仍在院中值班，吴通微则出归，此诗当和吴通微所作《早春归沐西亭言志》者（吴诗不存）。此诗对翰林学士声望、地位评价当然很高，称其为"仙爵"，唯同时因此而"职密交游稀"。不过韦应物仍期望其"亭高性情旷"，"名虽列仙爵，心已遣尘机"，但又云"即事同岩隐，圣渥良难违"，即虽有超脱世尘之意望，但恐难于违拗君情。

顾况约于同时作有《和翰林吴舍人兄弟西斋》（《全唐诗》卷二六四）。按：顾况于贞元三年（787）由江南征入为校书郎，后任著作佐郎，贞元五年（789）夏为人所诬出贬为饶州司户参军。[5]诗中有"春色相玲珑"句，似亦为贞元四年春作。韦应物诗题"归沐西亭"，顾况此诗云"吴舍人兄弟西斋"，则西亭、西斋当为吴氏兄弟居舍。顾诗亦称其地位极高："西斋

唐翰林学士传论

何其高,上与星汉通",但亦盼望能有另一"虚空"之境:"久怀巴峡泉,夜落君丝桐;信是怡神所,迢迢蔑华嵩。"由此亦可见吴氏兄弟当时与文士甚有文学交往。

《旧唐书·吴通玄传》谓通微"(贞元)七年,改礼部郎中,寻转中书舍人"。韦、丁皆未记改礼中事,仅丁《记》云:"累迁中书舍人。"后贞元八年(792)四月,吴通玄事发(详见前陆贽传、后吴通玄传),吴通玄自翰林学士贬出,为泉州司马,寻赐死(《通鉴》卷二三四)。《旧传》记谓"通玄弟兄"与陆贽"争宠,颇相嫌恨";《新唐书》卷一四五《窦参传》亦谓"吴通玄兄弟皆在翰林,与(陆)贽轩轾不得"。但据现有史料,与窦参联结、排挤陆贽的,实为吴通玄,也正因此,吴通玄贬出及赐死,吴通微仕历未受影响。《旧传》记云:"通玄死,(通微)素服待罪于国门,帝特宥之,通微竟不敢为丧服。"即吴通微仍在学士院任职。

权德舆《祭故徐给事文》(霍旭东校点《权德舆文集》卷三九),首云:"维贞元十四年,岁次戊寅,八月戊寅朔,十日丁亥,右谏议大夫裴佶、中书舍人翰林学士吴通微……等,谨以清酌庶羞之奠,敬祭于故给事中赠礼都尚书徐公(岱)之灵。"据此,则至贞元十四年(798)八月,吴通微仍任翰林学士,其所带官衔中书舍人亦未改。

韦、丁二书皆未记其何时出院,丁《记》仅云"卒官",则当于贞元十四年八月后卒于翰林学士任内。

《新唐书·艺文志》未著录其著述。《全唐文》卷四八一载其《内侍省内侍焦希望神道碑》,当在任职期间为宦官所作碑传,这也是唐翰林学士的职务之一。就前所引韦应物、顾况诗,吴通微当先已有诗,故韦、顾相继作和,惜其诗无一首传存。

不过吴通微当时又以书法著称。宋陈思《书小史》卷十有记云:"通微工行草书,翰林习之,号院体。"陈思此书搜辑材料较广,当有据。清《四库全书总目》卷一一二《书小史》提要谓:"(陈)思蒐罗编辑,汇为斯编,亦是以为考古者检阅之助也。"由此可见吴通微之行书草书,能为当时翰林院、学士院内仿习,并号为院体,亦可见其影响。又《宋高僧传》卷二四有《唐京师千福寺楚金传》,末云:"紫阁峰草堂寺飞锡碑文,吴通微书。"亦可见其书法在当时之声誉。又宋钱易《南部新书》亦有记,其己卷谓:"中土人尚札翰,多为院体者。贞元年中,翰林学士吴通微,常攻行草,然体近吏,故院中胥吏多所仿效,其书大行于此,故遗法迄今不泯,其鄙拙则又甚矣。"此所谓中土,当指五代时北方诸朝。钱易对所谓院体贬其为"鄙拙",与陈思《书小史》所记不合。

注释

〔1〕孙望《韦应物诗集系年校笺》,中华书局,2002年。

〔2〕陶敏、王友胜《韦应物集校注》,上海古籍出版社,1998年。

〔3〕见傅璇琮《韦应物系年考证》,载《文史》第五辑,中华书局,1978年,后收于《唐代诗人丛考》,中华书局,1980年。

〔4〕按:陶敏、王友胜《韦应物集校注》谓此诗"贞元五年正月在长安作",而书后附录《简谱》却记贞元四年在长安先任为左司郎中,"旋出为苏州刺史",贞元五年仍在苏州刺史任,前后矛盾。孙望《韦应物诗集系年校笺》云:"贞元五年孟春左司郎中任内作",亦误。

〔5〕参见傅璇琮《顾况考》,载《唐代诗人丛考》,中华书局,1980年。

唐翰林学士传论

吴通玄

　　吴通玄，两《唐书》有传，《旧唐书》列之于卷一九〇《文苑传》下，与王维、李白、杜甫、李商隐等同卷，当以其为"词藻婉丽"，堪与唐时文坛名家并列；而《新唐书》则见之于卷一四五，同卷有元载、杨炎、窦参等，则列之于奸佞之臣。

　　两《唐书》本传皆记其为海州人，其父道瓘为道士，善教谕，代宗时因召入东宫，为太子、诸王授经，吴通玄与其弟通微则其年少时即随父出入宫中，为当时太子（后即为德宗）所识。参见前吴通微传。

　　《旧传》叙其早期仕历为："通玄幼应神童举，释褐秘书正字、左骁卫兵曹、大理评事。建中初，策贤良方正等科，通玄应文词清丽，登乙第，授同州司户、京兆户曹。"吴通玄何年应神童举，无确切记载。按唐科举制，中唐起，神童试不一定每年举行，但应试者须在十岁以下。[1]其神童举应试及第后，授秘书正字（正九品下），当不过十余岁；此时前后，当仍随其父出入东宫。至建中元年（780）前，已仕至从八品下之大理评事，亦显示其前期仕历之顺速。

　　建中元年正月制举试，设有贤良方正能直言极谏科、文辞清丽科、经学优深科、高蹈丘园科、军谋越众科、孝田力田闻于乡闾科等。其同一年制举策试科目之多，是以前肃、代两朝所未有的，当为德宗即位之初，想以此招揽人才并树立其威信。据《唐会要》卷七六《制科举》条，此年文辞清丽登科者有奚陟、梁肃、刘公亮、郑辕、沈封、吴通玄。梁肃为中唐前期古文名家，后与奚陟均入为翰林学士（见后梁肃、奚陟传）。又据清徐松《登科记考》卷一一，此年贤良方正能直言极谏登

· 318 ·

德宗、顺宗朝翰林学士传

科者有姜公辅，姜公辅即于同年召入翰林学士院（见前姜公辅传）。可见此年制举登科者确有人才。故《旧传》叙其早年仕历时，即称其与通微"俱博学善属文，文采绮丽"。

韦执谊《翰林院故事》记吴通玄"侍御史充"，未记年。丁居晦《重修承旨学士壁记》记为："建中四年，自侍御史充。"按：《旧唐书》卷一二《德宗纪》下，建中四年（783）十二月乙丑，记陆贽由祠部员外郎为考功郎中，吴通微由金部员外郎为职方郎中，"翰林学士并如故"，后即记云："以侍御史吴通玄为起居舍人，充翰林学士。"即建中四年十二月乙丑，吴通玄始入为翰林学士，此前已任为侍御史（从六品下），入院时改为起居舍人（从六品上），与韦执谊《故事》"侍御史充，起人又充"，丁《记》"自侍御史充，累迁起居舍人"，稍有异。

吴通玄当与吴通微于建中四年十月随德宗出奔，通微此前已为翰林学士，是年十二月德宗尚在奉天，可能为加强其周边咨询及草诏人员，又使吴氏兄弟皆入。《旧传》谓二人"同职禁署，人士荣之"。此为唐时兄弟同为翰林学士之第二例，首例为玄宗时张垍、张㴲，而张垍为玄宗女婿（驸马都尉）。可见兄弟二人同入，皆同与君主之特殊关系有关。

韦执谊《故事》、丁《记》记吴通玄在任职期间官阶迁转，皆未记年月。《故事》云："侍御史充，起人又充，又知制诰，又赐制，又大谏充，并同年月日授。"丁《记》："建中四年自侍御史充，累迁起居舍人，谏议大夫，赐紫金鱼袋。"《故事》所谓"并同年月日"，不知何意，或意为其间迁转与吴通微同年月日，如《唐会要》卷五五《中书舍人》条，即记："（贞元）四年二月，以翰林学士、职方郎中吴通微，礼部郎中顾少连，起居舍人吴通玄，左拾遗韦执谊，并知制诰。"即同于贞元四年二月兼知制诰。

唐翰林学士传论

又德宗于建中四年（780）、兴元元年（781）在奉天、梁州时，在翰林学士中是较信重陆贽的，所谓"贽在翰林，为上所亲信，居艰难中，虽有宰相，大小之事，上必与贽谋之"（《通鉴》卷二三〇，兴元元年三月）。但自平定泾原兵乱，返回长安后，德宗态度有所改变，对吴氏兄弟，特别是吴通玄，甚为偏重。如《唐会要》卷三《皇后》条，有云："德宗皇后王氏，贞元二年十一月册为皇后，其月二十一日忌。三年正月，上尊谥曰昭德皇后。其谥册文初令兵部侍郎李纾撰，上以纾谓'大行皇后'，非也，诏学士吴通玄为之。"同条又记："（同年）三月，以皇后庙乐章九首付有司，令议庙舞之号，礼官请号坤元之舞，从之。其乐章初令宰臣张延赏、柳浑等撰，及进，留中不下，又命翰林学士吴通玄为之。"据《旧唐书·德宗纪》上，贞元二年（786），"十一月甲午，册淑妃王氏为皇后"；"丁酉，册皇后王氏，是日后崩，谥曰昭德"。谥皇后册文及皇后庙乐章，是当时大典，德宗特命吴通玄撰写。《旧传》亦记此事："通玄词藻婉丽，帝尤怜之。贞元初，昭德王皇后崩，诏李纾为谥册文，宰相张延赏、柳浑为庙乐章。及进，皆不称旨，并召通玄重撰。凡中旨撰述，非通玄之笔，无不慊然，重之如此。"

又宋赵明诚《金石录》，目录第一千五百八十八有《唐内侍监鱼朝恩碑》，云："吴通玄撰，通微行书，贞元四年五日。"其卷二八跋尾，云："右唐鱼朝恩碑，吴通玄撰，通微书。朝恩虽以谴死，然其徒如窦文场、焦奉超犹居中用事，故德宗朝诏为立碑。通玄兄弟于陆贽谤毁抵排，无所不至，至为朝恩碑，则称颂功德，如此可以见其为人矣。"[2] 按：鱼朝恩于肃宗、代宗二朝极受恩宠，并专军权，后于大历五年（770），因与宰相元载矛盾，又受代宗之忌，遂被害，而官书仍称为"自缢而死"（《旧唐书》卷一一《代宗纪》大历五年二月）。又

德宗、顺宗朝翰林学士传

《旧唐书》卷一八四《窦文场传》："初鱼朝恩诛后,内官不复典兵";但后德宗于泾中兵乱平定,"还京,颇忌宿将,凡握兵多者,悉罢之",又命宦官窦文场分统神策军。贞元四年(788)之为鱼朝恩立碑,固应窦文场等之请,当也为德宗重又宠信宦者;由此也可见吴氏兄弟在翰学期间受德宗之亲信。

两《唐书》本传皆记为,由此而使陆贽与吴通玄"颇相嫌恨",《新传》更谓:"(陆)贽自恃劲正,屡短通玄于帝前,欲斥远之",并上奏:"今四方无事,制书职分宜归中书舍人,请罢学士。"陆氏此奏,李肇《翰林志》详录,并系于贞元三年。实则此时陆贽亦仍任翰林学士,何以主此说,仍可疑。此奏议,现存陆贽文集均未载,权德舆为其集所作序亦未提及。

据两《唐书》本传,吴通玄后遂与宰相窦参交结,"共倾陆贽",且"令人造谤书,言贽考试举人不实,招纳贿赂"。而德宗经过检核,认为吴通玄作为内廷学士,竟与处廷宰相联结,而宰相窦参又"与诸戎帅交通"(《陆宣公集》卷一五《奏议窦参等官状》),就引起德宗极大嫉恨;且又闻知"时通玄取宗室女为外妇"(《旧传》),德宗更认为是"污辱近属",犯大忌。《旧传》即记:"帝大怒,罢窦参知政事,寻贬郴州司马……通玄泉州司马。帝召见之,亲自临问,责以污辱近属。行至华州长城驿,赐死。"据《旧纪》,时在贞元八年(752)四月。[3](关于窦参事,参见前陆贽传)这是德宗朝翰林学士受贬责最重一案,可能也因此,贞元后期翰林学士皆谨慎自拘,亦多未有作为。

吴通玄人品,可再议,其文采则确为当时所重。除文辞外,还擅长书、画。宋时《宣和书谱》卷九专列有吴通玄条,称其"善画及书,于行草尤长",又云:"通玄不独以词章照映士林,而字画固自不凡。至德宗每有撰述,非得通玄笔,卒不满意,其词翰之妙,为时器重如此。故当时名臣碑刻,往往得

唐翰林学士传论

其书则夸以为荣；至于文稿，断幅残纸，人争传之。"又谓："今御府所藏行书三：鱼朝恩神道碑稿上下，度人经（下注：不完）。"据此，则北宋徽宗时宫中尚存有吴通玄行书三幅，其鱼朝恩神道碑，徽宗时尚存，故《金石录》有记（见前）。此文后则不存，《全唐文》未载。

《新唐书·艺文志》未著录其著述。《全唐诗》《全唐文》亦未载其诗文。

注释

〔1〕参傅璇琮《唐代诗人丛考·杨炯考》，中华书局，1980年。

〔2〕《宋本金石录》，中华书局1991年据《古逸丛书三编》影印。

〔3〕按：《旧传》记吴通玄"（贞元）七年，自起居郎拜谏议大夫、知制诰"，而《新传》则谓"贞元十年，通玄拜谏议大夫"。吴通玄已于贞元八年四月贬死，何以能再有此"十年"？惜中华书局点校本亦未校正。

顾少连

顾少连，《新唐书》有传，见卷一六二，又杜黄裳有《东都留守顾公神道碑》（《全唐文》卷四七八）。杜《碑》云："公讳少连，字夷仲，吴郡人也。"《新传》同，也记其为"苏州吴人"。《新传》又记其官终东都留守，卒，年六十三，但未记年月。杜《碑》则记为："以贞元癸未年十月四日，薨于洛阳崇让里之私第，春秋六十三。"贞元癸未为贞元十九年（803），以此推算，则其生年为玄宗开元二十九年（741）。

德宗、顺宗朝翰林学士传

《新传》:"举进士,尤为礼部侍郎薛邕所器,擢上第。"杜《碑》:"齿列上庠,升堂睹奥。时小宗伯薛公邕深所叹异,以为东南之美尽在,廊庙之器不孤,擢进士甲科。"徐松《登科记考》卷一〇系于代宗大历五年(770),是年知举者为薛邕。同年登第者有大历十才子诗人李端。时顾少连三十岁。

《新传》记其登第后,"以拔萃补登封主簿"。杜《碑》则记登第后丁父忧,"久之,以书判高第典校秘文,秩满授登封主簿";后"亚相于公颀推义行,诏拜监察御史"。杜《碑》所记较细,但亦未记年月。

后顾少连即进为翰林学士。《新传》:"德宗幸奉天,徒步诣谒,授水部员外郎、翰林学士。"杜《碑》:"京师内乱,銮辂时巡,公节见艰危,步至行在,陈少康灭浇之计,墨翟设拒之宜。帝纳其忠,拜水部员外郎、翰林学士。"则顾少连亦随德宗奔赴奉天,当于建中四年(783)冬十二月为翰林学士。丁居晦《重修承旨学士壁记》记为:"建中四年,自水部员外郎充。"丁《记》与韦执谊《翰林院故事》均将顾少连列于吴通玄后,而吴通玄之入为翰林学士在建中四年十二月乙丑(见《旧唐书》卷一二《德宗纪》),则顾之入,或与吴通玄同时,或稍后,但总是在该年十二月(见前所引丁《记》)。

又据《旧纪》,顾少连于兴元元年(784)六月,由水部员外郎迁为礼部郎中。此时,李晟所率领之唐军已收复长安,但德宗尚停留在汉中,兴元元年七月,才启程赴凤翔,旋返至长安。杜《碑》记为:"随难南梁,迁礼部郎中,加朱绂银绶,学士如故。赞丝纶之密命,参帷幄之谋猷,屡献嘉言,克昌大业。"则在奉天、汉中,顾少连"屡献嘉言",得到德宗的信重,但具体情况不详。此处"赞丝纶之密命,参帷幄之谋猷",是德宗时士人对翰林学士职能与地位的概括,在贞元后期已有此种认识,很值得注意。

唐翰林学士传论

韦执谊《故事》亦云："水外充，礼中充。"丁《记》则缺记礼（部郎）中，于"建中四年自水部员外郎充"后，即记为："贞元四年二月，加知制诰。"似以水部员外郎兼知制诰，不确。《新传》也未有记礼中，于水部员外郎后即云"再迁中书舍人"。

按：《唐会要》卷五五《中书舍人》条，贞元四年（788）二月，顾少连与吴通微、吴通玄、韦执谊，并知制诰，并记顾少连时为礼部郎中。又丁《记》记："（贞元）七年，迁中书舍人。"即由礼部郎中、知制诰正除（也即升迁）为中书舍人。

关于顾少连之出院，韦执谊《故事》仅记为"出为户侍"。丁《记》记有具体年月："（贞元）八年四月，改户部侍郎，赐紫金鱼袋，出院。"杜《碑》《新传》均未记出院事，不过杜《碑》对顾在任职期间的周密谨审，特为称誉，云："公在翰林，仅将一纪，富平以周密自制，万石以谨审见称。故造辟而言，诡辞而出，谠言硕画，人莫得闻。帝深嘉之。"《新传》亦云："阅十年，以谨密称。"德宗朝前期之翰林学士，陆贽以直言称，终遭冷遇、贬斥；吴通玄好于交结，亦致厄运。顾少连当有鉴于此，以周密、谨审自约，遂使德宗"深嘉之"。

顾少连于贞元八年（792）四月以户部侍郎出院，第二年春，即以权礼部侍郎知贡举，见徐松《登科记考》卷一三。此年登进士第者有苑论（状元）、柳宗元、刘禹锡、武儒衡、薛公达、卫中行，明经科有元稹，后多为名家。贞元十年，顾少连又知贡举。徐松《登科记考》卷一三，云见《唐语林》。按：《唐语林》卷八记"神龙元年已来累为主司者"，有顾少连，云："顾少连再，贞元十年、十四年。"[1]据《登科记考》，顾少连于贞元九年已知举，此当为《唐语林》漏略。吕温于贞元二十年（804）作有《祭座主故兵部尚书顾公文》（《全唐文》卷六三一），有云："门生侍御史王播，监察御史刘禹锡、陈讽、

德宗、顺宗朝翰林学士传

柳宗元，左拾遗吕温、李逢吉，右拾遗卢元辅，剑南西川观察支使李正叔，万年县主簿谈元茂，集贤殿校书郎王启，秘书省校书郎李建，京兆府文学李逢，渭南县尉席夔，鄠县尉张隶初，奉礼郎独孤郁，协律郎萧节，奉礼郎时元佐，荥阳主簿李宗衡，前乡贡进士郑素等。"这都是贞元九年、十年、十四年进士登第而于贞元二十年在长安者。这是德宗朝翰林学士出院后主持科试的第二例（贞元八年为陆贽），这也可就翰林学士在科举取士中所起的作用，作进一步的研究。

《新传》有记"历吏部侍郎"，但未记年月。《旧唐书·德宗纪》贞元十六年（800）五月"丁卯，以吏部侍郎顾少连为京兆尹"。按：贞元十四年春，顾少连以尚书左丞权礼部侍郎知贡举，则其改吏部侍郎当在贞元十四、十五年间（吏部侍郎与尚书左丞同为正四品上）。

在此期间，《新传》则专记一事："历吏部侍郎。裴延龄方横，无敢讲者，尝与少连会田镐第，酒酣，少连挺筋曰：'段秀实筋击贼臣，今吾筋将击奸臣。'奋且前。元友直在座，劝解之。"按：裴延龄于贞元前期确受到德宗信重，陆贽即因其向德宗进谮言而被贬责为忠州别驾（详见陆贽传）。顾少连在翰林学士时极为谨慎，而出院后，则敢于如此，故杜《碑》亦有记曰："时有权臣怙宠，人多附丽，公面折其短，数而绝之，群臣为危，正色不挠。"即指此事。李肇《唐国史补》卷上亦记有："裴延龄恃恩轻躁，班列惧之。唯顾少连不避延龄，尝画一雕，群鸟噪之，以献之。上知众怒如是，故益信之，而竟不大用。"[2]

但《新传》记此事在顾少连任吏部侍郎时，不确。据《旧唐书》卷二三五《裴延龄传》，裴卒于贞元十二年，而据前所述，顾少连于贞元九年、十年以礼部侍郎知贡举，十四年以尚书左丞知贡举，皆尚未任吏部侍郎，但已离翰林学士之职，则

唐翰林学士传论

可肯定。

据前所记,顾少连于贞元十六年五月丁卯由吏部侍郎改为京兆尹,后于十七年十月庚戌,再由京兆尹改为吏部尚书(《旧唐书·德宗纪》);十八年"六月癸巳,以吏部尚书顾少连为兵部尚书、东都留守、东都畿汝防御使"(同上)。杜《碑》记云:"以贞元癸未年十月四日,薨于洛阳崇让里之私第,春秋六十三。"杜《碑》又特为记曰"都人罢市而洒泣",可见其当时的社会声望。

《全唐文》卷六三一载有吕温《祭座主故兵部尚书顾公文》,即祭顾少连(前已述)。唯首句云"唯贞元十年岁次甲申月日",按:贞元时岁次甲申应为贞元二十年,此"十年"当作"二十年"。[3]

《新传》末曰:"始,少连携少子师邕奔行在,有诏同上翰林院,车驾还,授同州参军。"又《新唐书》卷一七九《顾师邕传》,师邕亦为少连子,文宗时,李训荐为水部员外郎、翰林学士,后甘露之变,顾师邕受宦官之害,流放崖州,"至蓝田赐死"。此亦为父子先后同任翰林学士之一例。

《柳宗元集》卷三〇有《与顾十郎书》,注引"韩曰",谓此十郎为少连子。又校记引陈景云《柳集点勘》,谓少连子师闵,元和中尝为潭部从事,"永、潭地近,疑此乃致师闵也"。当是。此文首云:"四月五日,门生守永州司马员外置同正员柳宗元,谨致书十郎执事。"柳氏自称门生,当确在顾少连知举时及第者。此时柳宗元因参与永贞新政,后与刘禹锡等被贬,元和前期为永州司马,当有求于少连子,有云:"今惧老死瘴土,而他人无以辨其志,故为执事一出之。"文中对顾少连于贞元时知举提拔人才,仍极赞誉,有云:"大凡以文出门下,由庶士而登司徒者,七十有九人。"

顾少连无诗,文亦仅存两篇,见《全唐文》卷五一四:

德宗、顺宗朝翰林学士传

《嵩岳少林寺新造厨库记》(按:宋赵明诚《金石录》卷九有录其题,谓"顾少连撰,崔溉正书"。此文作于贞元十四年)、《请以问经义录于纸上以便依经疏对奏》(按:此即《唐会要》卷七五《明经》条所载)。

注释

〔1〕见周勋初《唐语林校证》,中华书局,1987年。

〔2〕《唐国史补》,上海古籍出版社点校本,1979年。按:此又见《唐语林》卷六。

〔3〕按:徐松《登科记考》卷一四贞元十年于顾少连知举下亦引吕温此文,徐松"按"云:"贞元十年为元和十年之讹。"亦误。岑仲勉《唐集质疑》有"祭座主顾公文"条,亦略有考,举王播、刘禹锡、柳宗元、吕温、王起、独孤郁六人当时所任官职,谓"少连之卒,应在贞元末年"(见《唐人行第录》本,中华书局上海编辑所,1962年,第403页)。

奚 陟

奚陟,两《唐书》有传,见《旧唐书》卷一四九,《新唐书》卷一六四。又刘禹锡有《唐故朝议郎守尚书吏部侍郎上柱国赐紫金鱼袋赠司空奚公神道碑》(《刘禹锡集笺证》卷二)[1]。

《旧传》:"奚陟字殷卿,亳州人。"《新传》:"奚陟字殷卿,其先自谯亳西徙,故为京兆人。"刘《碑》则谓字殷衡,与两《唐书》不同,但云京兆人,则与《新传》同,云:"其先在夏为车正,以功封于薛下,故以降为谯郡人。或因仕适楚,复之秦,会为京兆人。"[2]

又刘《碑》及《旧唐书》卷一三《德宗纪》下,均记奚陟

唐翰林学士传论

卒于贞元十五年（799）十月，《旧传》云卒年五十五。据此，则当生于玄宗天宝四载（745）。

《旧传》云"陟少时读书，又登制举文词清丽科"，但未言何年。刘《碑》亦仅云："及从乡赋，暨升名太常，果居上第。"《新传》则记为"大历末，擢进士、文辞清丽科"。按：《旧唐书》卷一五五《窦常传》记常"大历十四年登进士第"，褚藏言《窦常传》(《全唐文》卷七六一）亦记其大历十四年举进士，又云："与故吏部侍郎奚陟、商州牧卞俛、秘书独孤绶同年上第。"徐松《登科记考》卷一一，即据此载奚陟于大历十四年（779）登进士第。时奚陟为三十五岁。

据徐松《登科记考》，大历十四年知贡举为潘炎。温庭筠《乾𦠆子》有记云："侍郎潘炎进士榜有六异：朱遂为朱滔太子；王表为李讷女婿，彼军呼为驸马；赵博宣为冀定押衙；袁同直入番为阿师；窦常二十年称前进士；奚某亦有事，时谓之六差。"《唐诗纪事》卷三二"王表"条，亦有此记，奚某作奚陟，云："其一，奚陟也"，末云"奚某亦有事"。似对潘炎此年所选之人有微词，具体则不详。

又《唐会要》卷七六《制科举》，记建中元年文辞清丽科，有奚陟、梁肃、刘公亮、郑辕、沈封、吴通玄。梁肃为中唐前期古文名家，吴通玄亦以文采清丽著称，均为贞元时翰林学士（另见梁肃、吴通玄传）。由此，则奚陟于大历十四年（779）进士及第，第二年建中元年（780）又制举登科，可见确有文才。

奚陟制举登科后仕历，《新传》较《旧传》为详，云："授弘文馆校书郎。德宗立，谏议大夫崔河图持节使吐蕃，表陟自副，以亲老辞不拜。杨炎辅政，召授左拾遗。居亲丧，毁瘠过礼。"《新传》当本刘《碑》，刘《碑》云："公居文词清丽之目，授弘文馆校书郎。时德宗新即位，声怛虏庭，西戎畏威，底贡内附。诏谏议大夫崔河图,持节即虏帐以报之。使臣欲盛其宾寮以自大,遂嘿表公为介,换大理评事。除书到门,公方为人子,不敢许以远,称病弗果行。归宁寿春,养志尽敬。丞相杨炎勇于用才,擢公为左拾遗,奉安舆而西。"

此后,奚陟即召入为翰林学士。韦执谊《翰林院故事》于"贞元已后"列有奚陟,云:"起郎充,病不入。"此"贞元已后",不确,奚之被召,在兴元元年(784),即在贞元前。丁居晦《重修承旨学士壁记》所记较确,记"兴元后二人",即奚陟、吉中孚。记奚陟云:"兴元元年,自起居郎充,病免。"关于此事,刘《碑》所记较切,其记奚陟于建中初应召为左拾遗,奉亲至长安,但不久其亲人卒,居丧未满,即发生京师泾军之乱(建中四年十月),后即"徒行间道以归王所,既中月而诏授起居郎,充翰林学士"。按:德宗本于建中四年十月出奔奉天,后因李怀光谋乱,于兴元元年三月又自奉天南行至梁州。奚陟当先至奉天,后又随德宗赴梁州,至梁州后,不久("中月"),德宗即召其为翰林学士。但刘《碑》即云奚陟因"创钜愈迟,病不拜职",即虽已授其为翰林学士,实未到位,当因病"创钜"之故。

据刘《碑》及两《唐书》本传,奚陟后历任太子司议郎,金部、吏部员外郎,左司郎中。贞元八年(792),擢为中书舍人。可以注意的是,奚陟任中书舍人,既受上级重视,自身也颇尽职。《旧传》称:"贞元八年,擢拜中书舍人。是岁,江南、淮西大雨为灾,令陟劳问巡慰,所在人安说之。"《新传》所记略同。《旧唐书·德宗纪》下亦载贞元八年,"八月乙丑,以天下水灾,分命朝臣宣抚赈贷,河南、河北、山南、江淮凡四十余州大水,漂溺死者二万余人。"《唐会要》卷七七《巡察按察巡抚等使》条,记贞元八年八月诏,因水灾,令朝臣往各地巡抚,有中书舍人奚陟、左庶子姚济语、秘书少监雷咸、京

唐翰林学士传论

兆少尹章武等。《通鉴》卷二三四贞元八年也载此，谓："八月，遣中书舍人京兆奚陟等宣抚诸道水灾。"可见当时赴各地宣抚，以奚陟为首。奚陟任翰林学士，为时虽极短促，其主要表现在中书舍人任上，而当时中书舍人还可受遣赴各地慰抚灾民，这有助于对中唐时中书舍人的研究，并可与翰林学士职能作比较。

奚陟后迁刑部侍郎，又知吏部选事，升吏部侍郎，"所莅之官，时以为称职"（《旧传》）。

奚陟与柳宗元之父亦有交往，柳宗元《先君石表阴先友记》（《柳宗元集》卷一二），有记奚陟，称其"柔敏，至吏部侍郎。世谓陟善宦，然其智足以自处也"。

《新传》又称"陟少自砥厉，著名节。常荐权德舆为起居舍人、知制诰，杨於陵为郎中，其后皆有名"。其荐权德舆、杨於陵，当本刘《碑》，刘《碑》对其举荐贤才，颇为赞许，谓："公少以名器自任，及显达，急于推贤。视其所举，则在西省荐权丞相，由右史掌训词；在中铨表杨仆射，由地曹郎综吏部。二公后为天下伟人。"

又李观有《与吏部奚员外书》（《全唐文》卷五三二），当为李观在应试前上书于奚陟，请其举荐，文中称其为"十丈"，谓与其舅相交甚善，有云："观之舅与十丈日与相善，古人之分也。始命观曰：吾有故人某，光大威重人之杰者，必能倜傥成尔。"后又云："今去举已促，甚自激发，其有未知己者，大可畏也，俾未知之有闻，非十丈谁哉？"按：李观于贞元八年（792）登进士第（参《登科记考》卷一三），此称奚陟为吏部员外郎，则或在贞元七年冬。此亦可见奚陟在当时年轻举子、文士中的声誉。

《旧唐书·德宗纪》下，贞元十五年（799）十月，"吏部侍郎奚陟卒"，刘《碑》同。《旧传》："年五十五。"

《新唐书·艺文志》未著录其著述。《全唐诗》《全唐文》亦未载其诗文。

注释

〔1〕瞿蜕园《刘禹锡集笺证》,上海古籍出版社,1989年。

〔2〕柳宗元《先君石表阴先友记》(《柳宗元集》卷一二)则记为:"奚陟,江都人。"不确。

吉中孚

吉中孚,《旧唐书》无传,《新唐书》卷二〇三《文艺下·卢纶传》后有记,云:"中孚,鄱阳人。官户部侍郎。"仅此二句,却有一大误,即记其为鄱阳人,实应为楚州人。《新唐书》卷六〇《艺文志》,别集类,著录《吉中孚诗》一卷,注云"楚州人"。《元和姓纂》卷一〇亦载:"淮阴贞元户部侍郎吉中孚。"据《新唐书》卷四一《地理志》五,淮南东道有楚州淮阴郡,其辖境相当今江苏淮河以南,宝应县、盐城市以北地区。[1]

按:吉中孚同时友人,如卢纶、李端、李嘉祐等,均有诗述及其乡园故家为楚州。卢纶《送吉中孚校书归楚州旧山》(《全唐诗》卷二七六),有云:"年来倦萧索,但说淮南乐。""喜逢邻舍伴,遥语问乡园。"李端《送吉中孚拜官归楚州》(同上,卷二八四),云:"孤帆淮上归,商估夜相依。……乡树尚和云,邻船犹带月。"李嘉祐《晚春送吉校书归楚州》(同上,卷二〇六),云:"诗人饶楚思,淮上及春归。"又谓:"高名乡曲重。"这几位友人都把吉中孚赴楚州说成归,又称楚州

唐翰林学士传论

为其乡园。卢纶另有一长诗,题为《纶与吉侍郎中孚……兼寄夏侯侍御审侯仓曹钊》(同上,卷二七七),提及吉中孚时,更明确地说:"侍郎文章宗,杰出淮楚灵。"由以上材料,应可确定,吉中孚为楚州淮阴人。

不过吉中孚虽非鄱阳人,但早期则曾居于鄱阳。关于这点,《唐才子传》卷四《吉中孚传》所记倒是值得注意的,谓:"中孚,楚州人,居鄱阳最久。"此当本《旧唐书》卷一六三《卢简辞传》:"父纶,天宝末举进士,遇乱不第,奉亲避地于鄱阳,与郡人吉中孚为林泉之友。"此处称卢纶"天宝末举进士,遇乱不第",误,卢纶当生于玄宗天宝七载(748),见《唐才子传校笺》卷四《卢纶传》笺所考。[2] 安禄山起兵于天宝十四载(755)十一月,十二月陷洛阳,十五载(756)陷潼关,唐玄宗西奔四川。卢纶当因中原兵乱,南下避难,时在天宝十五载,其《纶与吉侍郎中孚……兼寄夏侯侍御审侯仓曹钊》诗有云:"是月胡入洛,明年天陨星。夜行登灞陵,惝恍靡所征。云海一翻荡,鱼龙俱不宁。因浮襄江流,远寄鄱阳城。"(《全唐诗》卷二七七)则卢纶于天宝十五载初避乱至鄱阳,时为九岁,这时吉中孚当亦在鄱阳,即为少年之交(又,《旧唐书·卢简辞传》称吉中孚为鄱阳郡人,亦误)。卢纶于大历初还京师,在鄱阳居有十年,则吉中孚居于鄱阳,时间也不短。

吉中孚早年曾一度为道士,后还俗入仕。李端有《闻吉道士还俗因而有赠》(《全唐诗》卷二八五):"闻有华阳客,儒裳谒紫微。旧山连药卖,孤鹤带云归。柳市名犹在,桃源梦已稀。还乡见鸥鸟,应愧背船飞。"李端此诗作于何时,尚不能确知,当在吉中孚由道士还俗而尚未入仕时。卢纶《送吉中孚校书归楚州旧山》(同上,卷二七六),题下自注:"中孚自仙官入仕。"李嘉祐《晚春送吉校书归楚州》(同上,卷二〇六),

题下亦注为:"吉中孚曾为道士。"

  吉中孚何时入仕任校书郎,未有明确记载。但可以确知的是,吉中孚于代宗大历三年(768)二月已在长安,并有诗《送归中丞使新罗吊祭册立》(同上,卷二九五)。此归中丞,为归崇敬。《新唐书》卷二二〇《新罗传》:"大历初,宪英死,子乾运立。……诏仓部郎中归崇敬往吊,监察御史陆珽、顾愔为副,册授之。"《唐会要》卷九五《新罗》,则明确记于大历三年,云:"大历二年,宪英卒,册立其子乾运为王。三年二月,命仓部郎中归崇敬兼御史中丞,持节册命。"同时作诗送行的,还有皇甫冉、皇甫曾、耿湋、李端、钱起、顾况,独孤及并为此作序:《送归中丞使新罗吊祭册立序》(《毗陵集》卷一五)[3]。又李端有《卧病闻吉中孚拜官寄元秘书昆季》(《全唐诗》卷二八六),中云:"毛遂登门虽异赏,韩非入传滥齐名。云归暂爱青山出,客去还愁白发生。"意谓吉中孚拜官,而李端自己却未如愿,故特写此诗以求。按:李端于大历五年(770)才登第(见徐松《登科记考》卷一〇),此诗当作于大历五年前数年间。李端另有《送吉中孚拜官归楚州》(《全唐诗》卷二八四),其中叙其初入仕拜官情况,有云:"初戴莓苔帻,来过丞相宅。满堂归道师,众口宗诗伯。须臾里巷传,天子亦知贤。出诏升高士,驰声在少年。自为才哲爱,日与侯王会。""丞相",即指时任宰相的元载。李端前诗题中所谓"元秘书昆季",即指元载之子伯和、仲武、季能等(参见《旧唐书》卷一一八《元载传》)。吉中孚当于大历二三年间因得元载之子推荐,元载引荐为校书郎。又前所引《晚春送吉校书归楚州》诗,当作于大历四年至六年间在京任司勋员外郎时(参见《唐才子传校笺》卷三《李嘉祐传》、卷四《吉中孚传》之笺证)。由此可知,吉中孚任校书郎,当在大历前期。

  又,《唐才子传》卷四《吉中孚传》,称其至长安后,"谒

唐翰林学士传论

宰相，有荐于天子，日与王侯高会，名动京师"，后云："无几何，第进士，授万年尉，除校书郎。"此处前数句即本于李端《送吉中孚拜官归楚州》诗，而后云"第进士，授万年尉"，则无据。吉中孚当由荐入仕，未经由科举考试而授官。

  吉中孚任校书郎时，曾数次返居楚州，返乡离京时，当时名家诗友，多相聚唱和，以诗饯送，如前引李嘉祐《晚春送吉校书归楚州旧山》，卢纶《送吉中孚校书归楚州旧山》，李端有两诗：《送吉中孚拜官归楚州》《冬夜与故友聚送吉校书》（《全唐诗》卷二八四），司空曙有《送吉校书东归》（同上，卷二九二）。吉中孚作为中唐时翰林学士，他本人是"大历十才子"之一，其与文人交往，在当时是很突出的，很值得研究。

  大历八年（773），吉中孚又在京应吏部铨试。《唐摭言》卷一三《无名子谤议》，载有无名子自称山东野客，上书于刘晏（称"吏部足下"），谓"一昨所试，四方毕臻，公但以搜索为功，纠评为务"，后又云："且两京常调，五千余人，书判之流，亦有硕学之辈，莫不风趋洛邑，雾委咸京。其常衮之徒，令天下受屈；且衮以小道矫俗，以大音跨时，宏辞曾下登科，平判又不入等；徒以窃居翰苑，谬践掖垣，虽十年掌于王言，岂一句在于人口。"后又提及杜亚、李翰。按：据《旧唐书》卷一二三《刘晏传》，大历八年（773），晏以吏部尚书"知三铨选事"。《旧唐书》卷一一《代宗纪》，大历八年"八月甲寅，诏吏部尚书刘晏知三铨选事"。又《册府元龟》卷六三五："（大历）八年十月，敕中书舍人常衮、谏议大夫杜亚、起居郎刘湾、左补阙李翰考吏部选人判。"此处所记常衮、杜亚、李翰，皆与无名子所上书合（常衮于大历前期曾为翰林学士，后又改任中书舍人，故无名子所上书，称其"窃居翰苑"，"十年掌于王言"）。可见此书所记，即为大历八年冬吏部铨试，此山东野客当为落选之士，故借此横言。可以注意的是，书中也叙及吉中孚，云："且吉中孚判以'大明御宇'为头，以'敢告车轩'为尾，初类是颂，翻乃成箴。其间又以'金盘'对于'玉府'，非惟问头不识，抑亦义理全乖。"由此可见，吉中孚确于此年应吏部铨试，且入选，还因此而为山东野客所讥。由此可考知，《唐才子传》卷四称吉中孚为"登宏辞科"，误；又所作笺证并引常衮于大历十年至十二年以礼部侍郎知贡举，即谓吉中孚于大历十年或十一年曾应制科，亦误。

吉中孚此次吏部铨试入选，当又入仕，但任何官，未可知。现可知者，他于德宗建中元年（780）春已任为京兆万年县尉，见韦应物《春日郊居寄万年吉少府中孚卢少府伟夏侯校书审》[4]。按：韦应物于大历十四年（779）七月辞栎阳令，闲居于长安西郊沣上，至建中二年（781）四月除尚书比部员外郎。[5]又令狐楚《白杨神新庙碑》（《全唐文》卷五四三），有自注："建中初，吉公以万年尉为黜陟判官至此。"《册府元龟》卷一六二："建中元年二月，发黜陟使分往天下，以……刑部员外郎裴伯言往河东、泽路、磁邢等道。"则吉中孚当于建中元年二月前即已任万年县尉，该年二月又充河东黜陟使裴伯言之判官曾至太原。韦应物此诗当作于建中元年或二年春（按：夏侯审于建中元年登科为校书郎），以二年春可能性较大。韦应物同时又有《春宵燕万年吉少府中孚南馆》（《韦应物集校注》卷一），颇称其文采，且叙彼此之友谊，有云："宾筵接时彦，乐燕凌芳岁。稍爱清觞满，仰叹高文丽。欲去返郊扉，端为一欢滞。"

丁居晦《重修承旨学士壁记》，记兴元后二人，即奚陟、吉中孚，记吉中孚云："兴元元年自司封郎中、知制诰充。"则其入翰林学士院前已为司封郎中。京兆万年县尉为从八品下，司封郎中为从五品上，即自建中二年至兴元元年，仅三四年，已擢升几阶。丁《记》又记兴元元年"六月，改谏议大夫"。

唐翰林学士传论

《旧唐书》卷一二《德宗纪》,兴元元年六月,"考功郎中、知制诰陆贽,司封郎中、知制诰吉中孚,并为谏议大夫,水部员外郎顾少连为礼部郎中,并依前充翰林学士"。按:此时德宗仍在汉中,兴元元年七月始返长安。由此,则吉中孚当于建中四年(783)十月随德宗西奔,且时已为知制诰,草制文书,当受到德宗赏识,遂将其召入,为翰林学士,并在数月内即由司封郎中擢迁为谏议大夫。

丁《记》接云:"贞元二年,迁户部侍郎,出院。"《旧唐书》卷一二《德宗纪》,记为贞元二年(786)正月:"谏议大夫、知制诰、翰林学士吉中孚为户部侍郎、判度支两税,元琇判诸道盐铁、榷酒。"吉中孚在学士院的时间并不长,其所作,仅见于宋赵明诚《金石录》著录一篇,即卷八所记:"《唐定光上人塔铭》,吉中孚撰,行书,姓名残缺,贞元元年十月。"此文后亦不存。

《旧唐书·德宗纪》后于贞元四年又载:"八月,以权判吏部侍郎吉中孚为中书舍人。"

吉中孚于贞元二年正月出院任户部侍郎后,曾荐其好友卢纶于朝。《旧唐书》卷一六三《卢简辞传》:"贞元中,吉中孚为翰林学士、户部侍郎,典邦赋,荐纶于朝。"此前,卢纶在河中,贞元二年十月在长安,当因吉中孚之荐。[6]但卢纶入朝后任何官职,则未有记。

贞元四年八月任中书舍人后,吉中孚事迹不详,其卒当在贞元六年或稍前。卢纶有诗,题云《纶与吉侍郎中孚、司空郎中曙、苗员外发、崔补阙峒、耿拾遗㳊、李校书端风尘追游向三十载,数公皆负当时盛称荣耀,未几俱沉下泉……》[7]。据《唐五代文学编年史·中唐卷》,此诗作于贞元六年(789),可证。

从此诗题中,确可见吉中孚在大历时与卢纶等文学交往甚密,如前所述与诸人送归崇敬出使新罗;其任校书郎时归楚州,诸人相聚作诗饯送。又李端《慈恩怀旧》(《全唐诗》卷二八四),序云:"余去夏五月,与耿𣶬、司空文明、吉中孚同陪故考功王员外来游此寺。员外,相国之子,雅有才称……遂赋五物,俾君子射而歌之。"司空曙即有《残莺百啭歌同王员外耿拾遗吉中孚李端游慈恩各赋一物》(同上,卷二九三),即在大历十一年五月时。此考功王员外即宰相王缙子。

当时诗人对吉中孚之文采是甚为称誉的。如前引卢纶《纶与吉侍郎中孚……兼寄夏侯侍御审侯仓曹钊》诗,即称:"侍郎文章宗,杰出淮楚灵。掌赋若吹籁,司言如建瓴。"卢纶《送吉中孚校书归楚州旧山》(《全唐诗》卷二七六)就称其早期即已"新诗满帝乡","到处人争识"。司空曙赠诗称之为"少年芸阁吏",李端赠诗云"驰声在少年",皆称许其早年即有诗名。卢纶又屡有诗相忆:《春日山中忆崔峒吉中孚》(同上,卷二七八)、《洛阳早春忆吉中孚校书司空曙主簿因寄清江上人》(同上)。李端亦有,如《宿山寺雪夜寄吉中孚》(同上,卷二八五),有云:"鄙夫今夜兴,唯有子猷知。"

《新唐书·艺文志》著录《吉中孚诗》一卷,但传于后世者仅诗一首:《送归中丞使新罗册立吊祭》(《全唐诗》卷二九五),文无。

《唐诗纪事》卷七九有张夫人条,注谓吉中孚侍郎妻,载《拜新月》一诗。韦庄《又玄集》卷下则载张夫人诗二首:《拜新月》《拾得韦氏钿子因以诗寄》;"张夫人"下注:"吉中孚侍郎妻。"韦縠《才调集》卷一六同。明胡应麟《诗薮》外编卷四有云:"吉中孚列大历才子,而篇什殊不经见。独其妻张氏有《拜月》七古,可参张籍、王建间。"则评价不低。唯张夫人,其事迹不详,吉中孚同时人亦未有提及。唐蔡省风编《瑶池新咏》收其诗八首,今有俄藏敦煌残本传世(参见荣新江、

唐翰林学士传论

徐俊《唐蔡省风〈瑶池新咏〉重研》,《唐研究》第七卷)。姑附于此。

注释

〔1〕关于《新唐书》误记吉中孚为鄱阳人,宋吴缜《新唐书纠谬》卷一二亦略提及。

〔2〕傅璇琮主编《唐才子传校笺》卷四,第二册,中华书局,1989年。

〔3〕参见傅璇琮主编《唐五代文学编年史·中唐卷》,辽海出版社,1998年,第194—195页。

〔4〕据陶敏《韦应物集校注》,上海古籍出版社,1998年。

〔5〕参傅璇琮《唐代诗人丛考》之《韦应物系年考证》,中华书局,1980年。

〔6〕参傅璇琮主编《唐五代文学编年史·中唐卷》,贞元二年。

〔7〕刘初棠《卢纶诗集校注》卷二,上海古籍出版社,1989年。

韦执谊

韦执谊在德宗朝翰林学士中有两个特点,一是他在任职期间,编撰第一部记叙翰林学士建置、职能及名录的专著;二是他后于顺宗朝任宰相,与翰林学士王叔文等合作,共行新政,但也因此而被远贬。

韦执谊,两《唐书》有传,见《旧唐书》卷一三五,《新唐书》卷一六八。《旧唐书》将其与卢杞、裴延龄、李实、王

德宗、顺宗朝翰林学士传

叔文、皇甫镈列于同卷，很明显，以他与卢杞等同类，视为奸佞之臣；《新唐书》则将他与王叔文、陆质、刘禹锡、柳宗元、程异等同卷，较集中于永贞新政之事，稍有不同。

《旧传》称其为京兆人。刘禹锡《唐故中书侍郎平章事韦公（处厚）集纪》称"杜陵韦公执谊"。[1]杜陵，在京兆万年县东南二十里。[2]

《旧传》云："执谊幼聪俊有才，进士擢第，应制策高等，拜右拾遗。"《新传》略同。按：韦执谊进士登第年不可知，其制策登科在德宗贞元元年（785）。《唐会要》卷七六《制科举》载："贞元元年九月，贤良方正能直言极谏科：韦执谊、郑利用、穆质……"，共十四人，而以韦执谊列于首名。此又见《全唐文》卷五一德宗《授韦执谊等官诏》："贤良方正能直言极谏韦执谊等，达于理道，甚用嘉之，位以旌能，宜升秩叙。其第三等人委中书门下即超资与处分，第四等人即优与处分，第五等人即与处分。"第三等实际上是制科试的首列。由此，则韦执谊即于贞元元年九月经制举试登科，即入仕，为右拾遗。

丁居晦《重修承旨学士壁记》记贞元后十二人，第一位即韦执谊："贞元元年，自左拾遗充。"此云左拾遗，与两《唐书》本传所记之右拾遗有异，此是小事，可注意的是，韦执谊于贞元元年九月制举登科授为左（右）拾遗，却于本年内即入为翰林学士，这是此前未有，在有唐一代的翰林学士中也极为少见。

《旧传》在记"拜右拾遗，召入翰林为学士"后，云"年才二十余"；《新传》也谓"年逾冠，入翰林为学士"。这是唐朝士人入为翰林学士最为年轻的，这当与他"幼聪俊有才"有关。且此人有识，在刚入院的第二年，即撰首创之作《翰林院故事》（文末署"贞元二年龙集景寅冬十月记"）。此作大致分

唐翰林学士传论

两部分，前一部分为概述唐翰林院、学士院之设置，及翰林学士之职能，可为前记；后一部分具体记述唐玄宗开元以来翰林学士姓名及官阶迁转。前记列叙唐自太宗起，即重视将"当时才彦"召入宫中，"内参谋猷，延引讲习，出侍舆辇，入陪侍宴"。至玄宗朝，又明确"选朝官有词艺学识者，入居翰林，供奉别旨"。而"至（开元）二十六年，始以翰林供奉改称学士，由是遂建学士，俾专内命"。关于我国古代建置翰林学士，并于玄宗开元二十六年（738）自翰林院分出另设置学士院，《翰林院故事》是首记之作。唐代两部大型典章制度之书，一为《唐六典》，也撰成于开元二十六年，一为《通典》，著者杜佑于德宗贞元十七年（801）上奏，使人奇怪的是这两部书都未有一字提及翰林学士。关于开元二十六年建置翰林学士院，《旧唐书·职官志》《新唐书·百官志》，及修撰于宋初的《唐会要》都有所记，但就其文字记叙来看，都本于韦执谊《翰林院故事》及稍后的李肇《翰林志》。

《翰林院故事》前记有云："屋壁之间，寂无其文，遗草简略于枘编，求名时得于邦老；温故之义，于斯阙如。"则在贞元初，翰林学士院内，文献极少保存，开元以来之学士姓名，就只能向老一辈学人探询。按：唐之京都长安，玄、肃两朝历经安史之乱，德宗初期又有泾州兵变，屡经兵燹，宫廷迭遭破坏，简牍当散佚极多。贞元初，朝政稍为稳定，故前记谓："群公以执谊入院之时最为后进，记叙前辈，便于列词，收遗补亡，敢有多让。"韦执谊就担此重任。当然，由于遗籍多有散佚，"其先后岁月，访而未详，独以官秩名氏之次，述于故事"。韦执谊即谓，因"访而未详"，年月未能有记，但可以将其所带之官衔记于姓名之后。《翰林院故事》所记官秩迁转，有些颇详，如肃宗朝潘炎，记为："自左骁卫兵曹充，累改驾中，又充，中人又充，出守本官。"这就是说，潘炎以左骁卫

德宗、顺宗朝翰林学士传

兵曹参军的官衔（正八品下）入为翰林学士，后连续升迁为驾部郎中（从五品上）、中书舍人（正五品上），都在任职期间，后又以中书舍人出院。按：潘炎，附见于两《唐书》其子潘孟阳传。《旧唐书》卷一六二《潘孟阳传》记潘炎，仅一句："礼部侍郎炎之子也。"即潘炎曾任礼部侍郎，仅此一记。《新唐书》卷一六〇《潘孟阳传》记潘炎事稍详，但仅起自代宗大历后期，未记肃宗时事。韦执谊所记潘炎于肃宗时在翰林学士任期内所历官阶，正可补两《唐书》之缺，于此也可见《翰林院故事》之史料价值。

除潘炎外，有些名人，虽《唐书》等均有所记，但如无《翰林院故事》，则后人皆未能知其曾为翰林学士。如前所记肃宗时翰林学士苏源明，是玄、肃两朝的诗文名家，杜甫、梁肃、颜真卿、李华等诗文，都有所记，但均未记其曾任翰林学士。韦执谊《翰林院故事》则明确记苏源明于肃宗至德（756）后以中书舍人入为翰林学士。如无韦执谊所记，则肃宗朝翰林学士就没有这一诗文名家。

当然，从史料的角度来看，韦执谊《翰林院故事》也有不足之处。总的来说，如韦执谊于前记中所说，由于材料散佚，其所能辑集到的学士，仅能记其名氏、官衔，"其先后岁月，访而未详"，不如以后元稹、丁居晦能记有年月日。又，韦执谊于贞元二年作此题名录，而现存的这一《故事》，则尚有贞元后所记，计有德宗、顺宗、宪宗三朝学士名录，当为后继者续辑，这也是韦执谊于前记文末所说的"庶后至者，编继有伦"。应当说贞元二年之后所记的三十余位学士名录，也颇可参考，不过比较起来，这后一部分，与元稹、丁居晦两《记》相较，确有明显的不足：一是丁居晦自德宗朝起，就记有年月，元稹于元和朝的承旨学士，所记年月日更详，韦执谊《故事》则均未记有时间；二是现存《翰林院故事》后一部分，有

唐翰林学士传论

些记事有缺,有些记事有误。限于篇幅,这里略举数例。如宪宗初期的李吉甫、裴垍,为当时名人,并由翰林学士擢迁为宰相,史料极多,两《唐书》也均有传,但《翰林院故事》记此二人,仅列姓名,无一字叙其官秩迁转。又如宪宗时萧俛,《翰林院故事》记为:"驾中充,又加知制诰,出守本官。"而据丁居晦《重修承旨学士壁记》,萧俛乃于"元和六年四月十二日自右补阙充",后历经迁转,至元和九年十一月二十四日加驾部郎中,同年十二月十日加知制诰。丁氏所记有据。《旧唐书》卷一七二本传记其"元和六年,召充翰林学士",又《旧唐书》卷一四《宪宗纪》,元和六年正月丙申,萧俛时为右补阙。按:据《旧唐书·职官志》,左右补阙为从七品上,驾部郎中为从五品上,由此可知,萧俛当先自右补阙入,后才升为驾部郎中。《旧唐书·萧俛传》也记其于元和七年转司封员外郎(从六品上),九年改驾部郎中,并知制诰。《翰林院故事》此处所记乃又简又误。

类似情况,如亦为宪宗朝的张仲素,《翰林院故事》记自礼部员外郎充,丁居晦所记为元和十一年(816)八月十五日自礼部郎中充。按:清劳格《唐郎官石柱题名考》曾有考,谓石柱题名于礼外无张仲素名,礼中则有。又杨巨源有《张郎中段员外初直翰林报寄长句》(《全唐诗》卷三三三)。按:段文昌于元和十一年八月十五日与张仲素同时入,时为祠部员外郎,则杨巨源此诗诗题,即为张仲素、段文昌。诗题云"初直翰林",而称张为郎中,可见丁居晦所记为确。由此可见,今存的《翰林院故事》,其后期为他人续作,其史料确切性不如韦执谊所作的前期,我们在研索贞元、永贞、元和时翰林学士在职期间的仕历,应当参据元稹、丁居晦所记及唐时其他史料,作综合的考辨。

《翰林院故事》记韦执谊于"拾遗充"学士后,云:"又知制诰，又赐绯。"丁居晦《重修承旨学士壁记》则于"贞元元年自左拾遗充"后，云："二月，加知制诰，赐绯鱼袋。"如此，则加知制诰为贞元元年二月，实误。按：《唐会要》卷五五"中书舍人"条有记："（贞元）四年二月，以翰林学士、职方郎中吴通微，礼部郎中顾少连，起居舍人吴通玄，左拾遗韦执谊，并知制诰。"则韦执谊兼知制诰，在贞元四年（788）二月，《重修承旨学士壁记》当于"二月"前漏"四年"二字。

韦执谊何时出院，韦、丁二书均未有明确记载。《翰林院故事》仅云"又起人充"，《重修承旨学士壁记》亦仅云"迁起居舍人，丁忧"。《旧唐书》则有较详的记述："德宗尤宠异，相与唱和歌诗，与裴延龄、韦渠牟等出入禁中，略备顾问。德宗载诞日，皇太子献佛像，德宗命执谊为画像赞，上令太子赐执谊缣帛以酬之。执谊至东宫谢太子，卒然无以藉言，太子因曰：'学士知王叔文乎？彼伟才也。'执谊因是与叔文交甚密。俄丁母忧，服阕，起为南宫郎，德宗时召入禁中。"这里提供几点线索，试析之。《旧唐书》卷一三五有裴延龄、韦渠牟传，二人在贞元中皆得德宗宠信，陆贽任宰相时，曾上疏劾奏裴延龄"险猾售奸，诡谲求媚"，时裴为户部侍郎、判度支。后陆贽受裴之诬害而罢相，时在贞元十年（794）十月。《旧唐书·韦渠牟传》云："陆贽免相后，上躬亲庶政，不复委成宰相，庙堂备员，行文书而已。除守宰、御史，皆帝自选择。然居深宫，所狎而取位者裴延龄、李齐运、王绍、李实、韦执谊洎渠牟等，皆权倾相府。"据此，则贞元十年十二月陆贽罢时及稍后，韦执谊仍在学士院内任职。

《旧唐书·韦渠牟传》又记："贞元十二年四月，德宗诞日，御麟德殿，召给事中徐岱、兵部郎中赵需、礼部郎中许孟容与渠牟及道士万参成、沙门谭延等十二人，讲论儒、释、道三教。"关于此事，《旧唐书》卷一三《德宗纪》亦有记：贞元十

唐翰林学士传论

二年四月"庚辰，上降诞日，命沙门、道士加文儒官讨论三教，上大悦"。按：据《旧纪》，此时前后数年，于四月皆未记德宗生日重视释、道事，如此，则《旧唐书·韦执谊传》所载"德宗载诞日，皇太子献佛像"当即在贞元十二年四月，此时太子仍称韦执谊为学士，则韦执谊此时当仍在院中。又据《旧唐书》卷一四《顺宗纪》，顺宗李诵，为德宗长子，生于上元二年（761），贞元十二年（796）为三十六岁。

《旧唐书·韦执谊传》载此事后，云："俄丁母忧"，则当在贞元十二、十三年间；"服阕，起为南宫郎"，当在贞元十六、十七年间。南宫郎是一个虚职，但韦执谊仍受德宗的信用，"时召入禁中"。

《旧唐书·韦执谊传》后记："及顺宗即位，久疾不任朝政，王叔文用事，乃用执谊为宰相，乃自朝议郎、吏部郎中、骑都尉赐绯鱼袋，授尚书左丞、同平章事，仍赐金紫。"按：据《旧唐书》卷一四《顺宗纪》，德宗于贞元二十一年（805）正月癸巳卒，顺宗即于同月丙申即位，二月"辛卯，以吏部郎中韦执谊为尚书左丞、同中书门下平章事"。白居易时在长安，为校书郎，上书于韦执谊，提出改革时政的设想，题为《为人上宰相书》[3]，首云"二月十九日，某官某乙谨拜手奉书献于相公执事"，书中又云"相公自拜命以来八九日"，与韦执谊任相之时合。又《顺宗实录》卷一载王叔文入为翰林学士在二月壬戌，壬戌为二月二十二日（《旧纪》谓壬寅，误）。即白居易上此书，王叔文尚未入翰林，新政尚未正式实施，此文虽题曰为人上书，实则是表达白居易自己的见解。

白居易极力主张，当今皇上初接位，首要之事是"令宜布新"，这是"百辟倾心，凄凄然以待主上之政也；万姓注目，专专然以望主上之令也"。白居易虽未具体论述新政的内容，但希望宰相能先广听天下之心声，不要耽误时机，要使新政

"在于疾行"。因此白居易借此上书，着重地说："所以主上践祚未及十日，而宠命加于相公者，惜国家之时也；相公受命未及十日，而某献于执事者，惜相公之时也。夫欲行大道，树大功，贵其速也。"由此也可见，当时的长安士人确为普遍希望朝廷能尽快施行新政。

又《全唐文》卷五五顺宗《授韦执谊尚书左丞平章事制》，就韦执谊任翰林学士，称誉为："久参内署，动直静专，累践中台，职修事举。克有公望，冠于群伦。"

关于永贞新政，另详德宗朝王叔文传，此不赘。《旧唐书·韦执谊传》概述谓："（王）叔文欲专政，故令执谊为宰相于外，己自专于内。"当时在相位的有数人，最能与王叔文相配合的是韦执谊，这是有唐一代，宰相与翰林学士能互相配合、行施朝政的唯一实例。不过《顺宗实录》几次记述"叔文与执谊争权数有异同"[4]，《旧传》也记为："执谊既为叔文引用，不敢负情，然迫于公议，时时立异。""叔文诟怒，遂成仇怨。"《旧传》所记，是受《顺宗实录》影响的，而《顺宗实录》又出于韩愈之手，韩愈执于偏见，对韦执谊任翰林学士，也甚为贬责，称其"年二十余入翰林，巧惠便辟，媚幸于德宗，而性贪婪诡贼"，又记云："其从祖兄夏卿为吏部侍郎，执谊为翰林学士，受财为人求科第，夏卿不应，乃援出怀中金以内夏卿袖，夏卿惊曰：'吾与卿赖先人德致名位，幸各已达，岂可如此自毁坏！'摆袖引身而去。"这应为不实之词。瞿蜕园《刘禹锡集笺证》附录二交游录，于"韦执谊"条亦引有《顺宗实录》此文，评曰："此为诬诋之词不待言，即令有此事，必行于无人之处；执谊既必不自言，夏卿亦不至不顾族谊宣之于众以败其操检也。《顺宗实录》之不可据往往如此。"

永贞元年（805）八月庚子，顺宗因宦官之迫，传位于太子，宪宗立，遂即将王叔文贬出；十月，柳宗元、刘禹锡等贬

唐翰林学士传论

为八州司马；十一月，韦执谊贬为崖州司马。《旧传》谓："及宪宗受内禅，王伾、王叔文徒党并逐，尚以执谊是宰相杜黄裳之婿，故数月后贬崖州司马。"《全唐文》卷五六宪宗《贬韦执谊崖州司马制》，斥其执政时，"直谅无闻，奸回有素；负恩弃德，毁信废忠；言必矫诬，动皆蒙蔽；官由党进，政以贿成"。而与此同时，白居易却特作《寄隐者》一诗，云："卖药向都城，行憩青门树。道逢驰驿者，色有非常惧。亲族走相送，欲别不敢住。私怪问道旁，何人复何故；云是右丞相，当国握枢务。禄厚食万钱，恩深三日顾。昨日延英对，今日崖州去。由来君臣间，宠辱在朝暮。青春东郊草，中有归山路。归去卧云人，谋身计非误。"朱金城《白居易集笺校》卷一系此诗于永贞元年，时白居易在长安，任校书郎，谓"今日崖州去"句疑指韦执谊之贬官。由此可见白居易当时仍寄予同情。

《新唐书·艺文志》未著录韦执谊著作。《全唐文》卷四九五载其文三篇：《市骏骨赋》《与善见禅师帖》《翰林院故事记》。无诗。

注释

〔1〕见瞿蜕园《刘禹锡集笺证》卷一九，上海古籍出版社，1989年。

〔2〕李吉甫撰，贺次君点校《元和郡县图志》卷一，关内道京兆府。中华书局，1983年。

〔3〕见朱金城《白居易集笺校》卷四四，上海古籍出版社，1988年。

〔4〕《顺宗实录》，见马其昶《韩昌黎文集校注》外集下卷，上海古籍出版社，1986年。